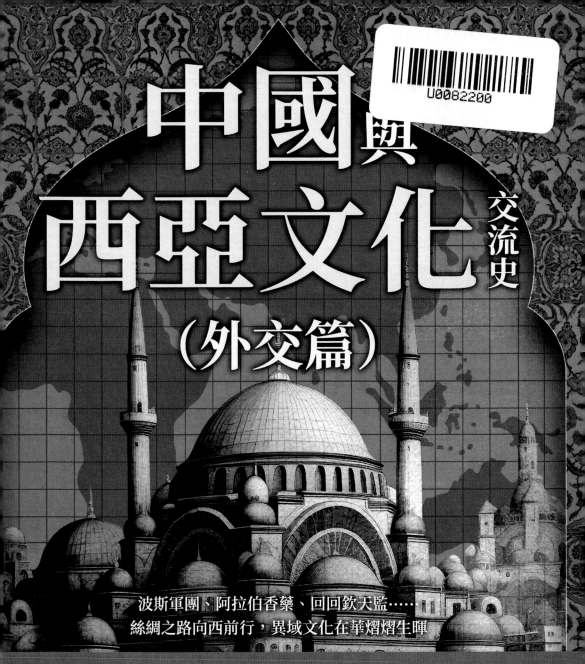

中國與西亞文化交流史
（外交篇）

波斯軍團、阿拉伯香藥、回回欽天監……
絲綢之路向西前行，異域文化在華熠熠生暉

◆ 鄭和下西洋傳入的「治眼神器」，一副可抵一匹駿馬？
◆ 元朝色目人的第一外語，各行各業都得會講阿拉伯文？
◆ 唐代宮廷超夯的桌遊「雙陸」！武則天連做夢也在玩？

沈福偉 著

經過無數次的改朝換代，中國與西亞的交流未曾停擺，
時而發動戰爭時而派遣使者，自先秦延續到二十世紀。

從軍備設置到宗教曆法，從語言經典到飲食休閒，
且看中國與諸國如何展開互動，並相互影響了後世數千年！

目錄

前言

西亞是有著廣闊的山林、平原和沙漠的地區。這裡曾是人類最早繁衍、活動的地區之一，西元前 4000 年就孕育了世界上最古老的美索不達米亞文明。從此以後，輝煌的西亞文明就像哺育它的底格里斯河和幼發拉底河一樣滔滔不絕，綿延至今。

西亞和以中國為代表的東亞是世界上最早崛起的兩大古文明的搖籃，彼此在兩千多年前就開始了文化的接觸。作為一個地理區域，西亞離中國並不遙遠。從阿富汗、伊朗向西，有伊拉克、土耳其、賽普勒斯、敘利亞、黎巴嫩、約旦、以色列、巴勒斯坦、沙烏地阿拉伯、科威特、巴林、卡達、阿拉伯聯合大公國、阿曼、葉門，這些國家和地區分屬於不同的民族和文化體系，在文明演進的舞臺上扮演著各不相同的角色。伊朗、阿拉伯、土耳其是播送西亞文明的三大主要地區。

前 6 世紀，居住在伊朗高原的波斯人和米提亞人繼承巴比倫和亞述文明，建立起一個強大的波斯帝國。大流士一世（Darius I）（西元前 522 －前 486 年在位）統治時，這位身兼巴比倫和埃及國王的波斯君主建立了世界歷史上第一個地跨亞、非、歐三大洲的大帝國，使伊朗人的文明資訊向東推進到了中國的西部邊境。隨後，希臘文化緊隨馬其頓的亞歷山大東征在亞洲中西部發揚光大，羅馬帝國則席捲地中海世界，勢力伸向波斯灣和紅海。為發揚伊朗文化，立國伊朗東部的帕提亞王朝和薩珊波斯繼續與西方相抗爭。但希臘、羅馬的文化邊界卻一直推進到了中亞細亞，進入了中國的新疆和南亞的印度河流域。中國西部由此形成希臘文化、伊朗文化、印度文化與華夏文化交相輝映的文化景觀。

7 世紀，游牧的阿拉伯人在走出沙漠、席捲西亞和地中海南岸以後，

伊斯蘭文明便替代以往各種文明，在這一地區占據了統治地位。阿拉伯哈里發統治下的帝國再次以地跨亞、非、歐三大洲的宏偉版圖展現了新的伊斯蘭文明的威力。伊朗文化作為一種高度發展的城市文明，在傳播阿拉伯文化的過程中扮演了十分重要的角色。哈里發帝國建立後的兩個世紀，阿拉伯人已消化了伊朗的各種學問，吸納了希臘文化、希伯來文化和印度文化，甚至還有中國的工藝和科學知識，成為古典文明的一個無可爭議的繼承者，並成為東西方文明交會的中心。阿拉伯人建立的阿拔斯王朝的新都巴格達就是這個中心的中心。

在阿拉伯世界中，文明傳遞的趨勢逐漸由早先的東西雙向交會轉變成滾滾浪潮自東向西單向奔流的格局。10 世紀末，阿拉伯帝國在文化體系上已呈現出至少三個群體的態勢：伊朗、伊拉克為它的東支；北非、科爾多瓦為它的西支；敘利亞、埃及則構成介於東西支系之間的又一支系。由此出現了三個文明中心並列的歷史：東部的巴格達、居中的開羅和西部的科爾多瓦。這就使文化的資訊、文明的脈搏在亞、非、歐三大洲透過三點聯成了一線。科爾多瓦的穆斯林在 11 世紀到 13 世紀發動了將阿拉伯學術傳送給歐洲基督教徒的文化運動，為歐洲走出黑暗的中世紀傳遞了知識的鑰匙，開啟了智慧的門戶。其間雖有綿延兩個世紀之久（西元 1097 － 1291 年）的歐洲基督教十字軍的八次東征，似乎一度使古代希臘、羅馬文明與伊朗文明之間曾經有過的東西匯合的局面在基督教文明與伊斯蘭教文明之間再現，然而此刻統治西亞、北非的阿拉伯人以文明世界中心的騎士風度與全副戎裝的基督教騎士團鏖戰到底，使文明傳遞的洪波依然滾滾向西。那時是東方文明主導西方文明的成長與發展。

在蒙古人統治伊朗和占有美索不達米亞期間，經過與西方基督教國家軍事較量、磨練的埃及馬木路克王朝成為阿拉伯世界的中流砥柱。阿拉伯

文化的中心由伊拉克轉向埃及，開羅奠定了它作為穆斯林世界文化中心的地位。

　　建立在拜占庭文明廢墟上的鄂圖曼帝國於 15 世紀在小亞細亞崛起。它繼承阿拉伯人開創的事業，再度為締造一個地跨亞、非、歐三洲的大帝國而征戰了近三個世紀。到蘇萊曼一世（Suleiman I）（西元 1520 － 1566 年在位）時期臻於極盛，昔日哈里發雄視世界的盛況重又出現在西亞、非洲。帝國的版圖跨越克里米亞，伸向尼羅河第一瀑布，從匈牙利的布達佩斯一直抵達波斯灣的巴林。唯有伊朗卻從此另立一方，脫離了阿拉伯世界，在兵連禍結中獲得獨立。土耳其人從阿拉伯人那裡獲得了科學、宗教和社會經濟的管理知識，連書寫用的字母也借自阿拉伯文，並一直使用到 1928 年。鄂圖曼帝國從 16 世紀起便一直接受西方國家的挑戰，先後與葡萄牙、威尼斯、熱那亞、法國、英國甚至美國發生衝突。西方文化對土耳其的衝擊開始於拿破崙對埃及的戰爭，此後法國、英國連同美國相繼在敘利亞、埃及和北非興辦學校，為以後蠶食鯨吞這些地方撒下網罟。

　　西元 1840 年後，土耳其已被英、俄、奧、普四個歐洲列強所挾持，接著是整個非洲被列強瓜分完畢，西亞、非洲的政治格局大為改變，「近東」、「中東」漸成西方列強政界的常用名詞。1907 年英、俄瓜分伊朗，1920 年土耳其被英、法宰割。第二次世界大戰前夕，在西亞、非洲地區，只有窮蹙於小亞細亞的土耳其和紅海西岸的衣索比亞以及大西洋海濱的賴比瑞亞算是獨立的國家。第二次世界大戰結束後，西亞、非洲民族解放運動蓬勃開展，才使這片廣大的土地掙脫殖民統治的鎖鏈，獲得了獨立。

　　從亞洲東部向西部內陸伸展的中華文明，在地理上和不足 500 萬平方公里的西亞之間雖有千山之隔，卻有一條狹窄的高原走廊相連，它便是位於中國新疆西南的塔什庫爾干和帕米爾高原西部的阿富汗之間的瓦罕山

谷。這條東西貫通興都庫什山脈的谷道在 2 世紀時名叫休密,後來又稱鉢和、胡密(護密),將中國和西亞連到了一起,在 3,000 年前已是居民和商旅東西出入的孔道了,2,000 年前更是著名的絲綢之路分別從撒馬爾罕和阿富汗通往西亞的必經之路。從那時起,中國和西亞便有理由被視作兩個有著廣泛的系統連繫的文化實體。

從比較文化的角度去尋求東亞和西亞之間的文化共識,探討歷史的蹤跡,整理彼此的異同,總結交流的經驗,可以獲得以下幾點認知:

西亞曾經長期是世界文明的中心。西亞的居民早在西元前 4000 年就首先揭開了世界文明史的序幕,並在此後長期在人類文明的進程中扮演重要的角色。直到 17 世紀,西亞文明仍然具有強大的生命力。在最近兩個世紀中,中近東一直是舉世矚目的地區之一。

古老的中華文明曾長期從西亞吸納優秀的文化要素,以豐富自身的文明內涵,拓展自己的文明進程。自戰國時代起,西亞的文明古國伊朗就與南亞的印度相並列,在長達 2,000 年的時間中一直是中華文明互通資訊、互相借鑑的主要對象。在歐洲工業文明從大西洋跨越浩瀚的海洋來到中國以前,西亞一直是中國和地中海世界取得連繫的必由之路。中國借助這一地區校正自身的文明機制,調整文明前進的步伐。中國長期從這一地區獲取自己的需求,無論是工藝製造、園藝栽培還是原料、礦物、藥材、馬匹、皮毛等各類資源,甚至包括法律、制度在內的各項精神文明,有些已融化於中華文明之中,成為中國傳統文化的一部分。

西亞是中華文明向西方傳播並發揚光大的中繼站,是工業文明興起以前中國和歐洲基督教世界溝通的紐帶。伊朗是世界上最早使用並向西傳導中國發明的絲綢、植物纖維紙和弩機的國家之一。阿拉伯人興起以後,造紙術、印刷術、煉丹術,連同瓷器、羅盤、火藥都首先在當時擁有高度文

明的西亞得到移植與傳播，並推動著整個地中海世界也步入西亞文明的圈子。中國的這些發明先後經過伊朗人、阿拉伯人之手跨越地中海，傳入歐洲。直到法國大革命前夕，歐洲的改革家如杜爾哥（Anne Turgot）等人還念念不忘，想透過了解中國養蠶、造紙、製瓷等產業的技術來改進歐洲大陸的製造業，改善歐洲的社會生活。

中世紀高度發展的西亞文明催生了歐洲近代文明，是歐洲現代文明的起點。阿拉伯世界的科學與文化改變了歐洲的落後面貌，使歐洲學會了向東方學習，去迎接自己的文藝復興時代。歐洲的文藝復興運動最初從義大利半島展開，先從拉丁語和古文字的研究啟動。義大利最接近阿拉伯世界，在商業上曾長期仰賴於埃及、黎凡特和小亞細亞。文藝復興運動之所以從文字學、文獻學開始，是由於歐洲的科學、文化水準與伊斯蘭文明世界相比差距太大。當時歐洲的文盲很多，要想學術昌明，科學發展，還得從文字、文獻展開。在大亞爾卑爾特和羅傑‧培根（Roger Bacon）的時代，歐洲煉丹術士開始從中國和阿拉伯的煉丹家那裡獲得技術祕密，經過好幾個世紀的傳承，才引發了化學科學的誕生。羅盤和火藥在歐洲近代文明發展過程中的意義遠比法國大革命深遠。從伊斯蘭文明對歐洲工業文明的貢獻中不難看出，中華文明已成為伊斯蘭文明極富生機的組成部分，以致直到 20 世紀初，歐洲人仍然認為襤褸紙、煉丹術、火藥、火器都是阿拉伯人的偉大創造。

西亞文明在世界多元文明體系中具有重要的地位。歐洲殖民時代的終結，歐洲中心論被多元文明論替代，使人們得以重新審視中華文明、伊斯蘭文明、基督教文明以及其他文明對人類文明進程同等重要的貢獻。在當今世界，以西亞為母體的伊斯蘭文明仍然是值得重視的一股巨大的力量。

沈福偉

第一章
中國和伊朗文化交流（推廣篇）

■第一節
波斯教徒在中國的傳教活動

一、祆教在中國的傳播

（一）祆教初傳中華

　　古代波斯人崇奉自然現象，認為大自然中無涯的天際、熊熊山火、狂風暴雨等都是神祇操縱的。他們對光明、對火焰具有狂熱情懷，稱太陽為「神眼」，以光亮為「神子」，逐漸形成了以光明為善神，而以黑暗為惡神的宇宙觀。前 6 世紀，波斯的瑣羅亞斯德根據民間拜火的習俗創立了瑣羅亞斯德教。瑣羅亞斯德教宣揚善惡二元論，認為火、光明、創造、生命是善端，黑暗、惡濁、災禍、死亡是惡端。它確認宇宙萬物都有永恆不變的自然現象，而且將善與惡之間相互對立的兩種本原的鬥爭看作是宇宙世界的基本原則。但瑣羅亞斯德認為惡從善派生而出，善惡本是兄弟，後來卻成了仇敵。光明與黑暗、豐裕與災害、創造與破壞、潔淨與惡濁之間的衝突都可以歸結為宇宙間善與惡這兩種力量的鬥爭。

　　瑣羅亞斯德將宇宙現象總括為兩個原素或兩個神。善的原素是光明，創造一切善良、有益於人類的事物，主宰它的最高神是阿胡拉・馬茲達（Ahura Mazdā）。惡的原素是黑暗，製造一切醜惡、有害於人類的事物，主宰它的最高神是阿赫里曼（Ahriman）。瑣羅亞斯德認為善、惡兩種原素的鬥爭時有勝負，但堅信最後勝利必屬於善神，善良終將制伏邪惡，這使瑣羅亞斯德教具有積極進取的精神。人類由於被創造他們的阿胡拉・馬茲達賦予意志的自由，因而隨時有跟從邪惡的可能。人的一生同樣受到善與惡的牽引。勤於勞動、富於進取的人是崇奉正道、身心廉潔者，他將壓

制邪惡，受到阿胡拉·馬茲達的讚賞，反之，與惡勢力相隨者，必受阿胡拉·馬茲達的懲罰。人在今世與來世都有生命。來世的苦樂取決於今生的善惡。人死後，靈魂脫離肉身，受到神的審問，必經過一條橫在地獄上的長橋。善良信士過橋時，展現在面前的是平坦、寬敞的大道，經過之後，便得阿胡拉·馬茲達的寵愛，被接納並安居於樂園之中。在惡徒和有邪念的人面前，橋便細如絲毫，因而人們墜落火獄，被迫充當阿赫里曼的奴隸。功過相等的人，死後靈魂便進入天堂與地獄之間。這座考驗人的善惡、功過的橋，便是後來中國佛教輪迴故事中奈何橋的原型。

瑣羅亞斯德教導信徒愛護水、火、土和空氣的潔淨，教人膜拜火光，以火為光明的表徵，因此俗稱拜火教、火教，又名祆教。它鼓勵人們辛勤耕作，繁育後代，興建家宅。他宣稱「有房子的勝於沒有房子的，有兒女的勝於沒有兒女的，有財富的勝於沒有財富的」[001]。瑣羅亞斯德創教的目的是要「使世界繁榮」，使世界「既無寒風，亦無熱風；既無疾病，亦無死亡」[002]。

初傳中國時，瑣羅亞斯德教被稱作「摩訶」。摩訶一開始被解作波斯文「大」的意思，在佛教流行內地之後更被訛做梵文的轉譯。但最初在漢代，摩訶所代表的是瑣羅亞斯德教的天神 Māh。這個字與 Maha（「大」）很容易混淆。晉人崔豹作《古今注》，解釋西漢時代張騫出使中亞細亞，從那裡傳入胡樂，稱為橫吹樂，但只得到《摩訶兜勒》一曲。此曲長期被當作印度樂曲，而原名始終未能解讀。《摩訶兜勒》在漢代中譯名詞中

---

[001]　達曼斯蒂特：《聖阿維斯塔》（J. Darmesteter, *The Zend-Avesta, the Vendîdâd*），第 1 卷，格林伍德 1972 年版；繆勒：《東方聖書》第 4 種（F.M. Müller, *The Sacred Books of the East, IV*），牛津 1880 年版，第 46 頁。

[002]　達曼斯蒂特：《聖阿維斯塔》（J. Darmesteter, *The Zend-Avesta, the Vendîdâd*），第 1 卷，格林伍德 1972 年版；繆勒：《東方聖書》第 4 種（F.M. Müller, *The Sacred Books of the East, IV*），牛津 1880 年版，第 12 頁。

容有不同的語源。這裡的摩訶（Māh）為雅利安民族的月神，兜勒（Tish-trya）為雨神，漢語譯名只譯首尾兩音。在瑣羅亞斯德教的古經《阿維斯塔》（Avesta）中。摩訶常駕瘤牛所曳月車。在安息時代傳說瘤牛生有兩翼，代表摩訶神與原生牛[003]。月亮在古代伊朗和美索不達米亞被當作生命的源泉，豐收女神最初也與月亮相關聯[004]。公牛（bull）更是作為月神駕馭的動物，或守護月亮樹的動物，出現在古老的創世神話中。摩訶和他的公牛組成三位一體之神，其他兩神，一是女性的檀伐斯帕（Drvāspā），為早於阿那希（Anāhit）的雅利安民族豐收女神的原型；另一是提希勒（Tishtrya），為送雨的神祇，專司天狗星座。在常年乾旱的伊朗高原祈求豐年，唯有仰賴一年一度降雨季節的蓄水。雨季前夕「天狗日」的降臨對當年豐收關係重大。象徵豐收和雨水的檀伐斯帕和提希勒，與生命之神摩訶相輔相成。直至 20 世紀，伊朗農民仍常年供奉摩訶與提希勒[005]。

　　西漢時代名為《摩訶兜勒》的伊朗橫吹樂是以胡角、板鼓為主的樂曲。這種樂曲顯然是早先信奉瑣羅亞斯德教的伊朗農民用以祈求雨水和豐收的節慶樂舞，一經傳入中國，因其氣勢宏偉、鼓舞人心，經過改編而列入漢代軍樂。

　　在西元前 331 年馬其頓的亞歷山大大帝東征以後，瑣羅亞斯德教受到希臘統治者的壓制，漸告衰敗，教徒東遷。待安息興起，瑣羅亞斯德教始有復興的機遇。漢代西域久已浸染波斯文化，瑣羅亞斯德拜火習俗可能流傳也早。

---

[003] 達曼斯蒂特：《聖阿維斯塔》（J. Darmesteter, *The Zend-Avesta, the Vendîdâd*），第 2 卷，格林伍德 1972 年版；魏斯特：《帕拉維古籍》（E. W. West, *Pahlavi Textes*），第 1 卷《創世記》（*The Bundahis, Bahman Yast and Shayâst Lâ-Shâyast*），牛津 1880 年版，第 32 頁。

[004] 波普：《波斯藝術綜覽》（A. U. Pope, *A Survey of Persian Art*），第 1 卷，牛津大學 1964 年版，第297 頁。

[005] 阿克曼：〈薩珊藝術中的印度－伊朗化題材〉（P. Ackerman, *Some Indo-Iranian Motifs in Sāsānian Art*），《印度藝術與文書》（*Indian Art and Letters*）1937 年第 11 卷。

　　1976 － 1978 年在天山東部烏魯木齊阿拉溝發掘的豎穴木槨墓七座，曾出土拜火祭壇。墓室上部用石封堆。墓室為長方形東西向豎穴，規模較大。沙石下為木槨，入葬者一至二人，仰身直肢，頭西腳東，均朝向日出的東方，係崇拜太陽的民族習俗。隨葬物有陶器、金銀器、銅器、漆器、絲織物、貨貝、珍珠、小鐵刀、三稜鐵鏃、羊骨等。各墓出土金器，有螺旋狀金串飾物、獅形金箔飾、虎紋圓金牌（實係獅紋圓金牌）[006] 等獸紋圖案，還有一種見於波斯阿赫美尼德時代的六角花形飾物。銅器中有一件雙獸方座，器底呈喇叭形，座上承方盤，盤中佇立二翼獸[007]。翼獸之間似乎原有火盆可以擱置，現已不見。同類器物在中亞細亞出土多件，被認作塞克文化中拜火教的祭壇[008]。這批墓葬經 C_{14} 測定約為前 3 世紀，時間正好和亞歷山大東征，中亞受到希臘文化衝擊大致同時，推斷瑣羅亞斯德教沿伊黎河東進，在天山牧區取得進展。據此可以認為，天山附近的游牧民族塞人是早期傳導瑣羅亞斯德教的媒介。

　　瑣羅亞斯德教立足於中國的時間，大約在 2 世紀中葉的東漢桓帝、靈帝時期。1 － 2 世紀時，原已消沉的瑣羅亞斯德教再度復興，中國便是它傳播的一塊新地。1956 年在陝西北部綏德快華嶺板佛寺內發現的漢墓極有可能是內地最早的瑣羅亞斯德教徒的墳墓。該墓共有十塊石刻。門框石刻有類似博山爐的尖卵形樹，樹身坐落在半月形壇座上，象徵瑣羅亞斯德教中代表光明與善良的生命樹[009]。生命樹又稱宇宙樹，最早是由月亮樹來

---

[006]　新疆社會科學院考古研究所：《新疆考古三十年》，新疆人民出版社 1983 年版，第 5 頁，圖 40。

[007]　新疆社會科學院考古研究所：《新疆考古三十年》，新疆人民出版社 1983 年版，第 5 頁，圖 43。

[008]　A. H. 伯恩施坦姆：〈謝米列契和天山歷史文化的基本階段〉，《蘇聯考古學》（*Советская Археология*）1949 年第 11 期。

[009]　陝西省博物館，陝西省文物管理委員會：《陝北東漢畫像石刻選集》，文物出版社 1959 年版，圖 55，圖 56。

表述的。月亮樹的脂液是不死的生命液，亦即神聖的哈摩（Haoma）。中國關於生命樹的知識得自天漢二年（西元前 99 年）裏海西南伊朗境內的吉蘭，在晉代王嘉《拾遺記》中稱祈淪國。該書卷五記：「天漢二年，渠搜國之西有祈淪之國。其俗醇和，人壽三百歲。有壽木之林，一樹千尋，日月為之隱蔽。若經憩此木下，皆不死不病。或有泛海越山來會其國、歸懷其葉者，則終身不老。其國人綴草毛為繩，結網為衣。似今之羅紈也。」吉蘭有參天大樹，可以蔽日月，而庇護人至於不死不病，隱喻伊朗傳說中的生命之樹。到這吉蘭國去採摘生命樹葉的可以長壽，永保青春，吐露了對伊朗古文明的一種仰慕與崇敬。那裡用草毛編繩，該是當地出產的亞麻。至於結網而成的衣服，則是羊毛編織而成，因為那裡有著豐富的羊毛資源。

綏德快華嶺墓主或由於宗教信仰而與伊朗有過連繫。墓主並非伊朗人或胡人，似乎是一個漢人，是當地的居民。這可以從同墓出土石刻門扇上的圖像加以推斷。圖像上部為相對的鳳鳥，下部則刻有傳統的龍虎形象，左面為形態生動的虎，右面是生有飛翼的龍。龍虎、鳳鳥都是中國傳統紋飾與圖騰崇拜的物象，但龍而生翼，又顯示了西方的色彩。

另一座綏德漢墓出土的石刻門框與上述墓門雕刻不同，圖像正中為氣宇軒昂的獨角馬 [010]，上部邊飾有忍冬、捲草，具有波斯風格。更有引人注目的瞪羚，軀體細長，並有瘦勁的雙翼，形態生動，與烏克蘇斯出土阿赫美尼德時期使用的金銀飲具柄飾上的帶翼羚羊有異曲同工之妙。現藏巴黎羅浮宮博物館的金杯與現藏柏林博物館的銀盃都採用了與月亮相伴的瞪羚圖像，以頌揚生命與活力。羚羊也見於伊蘭（Elam）的圖像中，在拜火

---

[010] 陝西省博物館，陝西省文物管理委員會：《陝北東漢畫像石刻選集》，文物出版社 1959 年版，圖 89。

的祭壇旁就有羚羊[011]。綏德漢墓雕刻中的羚羊也必然與火的崇拜相關。至於漢墓門框上的獨角馬，更是瑣羅亞斯德教中的太陽神化身。在雅利安民族的信仰中，出類拔萃的太陽動物是馬。馬可以有多種姿態。長有飛翼的馬也是常見的圖像，有時代表十二星辰中的天馬星座。河南出土的漢代空心磚（墓磚）中也可以見到線刻的大型飛馬，伴隨的圖像有形體縮小的朱雀與鶴[012]，或作三馬三樹圖像。姿態的優美，線條的舒卷，均非漢代傳統圖像中的馬匹可媲，極富波斯風采。獨角動物見於安息時代。綏德漢墓石刻門框上的獨角馬與有翼羚羊象徵瑣羅亞斯德信仰中的日與月，上部左端並有枝葉繁茂的多子樹，樹頂有牛頭的鷹，這和伊朗創世神話中鷹築巢於多子樹頂相符，而與中國傳統信仰迴異，表明墓主是一位虔誠的瑣羅亞斯德信徒。

上述出土地點不詳的綏德漢墓石刻，與快華嶺板佛寺發現的漢墓石刻都是早期瑣羅亞斯德教在中國本部的遺存，是瑣羅亞斯德教傳播中國的歷史上彌足珍貴的遺物。河南出土漢代空心磚中的圖像也顯示有胡天信仰。在一塊矩形磚的上方，刻有形體粗壯、手執尖刃的巫師，形象和唐代記錄的「下袄神」的巫術十分相像。左旁有立於柱上的高闕，拱頂落於柱上是瑣羅亞斯德廟宇的特徵。其下波斯風格的雪杉紋雙樹或許代表的就是瑣羅亞斯德教神話中的多子樹與牛角樹。

山東嘉祥縣東南的武梁石室建成於東漢桓帝建和元年（西元 147 年）。在三座石室的畫像石中，有姿態各異、為數眾多的有翼神人，形成一個波斯式樣的天國圖景[013]。最值得注意的是前石室第十三石上層的圖像。圖像

---

[011] 波普：《波斯藝術綜覽》（A. U. Pope, *A Survey of Persian Art*），第 1 卷，牛津大學 1964 年版，第 808 頁，引霍恩‧斯坦陀夫（Horn-Steindorff）圖版 I，圖 1078，圖 1079，圖 1080。
[012] 河南文化局文物工作隊：《河南出土空心磚拓片集》，文物出版社 1963 年版，圖 30，圖 31。
[013] 蔣英炬、吳文祺：〈武氏祠畫像石建築配置考〉，《考古學報》1981 年第 2 期。

自右至左，首列一棵有十五個枝幹的多子樹，旁有有翼人在摘葉。多子樹的左旁有一棵略低於多子樹、形如彎曲牛角的牛角樹。牛角樹的左旁，即在畫面正中，有熊熊大火在燃燒，旁有有翼人以手觸火。圖像左端，在四方形壇座中樹立的一塊方尖碑左右，各有有翼人在扶持，上空有人首靈鳥飛翔，加以協助，並有有翼神橫升天空，以手扶持方尖碑。此有翼神的雙足與畫面上其他有翼人的雙足不同，作上揚的鳥羽狀 [014]。畫面上的方尖碑顯然是一根天柱，扶持者正是天神。在前 2000 年末的伊蘭圖像中，天神信仰已具有天體觀念，天神的雙足一變而成天鳥的雙翼，手中的蛇（代表大氣）也蛻化成雙繫罐上的繩索 [015]。武梁石室中手扶天柱、雙足呈鳥羽狀的有翼神，可以斷作是瑣羅亞斯德教信奉的天神，亦即胡天。胡天神手扶天柱在四方壇座上運轉，表示天帝管治日（夏季）月（冬季），保持四季的交接。類似的圖像亦見於古波斯 [016]。古老的伊朗神話中，對浩瀚無際的太空的崇拜是以一座山來表述的。此山在《阿維斯塔》中稱作 Ushidhāo，亦稱光明山、晨曦山 [017]。山下是一深淵在後來的文獻中稱作伐羅卡桑（Vouru-kasha）海 [018]。此山落入海中後，天地巨變，重新升起一個天神，將遭受毀滅的世界加以改造。象徵生命的多子樹就在這海的正中，牛角樹生在它的近旁 [019]。多子樹由天鳥向世界撒子，象徵金哈摩（日）。牛角樹又稱谷卡

---

[014] 馮雲鵬，馮雲鷛：《金石索·石索四》；傅惜華：《漢代畫像全集二編》，商務印書館 1950 年。

[015] 卡萊爾：《藝術照片大全》（Museedu Caire, *Encyclopédie Photographique de l' Art*），第 4 卷，巴黎 1936 年，第 269 － 270 頁。

[016] 波普：《波斯藝術綜覽》（A. U. Pope, *A Survey of Persian Art*），第 7 卷，牛津大學 1964 年版，圖 27A，圖 28，圖 29，圖 30A，圖 38G，圖 40，圖 41A，圖 41D，圖 44B，圖 45A-C。

[017] 傑克遜：《瑣羅亞斯德教研究》（A. V. W. Jackson, *Zoroastrian Studies*），紐約 1928 年，第 284 頁。

[018] 魏斯特：《帕拉維古籍》（E. W. West, *Pahlavi Textes*），第 1 卷《創世記》（The Bundahis, Bahman Yast and Shayâst Lâ-Shâyast）；繆勒：《東方聖書》第 5 種（F. M. Müller, *The Sacred Books of the East*, V），牛津 1880 年版，第 31 頁，第 43 － 44 頁。

[019] 魏斯特：《帕拉維古籍》（E. W. West, *Pahlavi Textes*），第 1 卷《創世記》（The Bundahis, Bahman Yast and Shayâst Lâ-Shâyast）；繆勒：《東方聖書》第 5 種（F. M. Müller, *The Sacred Books of the East*, V），牛津 1880 年版，第 31 頁，第 65 頁，第 100 頁。

爾樹，象徵白哈摩（月）。武梁石室畫像石中的
這些圖像十分完整地表現了瑣羅亞斯德教義崇
奉太空、日月與聖火的觀念。

　　武梁石室前室第十三石中的天神造物圖像
將瑣羅亞斯德教對多子樹、牛角樹、生命樹的
崇拜十分形象地加以表現，這在中國是空前絕
後的。在伊朗神話中，天柱是由宇宙樹（亦稱
生命樹）所呈柱狀展現出來的，其原型就是形
似棕櫚樹的月亮樹[020]。武梁石室畫像石中的天
柱將棕櫚樹與方尖碑式的石柱結合起來，左右
扶持的兩名有翼神當是日神密特拉（Mithra）
和他最佳的夥伴維里斯萊納（Verethraghna）。
密特拉神手執法術無邊的金鈴。這金鈴又稱宇
宙鈴，武梁石室中天柱右方有翼神手中亦執有
一類似之物。同類圖像早見於魯利斯坦文化印
章[021]和安息印鑑[022]。武梁石室前室第十三石正
中烈火旁的有翼天神或即伊朗印章中在火焰中
升空的阿胡拉·馬茲達。安息時代伊朗南部錢
幣的背面也曾見過這類圖像[023]。

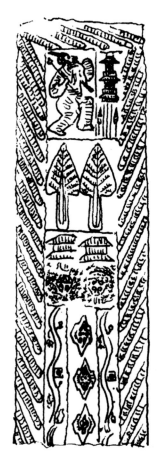

河南出土漢代空心磚巫祝
塔松紋

---

[020]　波普：《波斯藝術綜覽》（A. U. Pope, *A Survey of Persian Art*），第 7 卷，牛津大學 1964 年版，
　　　圖 19A；第 2 卷，第 859 頁，第 880 頁。
[021]　波普：《波斯藝術綜覽》（A. U. Pope, *A Survey of Persian Art*），第 1 卷，牛津大學 1964 年版，
　　　第 270 頁。
[022]　波普：《波斯藝術綜覽》（A. U. Pope, *A Survey of Persian Art*），第 1 卷，牛津大學 1964 年版，
　　　圖 126B。
[023]　波普：《波斯藝術綜覽》（A. U. Pope, *A Survey of Persian Art*），第 7 卷，牛津大學 1964 年版，
　　　圖 126J，圖 126K。

山東嘉祥武梁石室前室第 13 石胡天圖像

武梁石室中的各種有翼神人通常以天神供奉之狀展開。正中的有翼神顯係胡天神阿胡拉・馬茲達，左右的有翼神則是日月星辰的化身。阿胡拉・馬茲達神像早見於洛雷斯坦器物中，千年之後再現於山東。石室第二石畫像的頂端三角形畫面，正中有端坐的有翼神，左右則有許多獸身人首的有翼人物，完全符合伊朗神話中日神維里斯萊納有多種化身的傳說。有金角的牛，有金耳的白馬，有尖角的公羚羊，有捲角的野公羊，以及駱駝，是此神十種化身中最常見的五種形象[024]。

過去被認作希臘羅馬神話中愛神的武梁石室畫像石上的有翼神，連同石室廣泛展開的各種具有伊朗宗教畫面的石雕，使我們完全可以將武氏祠前石室確定為中國最古老的一座天祠或祆廟。這座天祠像其他祆廟一樣也構築在山頂之上，以便燃起聖火，使遠處也能看得見。

同樣的天祠或祆廟，早在戰國時代就已出現在新疆。《大唐西域記》

[024]　達曼斯蒂特：《聖阿維斯塔》（J. Darmesteter, *The Zend-Avesta, the Vendîdâd*），第 2 卷，格林伍德 1972 年版，第 232 – 238 頁。

卷十二記揭盤陀國（塔什庫爾干）的開國傳說，有波利斯國王（波斯）娶婦漢土，回國經過這裡，因戰爭而交通阻塞，於是將中國公主安頓在危峻的孤峰上，下設守衛，晝夜巡邏。三個月後，戰事平息，波斯王派使臣將公主迎歸，忽然得知公主已懷身孕。公主的侍兒據實以告，說是「每日正中，有一丈夫從日輪中乘馬會此」。使臣正在進退維谷之際，聽從了大臣的議論，決定「待罪境外，且推旦夕」。於是在石峰上建築宮城，立公主為國主。後來產下一男，由母攝政。長大後，「子稱尊號，飛行虛空，控馭風雲」，於是威震遠方。玄奘評論此事：「以其先祖之世，母則漢土之人，父乃日天之種，故其自稱漢日天種。」這是暗示揭盤陀立國時即已信奉波斯傳說中的日神密特拉了。其時間可能上推到前 5 世紀。

《大唐西域記》卷一屈支國（庫車）也明確記有天祠：「國東境城北天祠前，有大龍池。」這裡的天祠創建的年代恐亦不晚於東漢。根據當地傳說，該天祠早在龜茲王金花立國以前就有了。

胡天崇拜自安息東進，經新疆庫車，東傳陝北綏德，而又及河南、山東，至於西元 147 年立廟於山東嘉祥。其間詳情雖多湮沒無聞，但在對遺物的整理與研究之後，早期瑣羅亞斯德教在中國的傳播過程卻也有形跡可覓。

（二）胡天崇拜與祆廟

在漢代，青海道也是接連西域的通道。早有中亞胡人定居蜀之西界。《華陽國志・大同志》記晉泰始十年（西元 274 年）汶山白馬胡恣縱，發動暴亂，刺史皇甫晏發兵征討。時值盛夏，部下勸阻暫緩出兵，皇甫晏不以為然，率軍西行。有麏入營中，軍占以為不祥，皇甫晏仍無反悔。「胡康水子燒香，言軍出必敗，晏以為沮眾，斬之」。汶山在蜀漢西界，已有

康居胡人康水子定居。康居人多信佛教或祆教。康水子燒香，意在占卜，這「燒香」極可能是瑣羅亞斯德教徒焚燒香木，以通神靈，行使巫術，向皇甫晏傳告天神的意志，旨在阻止皇甫晏殺戮汶山白馬胡等羌民，反而引起皇甫晏的盛怒，以斬首論處。如若康水子是個佛徒，恐不致引起皇甫晏如此反感。正因他崇信胡天的「邪教」，在瑣羅亞斯德教尚未流行的地域就會遭到很大的阻撓。

青海平安窯房東漢墓月神畫像磚

　　1980 年代，青海平安窯房墓葬曾出土 2 － 3 世紀的畫像磚，可以為早期青海境內的胡天崇拜提供一點資訊。刊載在《全國出土文物珍品選》上的該墓葬所出「月亮神」畫像磚[025]，神像頭戴高帽，身穿折襟上衣，腰繫長裙，雙足外撇，右手向上托舉半輪新月，左手下垂提一細頸瓶。左上側與月亮對稱，有一太陽，中有一鳥。神像雙肩披有折曲飛揚的帛帶，下端左右均有分叉。這一圖像是在佛教東傳的初期根據佛教圖像所構思的胡天神，只有胡天神才與日月崇拜緊密相連。身繫長裙，使神像富有女性特

---

[025]　文化部文物局：《全國出土文物珍品選（1976 － 1984）》，文物出版社 1987 年版，圖 351，原題「神仙畫像磚」。

徵，屬於一種由中國西部居民創作的伊朗月神摩訶或胡天圖像。玄奘《大唐西域記》中關於竭盤陀國的波斯祖先的傳說，和瑣羅亞斯德信仰向青海的傳遞有十分切近的關係。平安窯房出土的畫像磚還有騎馬武士的形象，右手上舉蓮花，這蓮花也在顯示武士是日天之種。

瑣羅亞斯德教崇拜天空、日、月，祭壇上常年奉祀用各種香木焚燒的聖火，以不滅的神火使祭祀者與神相通。該教的《帕拉維語經文》指示，一個虔誠的信徒「每日應三次到火廟禮拜聖火，這是因為常赴火廟的人，定會獲得世間更多的榮華富貴」。由於崇拜聖火，故有拜火教之稱。西元226年，波斯薩珊王朝興起，以瑣羅亞斯德教為國教，奉祀天神，卻又不同於中國的天帝、上帝，於是中國以胡天相稱。

「胡天」是瑣羅亞斯德教在中國最初立教的名稱。

4世紀初的十六國時期，在羯人建立的國家境內已見瑣羅亞斯德教的正式傳揚。《晉書》卷一〇七記述「龍驤孫伏都、劉銖等結羯士三千，伏於胡天」，表明孫伏都、劉銖皈依了羯士所信奉的胡天。胡天也是初次見於文獻的瑣羅亞斯德教。羯士三千，似乎是羯人，習慣上將他們當作匈奴的別支，但也可能就是唐代中亞細亞的「赭羯」、「柘羯」，為撒馬爾罕和布哈拉等地粟特人壯士的稱謂。此名出自波斯語 tehakar。如果如此，那麼最先來中國河西傳揚胡天的便是這些中亞細亞的胡人了。孫伏都、劉銖可算是第一批史籍有名的漢人信徒。

河西涼州一帶興起的胡天崇拜，在習俗上不同於波斯本土瑣羅亞斯德教用香木燃起聖火，而是採取了中國人較易接受的燃燈習俗。《晉書》卷八十六記述前涼張軌之子張寔部下有信奉劉弘宣揚的光明道的：

> 京兆人劉弘者，挾左道，客居天梯第五山，然燈懸鏡於山穴中為光明，以惑百姓。受道者千餘人，寔左右皆事之。帳下閻沙、牙門趙仰皆弘鄉人，

弘謂之日：「天與我神璽，應王涼州。」沙、仰信之，密與寔左右十餘人謀殺寔，奉弘為主。寔潛知其謀，收弘殺之。沙等不之知，以其夜害寔。

劉弘宣稱「天與我神璽」，即是胡天的天神。晉代民間以光明道稱奉瑣羅亞斯德教的已大有人在[026]。而「祆廟燃燈」已見於敦煌文獻。敦煌卷子 S2241 有「夫人與君者沿路作福，祆廟燃燈，尚且不堅」；S2474 亦稱「城東祆燈」。在中國祆燈當與伊朗祆廟中的聖火具有同一內涵。

5 世紀以後，波斯使者和移民絡繹東來，於是焉耆國（焉耆）、高昌國（吐魯番）多信奉瑣羅亞斯德教，《北史》卷九七記述新疆境內這些地區業已「俗事天神」。《唐書》所述新疆西部疏勒、于闐都俗信天神，大約也在 6 − 7 世紀之際。于闐也有和伊朗一樣代表日神的三面神的壁畫，這三面神代表青年、中年和老年，亦即科·伊·胡瓦賈（kūh-i-Khvāja）[027]，胡瓦賈亦即《阿維斯塔》中光明山落入海中後重新升起的大神，祂著手締造了新的世界。信奉天神在新疆東部地區已成民間的習俗。突厥民族信奉拜火教，出身突厥血統的北魏宣武靈太后（西元？− 528 年）對提倡胡天不遺餘力。靈太后與北魏孝明帝元詡（西元 515 − 528 年在位）在華林園設宴招待群臣，王公以下都賦詩相賀。靈太后詩只一句：「化光造物含氣貞。」含意已和胡天崇拜中光明清淨造化萬物的旨意相合。神龜二年（西元 519 年），靈太后曾率領夫人、九嬪、公主以下從者數百人登臨嵩山，直至山頂，「廢諸淫祠，而胡天神不在其列」[028]。靈太后既崇信佛教，於是進而排斥異教，禁止民間立廟設祭，但胡天神卻仍得以傳揚，且被國

---

[026] 饒宗頤：〈穆護歌考〉，《〈大公報〉在港復刊三十週年紀念文集》下卷，商務印書館香港分館 1978 年版，第 733 − 771 頁。

[027] 斯坦因：《亞洲腹地》（A. Stein, *Innermost Asia*），倫敦 1928 年版，第 916 頁。

[028] 《魏書·皇后列傳》。即此一例，足以說明「唐以前中國有拜胡天制，唯未見有祆祠」（陳垣：《陳垣學術論文集》第 1 集，中華書局 1980 年版，第 318 頁）一說之難以成立，更不論山東嘉祥武氏石室了。

家所認可。其用意十分明顯，因波斯和中亞康國、安國、何國、米國等商旅、使節和移民大多信奉胡天，為開展對外關係，對於他們的宗教習俗自然只有加以提倡、鼓勵，而不能予以禁絕。

北魏洛陽城曾出土兩件雙翼童子圓雕造像，一件是採集品，據說出於內城南部，雙翼殘損；一件是發掘品，出自城南太學遺址北朝遺存，保存完好。兩件造像都係銅鑄，大小相同，為男性裸體，身高不足 5 公分，圓顱，頭頂蓄髮如瀏海，面部稍平，雙臂前屈，雙掌合十，上臂外側有伸展的雙翼，雙腿渾圓，跣足。全身無紋飾，僅頸部繫一串項鍊，神態虔誠。背部有兩篆書漢字「仙子」。形象為內地佛教造像所無 [029]。

這種雙翼童子造像，正是北魏遷都洛陽後流行胡天崇拜的遺物。有翼神即代表日、月神。薩珊王冠（見於錢幣）上的雙翼就是太陽的象徵，同樣的圖像也見於印章中 [030]。

在中國，類似的圖像還發現於新疆塔克拉瑪干沙漠東南緣的米蘭遺址的佛寺殘基中。1907 年初，英人斯坦因在米蘭古城距地面約四英尺的牆面上發現彩繪天使壁畫七幅。畫面上共有七個半身有翼的青年天使。天使頭呈長圓形，頂蓄瀏海式髮型，細眉大眼，直鼻薄唇。身穿圓領衫，背有碩大的雙翼，展翅欲飛。發現壁畫的古建築是一種外方內圓的建築，被發現者稱為窣堵婆（塔），其實是一種波斯式樣的方形建築。斯坦因認為這些壁畫的構圖和色調近似埃及托勒密和羅馬時期墓葬中少女和青年畫像的希臘風，身分是基督教中的愛神埃羅斯（Eros），以為在犍陀羅派希臘式佛像中有這種借自埃羅斯的畫像，是用來表示樂神犍達婆的一班飛天。這種

---

[029] 段鵬琦：〈從北魏通西域說到北魏洛陽城〉，《洛陽 —— 絲綢之路的起點》，中州古籍出版社 1992 年版，第 353 頁。

[030] 波普：《波斯藝術綜覽》（A. U. Pope, *A Survey of Persian Art*），第 2 卷，牛津大學 1964 年版，第 808 頁，第 878 — 879 頁。

有翼神像在塔克西拉的古遺址中也有發現。塔克西拉的發掘者約翰・馬歇爾（John Marshall）在《犍陀羅佛教藝術》中以圖 21 － 圖 25 列出這種圖像，認為是佛教中的提婆（Deva）天神，應該說是佛教受到波斯影響，或祆教在塔克西拉流傳。拜城克孜爾、庫車庫木土拉、森木塞姆等 4 － 6 世紀石窟的窟頂正中壁畫中也有有翼的神像。而在內地則尚無此例，只有洛陽的雙翼童子像是例外。

米蘭出土的有翼天使早已被斯坦因攜往倫敦，歸大英博物館收藏。現在米蘭的同一遺址即古伊循城遺址的佛寺殘壁又發現同樣內容的壁畫一幅，畫幅長 1.2 公尺，高 0.52 公尺，保存完整，色澤鮮豔。畫面上有南北並列的兩個半身雙翼天使。北側的天使剛勇威猛，屬男性；南側的天使端莊秀美，屬女性。天使的頭頂有一大朵蓮花 [031]。這幅壁畫的時代應和斯坦因發現的壁畫的時代相同。男性的翼神應是胡天崇拜中的日神，女性的翼神則是代表豐收女神的月神。蓮花在古波斯是太陽的代表，象徵著光明和善良。

古伊循城（米蘭）位於東西交通大道上，在若羌縣城東北約 75 公里，也是當今青海至新疆公路通過之處。這裡發現的祆教遺物是中亞粟特人或波斯人胡天信仰的遺存。伊循、洛陽雙翼童子畫像或雕像的發現，將 5 － 6 世紀波斯祆教東傳的路線十分生動地展示了出來。

北魏以後，東魏、西魏、北周、北齊君主都親自出馬，信奉胡天，參與國家祀典。「後周欲招徠西域，又有拜胡天制，皇帝親焉。其儀並從夷俗，淫僻不可紀也。」（《隋書・禮儀志二》）北齊後主高緯（西元 565 － 577 年在位）更親自擊鼓跳舞，奉祀胡天，以至於鄴中盛行胡天，至 7 世紀中葉仍未見衰。史載：「（後齊）後主末年，祭非其鬼，至於躬自鼓舞以事胡天。鄴中遂多淫祀，茲風至今不絕。」（《隋書・禮儀志二》）由於

---

[031] 舒英：〈新疆出土雙翼天使壁畫〉，《中國文物報》1990 年 1 月 18 日。

胡天崇拜，波斯宗教禮儀與歌舞也扎根中土[032]。中國史籍（《魏書》、《北史》、《梁書》）都稱波斯國、滑國（阿富汗昆都士）信奉火神、天神。《周書》卷五十以「火祆神」相稱，是按照 7 世紀起的習慣，以新創的「祆」字來稱呼波斯瑣羅亞斯德教的天神，以簡化「胡天」之名。從此火祆教一名才替代胡天、天祠而通行全國。

「祆」字在西元 674 年以後孫強增訂顧野王《玉篇》中解釋作「阿憐切，胡神也」。但在方言中，更流行的是早先使用的「摩訶」一詞。洛陽邙山出土隋大業十一年（西元 615 年）翟突娑墓誌，語有「君諱突娑，字簿賀比多，並州太原人也。父娑摩訶，大薩寶」。洛陽出土咸亨四年（西元 673 年）唐故處士康君墓誌，也將摩訶與大薩寶連稱：「君諱元敬，字留師，相州安陽人也。原夫吹律命氏，其先肇自康居畢萬之後。因從孝文，遂居於鄴。祖樂，魏驃騎大將軍，又遷徐州諸軍事。父伻相，齊九州摩訶大薩寶，尋改授龍驤將軍。」在這裡「九州摩訶大薩寶」等於「全國祆教大薩寶」。「摩訶」這個波斯天神名字被用於稱呼祆教，「摩訶大薩寶」意即「祆教大薩寶」。洛陽出土何摩訶墓誌銘，墓主是姑臧何氏之後，調露二年（西元 680 年）卒於洛陽，是以摩訶為名的祆教徒。

薩寶，本是唐代管理祆教的官職。《通典》卷四十記，武德四年（西元 621 年），在長安布政坊首置祆祠，並設官管理，視流內，正五品薩寶，從七品薩寶府祆正；視流外，勳品薩寶府祆祝，四品薩寶率府，五品薩寶府史。這些都是唐政府直至開元初專為優待來華祆教徒而保留的官職。《隋書·百官志中》追述北齊官制，在管理外國人士的鴻臚寺下有典

---

[032] 7 世紀初長安盛行的燈輪、燈樹、火樹也是祆教燃燈習俗的節日化活動。睿宗先天二年（西元 713 年）正月十五、十六夜，長安安福門外作燈輪高二十丈，燃五萬盞燈，簇之如花樹（張鷟：《朝野僉載》卷三）。勒·柯克《火州》（Le Coq, Chotscho）中有吐魯番木爾土克 3 號窟入口處壁畫燈樹圖，作七重天式寶塔形燈樹，背景為撒落的種子，其含意當即祆教的多子樹。

客署，「典客署又有京邑薩甫二人，諸州薩甫一人」。從唐故處士康君墓誌可以證實，北齊薩甫亦即唐代通用的薩寶的另一譯名。6 世紀的高昌就有這類官職，稱薩簿。吐魯番文書〈高昌永平二年十二月三十日祀部班示為知祠人名及謫罰事〉中有薩簿的官名，這一年是 550 年。隋代則在雍州（長安）設雍州薩保，視從七品。在諸州胡 200 戶以上的薩保，為視正九品。

北周安伽墓石門額祆教祭祀圖

　　薩甫、薩保、薩寶都是突厥語商隊首領 Sanpau 或波斯語首領 Spādhapati 的音譯。突厥事火神，所到之處均有祆廟。崇奉火天神的波斯人、康國人等在中國境內定居、經商，便隨處設立祆廟，政府也設官保護，承認其首領具有當地的公職，享受一定的特權。宋敏求《長安志》「布政坊胡祆祠」注說：「祠內有薩寶府官，主祠祆神，亦以胡祝充其職。」信徒大抵都是胡人，薩寶府官也以胡人廟祝充任。但初級的神職人員穆護似也有華人充任。顏真卿素喜結交胡人，他的次子顏碩甚至以穆護為小名，該是一名祆教信徒（《唐語林》卷六）。

自北魏以來，河西沙州、涼州以東，祆廟大多集中在京都地區，鄴城（河北臨漳西南）、長安、洛陽以及河北定州（正定）都有薩寶或大薩寶主持祆廟，召集胡人。地處鄴中的安陽曾出土北齊石闕一對，每側各有戴口罩者手執香爐獻祭[033]，正是反映祆教的遺物。唐代西京長安（西安）有祆祠五所，布政坊設置最早，成立於西元 621 年；其次有醴泉坊、普寧坊、靖恭坊及崇化坊祆祠。洛陽會節坊、立德坊和南市西坊也有祆祠。

2000 年在長安西北郊發現的北周安伽（西元 517 － 579 年）墓，和1999 年在山西太原發掘的隋代魚國人虞弘墓，出土許多有關祆教的浮雕和圍屏石榻，為了解這一宗教習俗提供了可貴的資料。安伽墓全長 35 公尺，由斜坡墓道、五處天井、五處過洞、磚砌拱形甬道及磚砌穹隆頂墓室組成。五處天井、壁畫等設施與北周文帝的兒子宇文通墓規格相當。安伽的父親安突建曾任眉州刺史，母杜氏是漢人，安伽是有中亞血統的混血兒，任北周大都督，同州薩保。墓室門額刻繪的祆教祭禮圖中有人首鷹身神及波斯、粟特裝飾的供養人。該墓出土的有三面圍屏（共 12 塊）的石榻與 1922 年河南安陽粟特貴族墓、1982 年甘肅天水隋唐墓出土的圍屏相似[034]。太原虞弘墓，墓主虞弘是魚國人，為北魏領民酋長的孫子，任茹茹國莫賀弗，出使波斯，後在北齊、北周和隋代任官職，直至涼州刺史、儀同三司等職，封爵廣興縣開國伯，食邑六百戶。墓中出土漢白玉石槨，浮雕圖畫豐富，多騎馬、騎駱駝搏殺獅子，人獅搏鬥。槨座四周亦各有兩個石獅頭坐墊，多為波斯風格。又可見到祆教拜祭的火壇[035]。

[033] 史卡里亞：〈北齊石闕上的中亞人士〉（Gustina Scaglia, *Central Asiansona Northern Ch'i Gate Shrine*），《亞洲剪影》（*Artibus Asiae*）1958 年第 1 期，圖 6。
[034] 尹申平等：〈西安發現的北周安伽墓〉，《文物》2001 年第 1 期。
[035] 張慶捷等：〈太原隋代虞弘墓清理簡報〉，《文物》2001 年第 1 期；山西省考古研究所等：《太原隋虞弘墓》，文物出版社 2005 年版。

隋代虞弘墓槨壁浮雕之一摹本　　隋代虞弘墓槨壁浮雕之二摹本

隋代虞弘墓槨壁浮雕宴飲圖

信奉祆教的人士以外籍僑民為主。但隨著波斯文化的擴散與商賈的活動，中國各族各界人士信奉該教的也不乏其人。祆教每歲祈福必有慶典，吸引不少當地居民參與，施錢相助。唐人張鷟《朝野僉載》卷三記：

> 河南府立德坊及南市西坊皆有胡祆神廟。每歲商胡祈福，烹豬羊，琵琶鼓笛，酹歌醉舞。酹神之後，募一胡為祆主，看者施錢並與之。其祆主取一橫刀，利同霜雪，吹毛不過，以刀刺腹，刃出於背，仍亂攪腸肚流血。食頃，噴水咒之，平復如故。此蓋西域之幻法也。

出自敦煌千佛洞的光啟元年（西元 885 年）寫本沙州、伊州地志殘卷記述貞觀初伊州祆廟祆主翟槃陀來到長安，表演請祆神的巫術：

> 火祆廟中有素書，形像無數。有祆主翟槃陀者。高昌未破以前，槃陀因朝至京，即下祆神。因以利刀刺腹，左右通過，出腹外，截棄其餘，以發系其本，手執刀兩頭，高下絞轉，說國家所舉百事皆順天心，神靈助，無不征驗。神沒之後，僵僕而倒，氣息奄（奄），七日即平復如舊。有司奏聞，制授遊（擊）將軍。

下祆神的巫術，後世人們在各種迷信活動中相沿不衰，為中國民間巫術的一大來源。對於這種使用巫術的胡天信仰，唐代政府僅在一定範圍內加以保護，而禁止民間祈祭。曾規定：「兩京及磧西諸州火祆，歲再祀，而禁民祈祭。」（《新唐書・百官志一》）由於政府的限制，祆教活動自以來華胡人僑民為限，既不提倡譯經，又不能廣泛開展傳教，因而在漢族居民中難以流布。

（三）會昌以後的祆教

唐武宗在會昌五年（西元 845 年）聽從道士趙歸真的建議罷黜佛教，禍及祆教、景教和摩尼教。《唐大詔令集》卷一一三稱：「勒大秦、穆護、

祆二千餘人並令還俗，不雜中華之風。」李德裕《會昌一品集》卷二十錄〈賀廢毀諸寺德音表〉也說：「其僧尼令隸主客戶，大秦、穆護、祆二千餘人，並令還俗。」（《新唐書・食貨志二》同）2,000 多名異教徒中就有祆教信徒。

1955 年西安西郊土門村出土一方唐代蘇諒妻馬氏漢文、帕拉維文墓誌。墓主馬氏，是故波斯王族唐神策軍散兵馬使蘇諒的妻子，卒於咸通十五年（西元 874 年）二月。帕拉維文碑文中有「願其安居阿胡拉・馬茲達及天使們所在之美滿天國」之語[036]。馬氏為祆教徒蘇諒之妻，本人當亦虔信該教。墓誌為會昌之禍以後祆教信仰仍在各地流行的證物。可知會昌之禍後，祆教亦不得不和其他外來宗教一樣自長安、洛陽等黃河中游繁華地區向外轉移。北宋時代，在汴梁（開封），山凱撒州、潞州、河東，江南揚州、鎮江、蘇州等地尚有祆廟。

汴梁祆廟有二。一見孟元老《東京夢華錄》卷三：

大內西去右掖門，祆廟。

一見張邦基《墨莊漫錄》卷四：

東京城北有祆廟。祆神本出西域，蓋胡神也，與大秦、穆護同入中國。俗以火神祠之。京師人畏其威靈，甚重之。其廟祝姓史，名世爽，自云家世為祝累代矣。藏先世補受之牒凡三：有曰懷恩者，其牒唐咸通三年（862 年）宣武節度使令狐給。令狐者，丞相絢也。有曰溫者，周顯德三年（956 年）端明殿學士權知開封府王所給。王乃樸也。有曰貴者，其牒亦周顯德五年樞密使權知開封府王所給。亦樸也。自唐以來，祆神已祀於汴矣，而其祝乃能世繼其職，逾二百年，斯亦異矣。……鎮江府朱方門之東城上乃有祆神祠，不知何人立也。

---

[036] 劉迎勝：〈唐蘇諒妻馬氏漢、巴列維文墓誌再研究〉，《考古學報》1990 年第 3 期。

開封祆廟廟祝史世爽，其家族自唐代以來世居廟祝，而他的姓亦似史國胡人。

蘇州自唐代以來即有祆廟建於城南，與鎮江朱方門裡祆廟關係至切，都是晚唐後期祆教南移所留。元《至順鎮江志》卷八：

火祆廟舊在朱方門裡，山岡之上。宋嘉定（1208 － 1224 年）中遷於山下，端平（1234 － 1236 年）間毀。

有些地方的關帝廟就是早先的火神廟。山西介休的祆神樓，由於明嘉靖十一年（西元 1532 年）朝廷下詔毀淫祠，遂改成「三結義廟」。武威涼州區大雲寺迄今有火神殿，兩尊銅佛重 400 公斤，一度失竊，至 2003 年 9 月才重歸故地。

元代，祆教在中國已告湮滅。但中國的火神崇拜卻或多或少地留存在各地民間信仰中。像波斯一樣，中國的火神也是戰神。元王實甫《西廂記》第七折有「赤騰騰點著祆廟火」，元曲《爭報恩》第一折出現「我今夜著他個火燒祆廟」的詞句，都是祆廟轉為火神廟的例子。明代萬曆年間臧晉叔編《元曲選》，列目有李直夫《火燒祆廟》一齣，仙呂宮與雙調各有《祆神急》一齣。今存朱庭玉〈【仙呂】祆神急〉（《朝野新聲太平樂府》卷六），只存後人改編的歌詞，波斯風格的曲調早已無存，可說是祆教禮樂在中國的殘跡。祆教的火神廟最終成了中國的民間信仰，歷明清而到 20 世紀，仍在許多城市、鄉村中香火不絕。

二、摩尼教在中國的傳播

（一）摩尼和中國北方的摩尼教

在薩珊波斯時代，由波斯人摩尼（Mani）（西元 216 － 274 年）創立的摩尼教曾對世界各地產生廣泛的影響。摩尼出生在帝國政治中心泰西

封一塞琉西亞附近的瑪第奴（Mardinu），屬於帝國西部地區，受到希臘、羅馬文化的薰陶。摩尼在 12 歲時已萌發創造新宗教的意願，到 24 歲時正式開始傳教，並航海去印度杜蘭（信德）傳教，取得成功。薩珊國王沙普爾一世登位後，他回國宣教，用中古波斯文（帕拉維文）寫了《沙卜拉干》（Sābuhragān）的教義概要，意即「獻給沙普爾之書」，見到了國王，並得到信賴。西元 243 年 4 月 9 日，在沙普爾加冕典禮上，摩尼公開宣講他創立的二宗三際論，開始了不受地區和國界限制的宣教活動。

摩尼教將明暗二宗當作世界的本原，將光明王國和黑暗王國看作是一開始即已存在的兩個相鄰的王國。光明王國的最高統治者在中古波斯語中稱為查文（Zawān，永恆），漢譯明父或大明尊。摩尼自稱是繼瑣羅亞斯德、佛陀、耶穌等聖賢之後的，被大明尊派到世間，以二宗三際說指導人類解脫善惡之爭的最後一名使者。二宗指光明和黑暗，善和惡；三際指初際、中際和後際，即過去、現在和未來。他在 244 年後的十五年中派傳教團分頭到羅馬帝國東方行省和巴勒斯坦、帕提亞等地傳教。東方傳教團由精通帕提亞語的阿摩（Ammō）率領人數眾多的教士組成，前往帕提亞。摩尼生前，他的門徒大約已進入費爾干納傳教。到 10 世紀時，阿拉伯作家納迪姆編寫《百科書錄》，便說摩尼曾親自到中國傳教 [037]。

摩尼要毀滅人的肉身而修煉靈魂的教旨，受到窮兵黷武的波斯統治者的忌諱。沙普爾死後，繼位的巴赫拉姆一世（Bahram I）（西元 273 － 276 年在位）確立祆教為國教，排斥摩尼教，拘捕摩尼，迫害教徒。277 年將摩尼釘死在十字架上，並開始對摩尼教徒的大規模驅殺，摩尼的信徒只得紛紛逃離已無立足之地的波斯，湧向東方。在西方，羅馬皇帝戴克里先（Diocletian）（西元 284 － 305 年在位）也於 296 年敕令將摩尼僧侶燒死，

---

[037]　達奇：《百科書錄》（B. Dodge, *The Fihrist of al-Nadm*），紐約 1970 年版，第 77 頁。

信眾斬首，並沒收財產。摩尼教的中心原在巴比倫，由於波斯的摩尼教徒成批東遷，中亞河中地區粟特人信徒的增加，摩尼教中亞教團才成為最強大的一個教團。6 世紀末，中亞教團在來自巴比倫的領袖撒特－奧爾米茲（Sad-Ohrmizd）領導下以正統（Dēnāwars）自居，宣告與巴比倫總教會決裂。漢文摩尼教殘經中將此宗譯作「電郍（那）勿」。直到 8 世紀初巴比倫法王米爾（Mihr）在位（約西元 710 － 740 年）時，兩處教團才重新統一起來。

　　唐代以前，摩尼教已由中亞教團傳入中國。晉人荀氏《靈鬼志》記敘：「太元十二年（西元 387 年），有道人外國，能吞刀吐火，吐珠玉金銀。自說其所受術即白衣，非沙門也。」[038]「白衣」可能是摩尼教在中國最早的稱謂。從各地發生的農民起義看，有許多是摩尼教信徒與彌勒佛的信徒。比較明顯的有以下十起 [039]：

　　西元 450 年左右，宋彭城（今徐州）通往外地的水路被「白賊所斷」。（《宋書》卷四十六）

　　西元 490 年，沙門司馬惠御自言聖王，謀破平原郡。（《魏書》卷七）

　　西元 499 年，幽州王惠定自稱明法皇帝。（《魏書》卷八）

　　西元 506 年，秦州屠各王法智反，推州主簿呂苟兒為主，號建明元年。（《北史》卷十七）

　　西元 506 年，涇州人陳瞻也反，建年號聖明。（《魏書》卷五十八）

　　西元 514 年，幽州沙門劉僧紹聚眾反，自號淨居國明法王。（《魏書》卷八）

　　西元 524 年，五城郡（山西蒲縣）山胡馮宜都、賀悅回成反。其以妖

---

[038]　釋道世：《法苑珠林‧咒術篇》卷七引《靈鬼志》。
[039]　柳存仁：〈唐前火祆教和摩尼教在中國之遺痕〉，《世界宗教研究》1981 年第 3 期，第 36 － 61 頁。

妄惑眾，假稱帝號，服素衣，持白傘白幡，率諸逆眾，於雲臺郊抗拒王師。（《魏書》卷六十九）

西元 610 年，春正月，有盜數十人，皆素冠練衣，焚香持華，自稱彌勒佛，入自建國門。監門者皆稽首。既而奪衛士杖，將為亂。（《隋書》卷三）

西元 613 年，唐縣宋子賢，善為幻術。每夜，樓上可見佛形，宋稱彌勒出世。入夥者日數百千人，遂潛謀作亂，將為無遮佛會，欲舉兵襲擊乘輿。（《隋書》卷二十三）

西元 614 年，扶風桑門向海明自稱彌勒出世，潛謀逆亂。舉兵數萬，自稱皇帝，建元白烏。（《隋書》卷四）

這些起義隊伍或多或少受到摩尼教或祆教的影響。他們所用的年號和法號如「聖王」、「明法皇帝」、「建明」、「聖明」、「淨居國明法王」等，都為漢文摩尼教經籍所常見。起義者崇尚白色，戴素冠，穿素衣，持白傘、白幡，和摩尼教雷同。《摩尼光佛教法儀略》指出摩尼「串以素帔」、「其居白座」，都以白為光明、潔淨的象徵。《儀略》規定前面四個等級的信徒（慕闍、薩波塞、默奚悉德、阿羅緩）都得按例穿戴素色冠服，只有第五級的耨沙喭，即一般信徒，可以「聽仍舊服」。勒·柯克在新疆哈拉和卓故址摩尼教寺院中發現壁畫殘件，圖中老翁摩尼及左右侍從全是白衣白冠 [040]。吐魯番出土摩尼教經書的扉頁和殘頁上的教徒都戴白色高冠，穿白衣。彌勒轉世也是摩尼教入華以後借助於西晉、後秦所譯佛教彌勒佛經籍的宣道手法。摩尼教殘片 M801 就將摩尼比作彌勒佛，說他「打開了

---

[040]　勒·柯克：《中國新疆的地下寶藏》（A. von Le Coq, *Buried Treasures of Chinese Turkestan*），倫敦 1928 年版，第 58 頁；克林凱特：《摩尼教美術與書法》（H-J. Klimkeit, *Manichaean Art and Calligraphy*），萊頓 1962 年版，第 44 頁，圖 41a，圖 41b，圖 42。

樂園的大門」[041]。

在唐代以前，摩尼教義無疑已在中國北方特別是陝西、河北、甘肅等地得到傳揚。為使傳教順利進行，吸收、依託早先便在中亞細亞和中國流行的佛教，使摩尼教蒙上一層佛學的色彩，是 6 世紀以來中國北方摩尼教的一個歷史特點。吐魯番發現的粟特文摩尼教殘片 T. M. 389 已提到阿摩在帕提亞便已宣揚「明使的佛性」[042]。摩尼成為佛教中的一個天神，越來越富有佛的氣息。在 731 年，外籍摩尼教徒向唐玄宗介紹摩尼教時，便公然將教祖稱作「摩尼光佛」了。

西元 694 年，波斯人摩尼師拂多誕向武后獻《二宗經》，於是摩尼教正式獲准在內地傳教。《佛祖統紀》卷三十九：

延載元年，波斯國人拂多誕持《二宗經》偽教來朝。

《二宗經》宣揚摩尼教的基本教義二宗三際。摩尼生前除用他家鄉的東亞蘭語（古敘利亞語）所寫的七部經書外，還有一部用中古波斯語寫作、獻給波斯王沙普爾的《沙卜拉干》。獻給中國皇帝的《二宗經》就是根據《沙卜拉干》譯寫的。在 20 世紀初勒‧柯克在吐魯番發現的摩尼教殘片中也有《沙卜拉干》的片段，有幾片上還標有中古波斯文「二宗／沙卜拉干」字樣[043]，意思是「獻給沙卜拉干的二宗經」，也就是被拂多誕獻給武后的《二宗經》[044]。

---

[041] 艾斯曼遜：《摩尼教文獻》（J. P. Asmussen, *Manichaean Literature*），紐約 1975 年版，第 63 頁。

[042] 林悟殊：《摩尼教及其東漸》，中華書局 1987 年版，第 43 頁。

[043] 林悟殊：《摩尼教及其東漸》，中華書局 1987 年版，第 195 頁引麥肯西：〈摩尼的沙卜拉干〉（D. N. Mackenzie, *Mani's Sābuhragān*），倫敦大學《亞非學院刊》（*BSOAS*）1979 年第 42 卷，第 3 頁；1980 年第 43 卷，第 2 頁。

[044] 劉南強：〈宋代反摩尼教的指控〉（Samuel N. C. Lieu, *Polemics against Manichaeism as a Subversive Cult in Sung China*），《約翰‧里茲大學叢刊》（*Bulletin of the John Rylands University Library*），1979 年第 2 期，第 157 頁。

　　《二宗經》被獻給中國君主，此舉猶如當年摩尼在波斯王宮中當眾開講《沙卜拉干》一樣，是實現摩尼在羅馬、衣索比亞（非洲）和中國傳教的重要的一步。摩尼教因此取得了在中國合法布道的權利。

　　二十多年後，阿富汗的吐火羅國支汗那王又派精通天文的摩尼高僧大慕闍來長安，期望在長安建立摩尼寺。《冊府元龜》卷九七一記這事於開元七年（西元 719 年）：

　　六月，大食國、吐火羅國、康國、南天竺國並遣使朝貢，其吐火羅國支汗那王帝賒上表獻解天文人大慕闍。其人智慧幽深，問無不知。伏乞天恩喚取慕闍，親問臣等事意及諸教法，知其人有如此之藝能，望請令其供奉，並置一法堂，依本教供養。

　　據明人何喬遠的《閩書》載，大慕闍在唐高宗時已行教中國。《閩書》卷七：

　　慕闍當唐高宗朝行教中國。至武則天時，慕闍高弟密烏沒斯拂多誕復入見。群僧妒譖，互相擊難。則天悅其說，留使課經。

　　摩尼教行教內地，曾傳譯經典，因此還有一些殘經傳世。《摩尼光佛教法儀略》是奉詔編寫的一部教法提要，卷首署有「開元十九年六月八日（西元 731 年 7 月 16 日）大德拂多誕奉詔集賢院譯」。這是 20 世紀初在敦煌發現的三部漢文摩尼教殘經中的一部，由 Stein3969 和 Pelliot3884 合成。另有今藏北京圖書館的《摩尼教殘經一》（1911 年羅振玉定名為《波斯教殘經》[045]），和現存倫敦大英博物館，約成於 8 世紀下半葉，佛化程度極深的《下部贊》。摩尼生前用東亞蘭語所著七部經典和中古波斯文所著《沙卜拉干》曾先後譯成拉丁文、希臘文、柯柏特文、亞美尼亞文、帕提

[045] 刊於《國學叢刊》1911 年第 2 冊，羅振玉整理。

亞文、突厥文、粟特文、漢文、大夏文、回鶻文、阿拉伯文等多種文字。《下部讚》是由粟特文譯成漢文的經典。

為迎合唐朝統治集團，《摩尼光佛教法儀略》的編者引證佛典，公然以佛教一宗自居。《儀略》引蕭齊沙門釋曇景譯《摩訶摩耶經》：「佛滅度後一千三百年，袈裟變白，不受染色。」暗示摩尼教為佛陀後裔所傳。又引證東晉天竺佛陀跋陀羅譯《觀佛三昧海經》：「摩尼光佛出世時，常施光明，以作佛事。」

出於同一目的，《摩尼光佛教法儀略》的編者還依附道教，公然宣揚老子化胡，聲稱釋迦、老子與摩尼三聖同一。它引證道經《老子化胡經》云：「我乘自然光明道氣，飛入西挪玉界蘇鄰國（Sūristān）中，示為太子。舍家入道，號曰摩尼。轉大法輪，說經戒律定慧等法，乃至三際及二宗門。」將老子化身入蘇鄰國（巴比倫）作為道教與摩尼教合流的依據。《儀略》又說：「虛應靈聖，覺觀究竟，故號摩尼光佛。光明所以徹內外，大慧所以極人天，無上所以位高尊，醫王所以布法藥。則老君托孕，大陽流其晶；釋迦受胎，日輪葉其象。資靈本本，三聖亦何殊？成性存存，一貫皆悟道。」《儀略》的這些新滲入的教義為前此所未有，是摩尼教進一步中國化的證據。

摩尼教雖想依託佛、道，涉足於中國社會，但卻受到佛教的衛道士的攻擊，翌年即遭禁斷。《通典》卷四十有一條禁令：

開元二十年七月敕，末摩尼法本是邪見，妄稱佛教，誑惑黎元，宜嚴加禁斷。以其西胡等既是鄉法，當身自行，不須科罪者。

禁令明白規定，中亞粟特人和波斯人中信奉摩尼教的，仍可保持原來習俗，但中國人卻不准奉行摩尼。《儀略》寫成之後，或有摩尼寺立於長

安，但不一年而禁止華人參拜，僅供外商、外僑祭祀，以外事活動場所看待，其例概同於祆教。禁令祆教之前，唐代統治者即視蓄意附會佛、道的摩尼教為邪教。

在武后與玄宗時期，前來中國傳教的拂多誕和慕闍都是摩尼僧。《摩尼光佛教法儀略》有「五級儀」，介紹摩尼僧有五個等級：

1. 十二慕闍（中古波斯語 mozak），譯云承法教道者。
2. 七十二薩波塞（中古波斯語 ispasag），譯云侍法者，亦云拂多誕（中古波斯語 aftadan）。
3. 三百六十默奚悉德（中古波斯語 mahistag），譯云法堂主（中古波斯語 mānsārār，帕提亞語 mānsargar）。
4. 阿羅緩（中古波斯語 ardawan），譯云一切純善人。
5. 耨沙喭（帕提亞語 nīyōšagān），譯云一切淨信聽者[046]。

中古波斯文和帕提亞文是東方摩尼教徒的基本用語，屬中亞教會通用語言，因此也是經籍中所用術語的原始語言。慕闍十二人，是中亞摩尼教團所擁有的最高神職人員人數。據《閩書》，唐高宗時，位居高位的摩尼教慕闍便已到中國行教，但中國當局當時所注意的恐怕也只是慕闍的天文、星象知識，而不是他的教義。於是在 719 年時又有支汗那國所派的天文學家大慕闍。這位「大慕闍」，可能是位於十二慕闍之上的最高者。這次慕闍透過獻技來說服玄宗准許其傳教，並在長安建立「法堂」。法堂規模小於寺宇。《儀略》規定摩尼寺必有五堂：經圖堂一，齋講堂一，禮懺

---

[046] 摩尼僧五個等級的中古波斯文名稱，依吐魯番發現的中古波斯文摩尼教殘經 M36，分別是 hmwc'g（或 hmucg），'spsg，mhystg，xrwhxw'n，nyw'š'g。見鮑伊思：《中古波斯語與帕提亞語摩尼教字彙》（Mary Boyce, *A Word-List of Manichaean Middle Persian and Parthian*），萊頓 1977 年版，第 45 頁，第 22 頁，第 57 頁，第 99 頁，第 65 頁。

堂一，教授堂一，病僧堂一。「右置五堂，法眾共居，精修善業。不得別立私室廚庫。」所以 757 年去世的韋述所撰《兩京新記》中，長安不見摩尼寺。但這法堂到了 732 年卻被禁止對中國人開放，只限原來信奉摩尼教的外籍人士出入。陳垣說「當時既未許其布教，自不許其建置法堂。摩尼之有法堂，自大曆三年始」[047]，未見妥善。

從唐高宗時慕闍來華，到 732 年摩尼法堂被禁止華人出入參拜，不過半個世紀，摩尼教在內地的傳布似乎長期僅限於京師一帶。

8 世紀下半葉，由於得到北方新興的回鶻民族統治集團的支持，摩尼教在內地獲得了新的宣教陣地而大有進展。與唐軍夾擊史朝義而引兵洛陽的登里可汗在 763 年 3 月班師回國時，從洛陽請去了睿息等四名摩尼高僧，設教於回鶻。到大曆三年（西元 768 年）長安才有專為回鶻而修建的摩尼寺，賜額大雲光明之寺，是為信奉摩尼的回鶻人所建的寺。三年後，因回鶻商人遍布長江流域，又在沿江各地修建摩尼寺。807 年，摩尼教又在洛陽、太原建寺宣教。元和（西元 806 － 820 年）年間，摩尼寺在內地至少已有八所，遍布長安、洛陽、太原、江陵、揚州、紹興、南昌等地。841 年回鶻失國後，便有會昌三年（西元 843 年）二月下令解除回鶻冠帶、廢除摩尼寺、放逐摩尼教徒之舉。兩年以後更有會昌滅佛，連同穆護（摩尼）被迫還俗，規定這些宗教「不雜中華之風」，不准改頭換面繼續傳教。

然而在民間頗有基礎的摩尼教卻改稱「明教」，仍在流傳。河南、山西的摩尼教徒不久又在活動。後梁貞明六年（西元 920 年），陳州摩尼教徒推毋乙當天子，起而作亂。摩尼教在後唐、後晉時繼續祕密活動，堂中供奉踞坐的魔王，以佛為其洗足。此後佛教便以摩尼為「魔王」。10 世紀

---

[047] 陳垣：〈摩尼教入中國考〉，《陳垣學術論文集》（一），中華書局 1980 年版，第 340 頁。

起，內地的摩尼教只得由河南向長江流域祕密傳播，到宋代時流行於閩浙民間，即以明教相稱。

（二）摩尼教和閩浙文化

福建的福州、泉州是摩尼教在北方失勢後轉入南方得以建立基業的早期據點。明代何喬遠《閩書》卷七〈方域志〉「泉州府晉江縣」條記述晉江縣（今晉江市）華表山南麓有元代的草庵，奉祀摩尼佛，指出「其教日明，衣尚白，朝拜日，夕拜月」。追述摩尼教流布於福建的過程是：「會昌中汰僧，明教在汰中。有呼祿法師（中古波斯語 Xrwhxw'n）者，來入福唐（今福清），授侶三山（今福州），遊方泉郡（今泉州），卒葬郡北山下。」文中的呼祿法師是中古波斯語的「傳教師」[048]，來自中亞細亞或巴比倫。

南方的摩尼教起初以福州為大本營。《佛祖統紀》卷四十八引《夷堅志》：「吃菜事魔，三山尤熾。為首者紫帽寬衫，婦人黑冠白服，稱為明教會。……其修持者，正午一食，裸屍以葬，以七時作禮，蓋黃巾之遺習也。」福州有摩尼教經典，天禧三年（西元 1019 年）以「明使摩尼經」的名義被採入道藏四千五百六十五卷中[049]。

泉州早在南唐就有摩尼師傳教。南唐徐鉉《稽神錄》卷三：

清源（泉州）人楊某，為本郡防遏營副將。有大第在西郭，侵晨趨府未歸。家人方食，忽有一鵝負紙錢自門而入，徑詣西郭房中。家人云：「此鵝自神祠中來耶？」令其奴逐之。奴入房，但見一雙髻白髯老翁，家人莫不驚走。某歸聞之，怒持杖擊之。鬼出沒四隅，變化倏忽，杖莫能中。某

---

[048] 劉南強：〈宋代反摩尼教的指控〉（Samuel N. C. Lieu, *Polemics against Manichaeism as a Subversive Cult in Sung China*），《約翰·里茲大學叢刊》（*Bulletin of the John Rylands University Library*），1979 年第 2 期，第 157 頁；林悟殊：《摩尼教及其東漸》，中華書局 1987 年版，第 124 頁。

[049] 張君房：〈雲笈七籤序〉，《陳垣學術論文集》（一），中華書局 1980 年版，第 358 頁。

益怒，曰：「食訖當復來擊殺之。」鬼乃折腰而前口諾。楊有女二，長女入廚切肉具食，肉落砧，輒失去。女執刀白父曰：「砧下露一大黑毛手。」曰：「請斫。」女走，氣殆絕，因而成疾。次女於大甕中取鹽，有一猴自甕突出，上女之背，女走至堂前，復失之，亦成疾。乃召巫立壇治之，鬼亦立壇作法，愈盛於巫，巫不能制，亦懼而去。頃之，二女及妻皆卒。後有善作魔法者，名曰明教，請為持經。一宿，鬼乃唾罵某而去，因而遂絕。某其年亦卒。

　　明教法師以善作魔法聞名，可能是宋代明教又被目為魔教的一大原因，並非完全因為佛教為詆毀摩尼教而故意以「魔」易「摩」。

　　泉州北門外北山下在 1940 年代發現摩尼教墓碑兩塊，顯示北山下有摩尼教徒墓地。宋代朱熹有「明靈自安宅，牲酒告恭虔」的詩句（〈與諸同僚謁奠北山過白岩小憩〉），「明靈」即指明教法師之靈。泉州塗門外也曾發現「管領江南諸路明教秦教」的墓碑石刻 [050]。

　　泉州南門外華表山背的草庵又名青草庵，初建於 11 世紀初。天聖二年（西元 1024 年）考取進士的曾公亮曾與草庵僧侶交遊。《曾氏族譜》中載有曾公亮在浙江寧波當官時與草庵摩尼僧定諸的往來信件，有贈詩一絕：「四明山去刺桐城，往還都無一月程。日日焚香遙頂禮，歲時其待出郊迎。」注：「草堂僧定諸，晉江人，博通內外經典，歸隱於青草庵。」[051]1950 年代，吳文良在泉州南門外二十公里的晉江縣羅山鄉蘇內村（宋代仁教里）的華表山麓找到了草庵遺址 [052]。中廳有摩尼浮雕像一座，無冠，髮披肩上，下巴有兩縷長鬚，背有弧光十多條。上角有銘

---

[050]　莊為璣：〈泉州摩尼教初探〉，《世界宗教研究》1983 年第 3 期，第 77 － 82 頁。

[051]　莊為璣：〈泉州摩尼教初探〉，引《武城曾氏族譜·曾公亮傳》（抄本），《世界宗教研究》1983 年第 3 期，第 77 － 82 頁。

[052]　吳文良：《泉州宗教石刻》，科學出版社 1957 年版，第 44 － 45 頁，圖 107。

刻，左上刻：「興化路羅山境姚興祖奉舍石室一院，祈薦先君正卿姚汝堅三十三宴，妣郭氏五九太孺，繼母黃十三娘，先兄姚月潤，四學世生界者。」右上刻：「謝店市信士陳真澤立寺，喜舍本師聖像，祈薦考妣早生佛地者，至元五年戌月四日記。」現存草庵是元代泉興信徒陳、姚兩人修建。前此遺跡已蕩無所存。草庵之南只有廢寺一處，前有古檜二株，兩人可以合圍，《泉州宗教石刻》說是唐時所植。草庵寺前 20 公尺處曾在 1979 年掘出外壁刻有「明教會」的黑釉瓷碗一件。同一類型的瓷碗殘件又見於晉江磁灶大樹威宋代窯址出土的「明」字碗上，為草庵建於宋代又多提供了一件物證 [053]。草庵附近的前港，原是通海的古港，現已成為陸地。草庵位於唐代自泉州至南港（今安海港）的大道附近，為集市之所。泉州摩尼教寺院草庵是中國現存最早的摩尼教遺跡，大約由福州自海路傳入，所以草庵建於古港附近。草庵是北宋早期佛教寺院化的南方摩尼寺的代表。附近有元代摩崖石刻：「勸念清淨光明，大力智慧，無上至真，摩尼光佛。」四者代表摩尼教對光明、智慧、威力和永恆的信仰，以摩尼光佛為光明王國的統治者，相當於漢文摩尼教經中的明父或大明尊，為《儀略》所宣揚的「四寂法身」[054]。

　　摩尼教從福建向浙江擴散，要透過民間傳教團體設立的明教齋堂。溫州繼福州成為南方摩尼教的傳教中心。北宋徽宗（西元 1100 － 1126 年在位）尊奉道教，京城（開封）佛寺被廢棄的不少，摩尼教亦依附道教而得以發揚。13 世紀的思想家黃震曾從四明崇壽宮住持張希聲手中得到《衡鑑集》，明確福州、溫州都有摩尼經典流傳：

---

[053]　黃世春：〈福建晉江草庵發現「明教會」黑釉碗〉，《海交史研究》1985 年第 1 期。

[054]　1989、1990 年連續在福建莆田縣涵江區找到摩尼教殘碑，經辨認，全碑刻的是「清淨光明，大力智慧，無上至真，摩尼光佛」，與草庵摩崖石刻內容相同。

希聲復緘示所謂《衡鑑集》，載我宋大中祥符九年（1016 年）、天禧三年（1019 年）兩嘗敕福州，政和七年（1117 年）及宣和二年（1120 年）兩嘗自禮部牒溫州，皆宣取摩尼經頒入《道藏》，其文尤悉[055]。

摩尼教在民間祕密團體中頗有號召力，白蓮、白雲等佛教宗派亦常與之合流而難以辨別。《佛祖統紀》卷五十四引有宗鑑《釋門正統》對摩尼教的評論：「今摩尼尚扇於三山，而白蓮、白雲處處有習之者。大抵不事葷酒，故易於裕足；而不殺物命，故近於為善。愚民無知，皆樂趨之，故其黨不勸而自盛。」三山（福州）的摩尼如此，溫州的明教更遍於各村。政和四年（西元 1114 年），明教在溫州所設齋堂已有四十餘處，並且私建無名額堂。宣和二年（西元 1120 年）十一月四日臣僚的奏章中更明白提到：

溫州等處狂悖之人，自稱明教，號為行者。今来明教行者，各於所居鄉村建立屋宇，號為齋堂，如溫州共有四十餘處，並是私建無名額佛堂。每年正月內，取曆中密日（星期日 —— 引者），聚集侍者、聽者、姑婆、齋姊等人，建設道場，鼓煽愚民，男女夜聚曉散。（《宋會要輯稿·刑法》）

政府雖明令禁止，但摩尼教儉樸、互助、友愛的結社思想仍像野火春風一樣迅速傳開。12 世紀初莊季裕《雞肋編》卷上以事魔食菜教相稱，記述他們的結社互濟：

事魔食菜，法禁甚嚴。有犯者，家人雖不知情，亦流於遠方，以財產半給告人，餘皆沒官。而近時事者益眾，云自福建流至溫州，遂及二浙。睦州方臘之亂，其徒處處相煽而起。聞其法：斷葷酒，不事神佛祖先，不

---

[055]　黃震：《慈溪黃氏日抄分類》卷八六〈崇壽宮記〉。

會賓客。死則裸葬。……又始投其黨，有甚貧者，眾率財以助，積微以至
於小康矣。凡出入經過，雖不識，黨人皆館谷焉。人物用之無間，謂為一
家，故有無礙被之說，以是誘惑其眾。

這些民間祕密結社性質的「事魔」具有平分財產、貧富平等的思想，
在教理上已帶有 6 世紀以來在伊朗、伊拉克流行的馬茲德教的色彩。馬茲
德教的創立者是波斯人馬茲德（Mazdak），約在 487 年生於納沙布林，提
倡新二元論。他的學說也認為宇宙間存在光明與黑暗之爭，但與瑣羅亞斯
德教、摩尼教不同，主張人類生而平等，金錢應該共用。馬茲德斷定金錢
多半是人類爭戰與離異的原因，因此金錢也應如水、火、草、木，人人得
而共用。馬茲德教徒雖在 533 年遭到屠殺，但馬茲德的主張卻在伊斯蘭教
興起以後繼續得到人們的擁護。伊本‧海克爾說，直到 8 世紀中葉奧瑪亞
王朝終止時，克爾曼各地的村民還都是馬茲德教的信徒。

塔巴里對馬茲德教有這樣的評論：「馬茲德和他的信徒，宣稱他們抑
富助貧，取多濟寡，宣導人們不應占有多餘的金錢、婦女、商貨。於是市
井流氓乘機而起，與馬茲德的信徒並肩作戰，參加馬茲德教徒的活動。人
民遭浩劫，而馬茲德教卻日益擴展，甚至強入私宅，姦淫擄掠，無所不
為。不久，鬧得父子反目，財產受到劫奪。」又說：「馬茲德以金錢、婦
女的平等作為該教的主張，以為必須如此，才算做到了安拉所宣導的善
行，才會得到安拉的酬報。馬茲德認為，他的教派雖不是秉承安拉的使
命，卻是一種善良的行為，因為安拉旨在使人類平等。」[056] 顎圖曼哈里
發（西元 644 － 656 年在位）時，阿布‧宰理從伊拉克和葉門的馬茲德教

---

[056]　塔巴里：《先知和國王編年史》（al-Tabarī, *Ta'rīkh al-Rusul wal-Mulūk*　*The Annals of the Prophets and Kings*），德瓊耶（de Goeje）英譯本，萊頓 1879 － 1901 年版，第 2 卷，第 88 頁；阿赫默德‧
艾敏：《阿拉伯文化的黎明時期》，納忠譯，商務印書館 1958 年，第 111 頁。

派吸收了貧富均等的思想，他認為有錢而不用於主持公道，死後頭、額和全身必受火燒。於是引得窮人起而攻擊富者。而阿布‧宰理廉潔而俠義，在民間深受愛戴，對伊斯蘭教中的蘇菲派很有影響。福建的摩尼教早期寺院曾依附佛教，而民間極為熾盛的結社活動顯然是由於那種均貧富、和衷共濟的教規深得人心。流入浙江溫州的明教行者在各地建立齋堂，甚至私建無名額堂，不事神佛，「但拜日月，以為真佛」[057]的「事魔」，當中有許多馬茲德教的成分和阿布‧宰理的蘇菲派教義在內。

　　10世紀以來，福州、泉州各地外商出入，伊斯蘭教徒駐足其地，也是福建沿海流行摩尼教，並進一步雜有馬茲德教派思想的重要原因。伊本‧納迪姆《百科書錄》就曾說過：「摩尼教中的許多領袖，表面上雖改宗伊斯蘭教，實際仍然崇奉摩尼，奧瑪亞王朝末代哈里發莫爾旺（西元744－749年在位）的老師便是其中之一。」福州、泉州乃至溫州流行摩尼教或事魔的齋堂，正是宋代與阿拉伯世界發展海上貿易所帶來的文化影響。摩尼師呼祿法師最先赴閩，傳揚北方正宗摩尼教。但此後，在東南沿海，許多鄉村中出現了以明教自稱的齋堂和無名佛堂，直到1120年，即方臘在浙西發動起義的一年，這些民間的信徒仍恪守摩尼教以密日（星期日）建設道場、夜聚曉散的活動方式。該年冬季，方臘聚眾在浙西淳安起義，影響達於三路十八州軍，溫州永嘉的「大翁」俞道安、台州仙居的呂師囊亦都在摩尼教的旗號下起而回應。於是統治者便以「諸路事魔聚眾燒香等人」相呼（《宋會要輯稿‧刑法》），下令焚毀《二宗經》以外一切傳習經文。此後數十年間，「事魔食菜」便成了官府對摩尼教及其支派的專稱。經文遭到禁毀之後，摩尼教的活動方式更靈活多變。民間祕密結社的白衣宗教已逐漸脫離早先摩尼教的教規，以白衣善友為名聚集結社，漸有均貧

---

[057]　莊綽：《雞肋編》卷上，商務印刷館1935年版，第10頁。

富、結幫集資的宗旨，與西亞馬茲德教派聚眾起事、共同對付豪紳富室的做法極類似。活動方式也比較自由，由密日結聚變成平居暇日公為結集。

　　政府對這種民間結社以左道、邪教相視加以禁斷，而信者依然日眾，到 12 世紀末，乾脆以道民的面目出現，假借佛道託附生存。慶元四年（西元 1198 年）九月十三日，臣僚上言道民便是吃菜事魔的流變：

　　浙右有所謂道民，實吃菜事魔之流，而竊自託於佛老，以掩物議。既非僧道，又非童行，輒於編戶之外別為一族。姦淫汙穢甚於常人，而以屏妻孥、斷葷酒為戒法。貪冒貨賄甚於常人，而以建祠廟、修橋梁為功行。一鄉一聚，各有魁宿。平居暇日，公為結集，曰燒香，曰燃燈，曰設齋，曰誦經，千百為群，倏聚忽散，撰造事端，興動工役，蠹緣名色，斂率民財，陵駕善良，橫行村疃。間有鬥訟，則合謀並力，共出金錢，厚賂胥吏，必勝乃已。每遇營造，陰相部勒，嘯呼所及，跨縣連州，工匠役徒，悉出其黨，什器資糧，隨即備具。人徒見其一切辦事之可喜，而不知張惶聲勢之可慮也。及今不圖，後將若何！乞行下浙西諸郡，今後百姓不得妄立名色，自稱道民，結集徒黨。（《宋會要輯稿・刑法》）

　　道民於浙江各地的興起，是摩尼教在民間普遍流傳的表現。此時浙江的摩尼教流派甚多，實已遠勝福建。

　　浙江的寺院式摩尼教大多依託道教，受到官府保護，所以民間摩尼教在南宋後期多以道民自稱。四明（寧波）有崇壽宮，曾由宋代思想家黃震寫作《崇壽宮記》，其歷史大約可上溯到北宋初期。南宋紹興十八年（西元 1148 年），泉州石刀山麓的摩尼寺建成，由僧人吉祥募資供奉摩尼像，號曰摩尼寺。溫州的摩尼寺潛光院可能早在南宋末便已出現，另一座選真寺則大約略晚於泉州石刀山的摩尼寺。

　　據元代文人陳高（西元 1315 － 1367 年）《不繫舟漁集》卷十二〈竹

西樓記〉載，溫州平陽炎亭，三面負山，東臨大海，有潛光院。「潛光院者，明教浮圖之宇也。明教之始，相傳以為自蘇鄰國流入中土，甌越人多奉之。其徒齋戒持律頗嚴謹，日一食，晝夜七時，詠膜拜。」陳高於至正十一年（西元 1351 年）七月望日作記時，潛光院住持是石心上人，而創建此院的是石心之師德山。據此推測，大約在 13 世紀末就已有潛光院了。

溫州蒼南縣括下鄉下湯村在 1989 年出土了孔克表所作《選真寺記》的碑刻。碑文較之民國十四年（西元 1925 年）刊行的《平陽縣誌・神教志》所錄更為翔實。碑文說，平陽郭南行百十里，有鵬山，是彭氏世居之處，立寺「曰選真寺，為蘇鄰國之教者宅焉，蓋彭氏之先所建也」。碑文原有彭君如山奮謂其姪德玉曰「寺，吾祖創也」的話，為《平陽縣誌》錄文所脫 [058]。碑文作者孔克表（約西元 1314 － 1386 年）與陳高一樣都是平陽人。《選真寺記》雖不寫明寫作年月，但從碑文內容可知為彭如山先祖所立，年代當比潛光院為早。

在溫州建立選真寺、潛光院等依託佛道的摩尼寺的是來自漳州、泉州的移民。甌海區川沙《周氏族譜》說：「乾道（西元 1165 － 1173 年）間，吾溫遭洪水患，所餘黎民靡有孑遺。奉詔徙福民實其都。」於是這些來自福建的摩尼教徒在山清水秀的地方創建了選真寺、潛光院等摩尼寺院。

元代至元（西元 1264 － 1294 年）到皇慶（西元 1312 － 1313 年）間，摩尼教寺院和景教一樣受到政府保護，政府明令放任傳教。泉州石刀山、華表山的摩尼寺、草庵寺在大德（西元 1297 － 1307 年）年間均經修復。在至元五年姚興祖奉舍石室，陳真澤喜舍聖像之前 [059]，已有人在今草庵

---

[058]　周夢江：〈從蒼南摩尼寺的發現談溫州摩尼教〉，《海交史研究》1990 年第 2 期。

[059]　吳文良原著，吳幼雄增訂：《泉州宗教石刻》（增訂本），科學出版社 2005 年，第 443 頁。

寺遺址附近結草為庵，於是名為草庵寺。現在遺址內還存有覆蓋摩尼佛石像的廟殿。1954 年泉州通淮門外津頭浦發現漢字石碑一塊，兩行 53 字：

管領江南諸路明教、秦教等，也里可溫、馬里失里門、阿必思八古、馬里哈昔牙。皇慶二年，歲在癸丑，八月十五日，帖迷答掃馬等泣血謹志。

首句係古敘利亞語的漢譯，意思是「獻給江南諸路明教（摩尼教）、秦教（景教）的管領者，最尊敬的基督教主教馬里失里門」[060]。碑文立於西元 1313 年。元政府對兩浙、江東西盛行的「吃菜事魔，傳習妖教」的民間結社概以亂眾左道相視，嚴加禁斷。元代對「諸以白衣善友為名聚眾結社者，禁之」（《元史・刑法志》），是對兩浙、江南民間有組織的摩尼教社團而言的。

明代一開始就因明教上逼國號而「擯其徒，毀其宮」[061]。明律規定：「妄稱彌勒佛、白蓮社、明尊教、白雲宗等會，一應左道亂正之術……煽惑人民，為首者絞，為從者各杖一百，流三千里。」[062] 清律遵此以行。福建、浙江摩尼教寺院因而衰廢，泉州華表山草庵在明英宗正統（西元 1436 － 1449 年）後受佛教排斥而荒蕪。西元 1552 年，安海明教徒起而反抗，晉江知縣錢梗將草庵作為鎮壓起義的指揮所，事後並刻石吹噓其功績。嘉靖（西元 1507 － 1566 年）後草庵改成龍泉書院。據《閩書》載，明末摩尼教因遭不斷打擊而無法生存，「今民間習其術者，行符咒，名師氏法，不甚顯云」。清代摩尼教在民間已與各種以符咒、壇主為特徵的迷信活動相糅合，而難以以獨立的面目出現了。

---

[060] 劉南強：〈華南沿海的景教徒和摩尼教徒〉，《海交史研究》1987 年第 2 期。
[061] 何喬遠：《閩書》卷七〈方域志〉。
[062] 高攀：《大明律集解附例》卷一一，學生書局 1986 年版。

三、佛教徒在中國的傳教活動

東漢首都洛陽是佛教進入內地以後弘揚傳播的重鎮。各國僧侶在 2 世紀以後陸續來華傳教，大月氏、天竺、康居、安息高僧占有重要地位。安息高僧以安清、安玄、曇無諦、安法賢、安法欽最為著名。

漢桓帝（西元 146 － 168 年在位）在宮中立黃老、浮屠之祠，佛教雖有經典，但傳譯無幾，語多托附黃老道學。安清、支讖來華，對佛教經典的翻譯不遺餘力，佛教才在洛陽等地得到廣泛的流傳。

安清，字世高，安息高僧，在西域各國來華傳教的僧侶中處於承前啟後的地位。安清原是安息國王奧斯羅埃斯一世（Osroes I）（西元 109 － 129 年在位）之子，因厭倦政事，遂誓志考察各國，研究佛教經藏。西元 148 年，安清抵達洛陽，從此終老中國。佛教有較多的信徒，多半仰賴安清與支讖的翻譯。安清對教理有精深的領會，又能加以講解。他本人精通梵典，來華不久又通解漢語，善於譯經傳教，嚴浮調〈沙彌十慧章句序〉說漢代人尊稱為安息菩薩：「有菩薩者，出自安息，字世高。」後世又稱竺朔佛為天竺菩薩，支婁迦讖為月支菩薩，法護為天竺菩薩，安清則是首先贏得時人公認的佛學大師。

自西元 148 年到 171 年，安清共譯經 39 部，而道安《經錄》只列出 35 部 40 卷。安清善於對法，稱阿毗曇師，簡稱毗曇師。毗曇常按法數分列，綱目明晰，文傳之外又加以口頭講解，逐條論說，按經典中的事數舉七法、五法、十報法、十二因緣、四諦、十四意、九十八結，一一加以整理。《阿含口解四諦經》、《十四意經》《九十八結經》都是安清的講稿，不只是譯經了。在阿毗曇中，特說禪定法數，所譯經也以禪數最為完備，對後世禪法的流行影響尤大。漢魏之際，學佛的人都崇尚安清所傳大乘禪法，他所譯大小《十二門經》、《明度五十計較經》、《修行道地經》都是

禪經。安清譯作中的大小《安般守意經》尤其是中華最初流行的教法。念安般即是持息念中十念之一。安般，即出息、入息，與中國道家以呼為出故、吸為納新相似。道家以導氣養性度世而不死，或以食氣者壽。東漢末魏伯陽《周易參同契》中的吐故納新之術似與安清所傳禪法類同，成為漢代佛道相互依附的根據。漢魏時代，安般禪法因此而得以盛行。安清在洛陽宣講佛理，聽者雲集。《道行經後記》說洛陽城西有菩薩寺，或者就是安清止息的地方。安清的足跡遍及長江的廬山、會稽，又到過嶺南的廣州。最後死在豫章（南昌）的䣝亭廟。佛教在南方的傳揚，安清是首開風氣的人物。

安清的入門弟子有臨淮嚴浮調（嚴佛調）、南陽韓林、潁川皮業、會稽陳慧，集大成的則是康居僧侶康僧會。傳說安清生前曾封函地下，預言「尊吾道者居士陳慧，傳禪經者比丘僧會」。陳慧是華人，僧會是中亞僧侶，當時傳布佛教仍難脫離外籍佛僧。

繼安清來華傳教的有安息優婆塞（居士）安玄。安玄在靈帝末年到洛陽經商，因功封騎都尉。後來信奉佛教，參與法事，學習漢語也大有進展，以宣講佛典為己任，人稱都尉玄。他與臨淮嚴浮調合作，由他口譯梵典，嚴浮調加以筆錄，譯成《法鏡經》。嚴浮調在安玄啟發下出家修道，是早期華僧之一。嚴浮調受安清與安玄的教誨，專心修佛。世稱安侯（安清）、都尉（安玄）、佛調三人傳譯，號為難繼。在當時佛典傳譯與宣教事業上，安息僧侶的重要性於此可見一斑。

魏晉之際，安息佛教漸衰，祆教作為薩珊波斯的國教大為興盛。安息佛教僧侶來華傳教的，有魏正元（西元 254 － 255 年）年間到洛陽的曇諦，265 年來華的安法賢，281 年來到中國的安法欽。隋唐之際的佛學大師吉藏則是安息移民之後，以弘揚佛學著稱。

在漢晉間傳譯佛教的大多是來自伊朗世界的佛教徒，他們帶來了宣揚光明及西方樂土的伊朗思想，以及借助於中古波斯語和東伊朗語的詞語，對中國佛教的形成與成長產生了極為有利的長遠效應。法國東方學家保羅・伯希和就曾作過如此的評論：「在二三世紀，以安世高為首的佛教的第一批大翻譯家，乃是康居人、大月氏人、波斯人，印度人只是少數幾個。所以有些教義，如與無量光明阿彌陀佛及其西方極樂世界相關的佛教理論，都浸透了伊朗思想。大家都知道，一大批佛經是由住在西域的伊朗人精心創作而成的。這就不難使人理解，有些詞彙儘管是借自佛教的術語和專名，卻是仰賴伊朗語的格調傳入的。」伊朗傳統思想中代表過去、現在與未來的三際（或三界）以及對樂土的追求，都以特殊的方式與中國的佛教相糅合，而成為它不可分割的組成部分。

四、什葉派伊斯蘭教在中國的傳播

什葉派是在穆罕默德逝世後，承認穆罕默德的女婿阿里為唯一合法繼承人的穆斯林派別，最初由賽爾曼・法里西（Salman Farsi）、阿布・達爾（Abu Tharr）和米格達德・本・阿斯瓦德・辛蒂（al-Miqdad ibn al-Aswad al-Kindi）等三人組成。只有他們三人在先知去世時擁護阿里當繼承人。「什葉」是阿拉伯語的音譯，意即「阿里的同黨」。先知的其他戰友則因效忠阿布・伯克爾（Abu Bakr）而被大多數什葉派人視為對先知的變節。從此，在伊斯蘭教的歷史上便出現了主張伊瑪目職位屬於麥加的古來氏族的遜尼派和只承認伊瑪目應當由先知家族成員阿里的後裔來擔任的什葉派的分歧和鬥爭。但什葉派在政治領域裡長期遭受挫折，只得將主要精力放在對宗教教義的思考和宣講上。按照對伊瑪目地位的解釋，什葉派又分裂成宰德派、伊瑪目派和極端派三個派別，並有許多支派。

　　被阿拉伯人征服的波斯人從一開始便參與了什葉派，以對抗遜尼派的統治。西元 860 年以後，由什葉派建立的國家相繼在裏海、葉門、阿拉伯半島東北部和北非出現。伊瑪目派（稱十二伊瑪目派）成為什葉派中人數最多的教派。伊朗人口的大多數，伊拉克半數以上的人口都是該派的信徒。在阿拔斯哈里發哈倫‧拉希德（Harun al-Rashid）統治時期，什葉派曾經在宮廷中產生顯著的作用。哈里發麥蒙（Al-Ma'mūn）一度採用什葉派的綠色服裝作為國家服色。945 年布韋德人進入巴格達後，什葉派在首都站住腳跟。1055 年塞爾柱人進駐巴格達後，什葉派在帝國的心臟地區盛極一時，規範的聖訓集《四聖書》便誕生在這一時期。系統的什葉派神學則開始於旭烈兀的宰相、波斯學者納速剌丁‧杜西的《信仰分析》一書的發表。由於元朝和伊兒汗國的特殊關係，什葉派教義在中國得到了廣泛的傳揚。

　　西元 1501 年興起的薩法維王朝（西元 1501 － 1736 年）公開承認什葉派的教義，在波斯和美索不達米亞各地建立了什葉派的神學院。16 －17 世紀也是什葉派神學家多產的時期。元、明時代的中國穆斯林透過元代創辦的回回國子學和以後採用波斯文的經堂教育受到了什葉派教義的薰陶。其中居住在帕米爾高原的塔吉克族是什葉派中伊斯馬儀教派的信徒，他們崇奉穆罕默德、阿里、法蒂瑪、哈桑和侯賽因這五位聖人。

　　中國穆斯林之有別於其他國家伊斯蘭教的是，他們不像遜尼派教徒那樣注重《可蘭經》經文，而更致力於引用名為《塔夫西爾》的可蘭經注釋。他們常以什葉派信徒通用的名字如阿里、法蒂瑪、哈桑、侯賽因為自己的名字。中國阿訇在講經時，對阿里（第四位哈里發）的驍勇善戰尤其津津樂道。《可蘭經》原文雖是阿拉伯文，但中國的伊斯蘭經堂用語習慣沿用波斯語詞彙。如中國穆斯林以胡達（Khudan）稱真主，以誦經禮拜

為納馬茲（Namaz）；一日五次祈禱，分別稱晨禮為榜不達（Bambād），稱午禮為擗申（Pashīn），稱晡禮為底格兒（Dīgur），稱昏禮為沙姆（Shām），稱夕禮為虎甫灘（Khuftan）；以阿訇（Akhund）稱教師，對穆斯林呼作木速兒蠻，以別庵伯爾謂先知。這些用詞都是波斯語。

　　波斯什葉派教徒在宋元之際充斥於中國沿海各地，揚州、杭州、寧波、福州、泉州都有他們的蹤跡。現存最早的什葉派寺院是西元 1310 年在泉州通淮街重修的聖友寺（通稱泉州清淨寺）。根據阿拉伯文的修寺碑刻，修寺者自稱阿里派教徒：

　　本地人士的第一座禮拜寺，便是這座公認最古老、悠久、吉祥的禮拜寺，建於伊斯蘭曆 400 年（1009 － 1010 年）的艾蘇哈卜大寺（聖友寺）。三百年後，艾哈曼德・伊本・穆罕默德・賈德斯，即設拉子著名的魯克伯哈只重修此寺，擴建了高懸的穹頂、寬裕的甬道、崇高的寺門和嶄新的窗牖，在伊斯蘭曆 711 年（1310 － 1311 年）竣工。此舉為博取至高無上的真主的喜悅。願真主寬恕他，寬恕阿里派教徒，寬恕穆罕默德和他的家屬。

　　元末泉州各清淨寺相繼毀廢，而通淮街清淨寺卻得以留存，也是由於什葉派在泉州的得勢。起於 1357 年（至正十七年）、終於 1366 年（至正廿六年）的泉州亦思巴奚事件，是由於什葉派的波斯戍軍義兵萬戶賽甫丁、阿迷里丁首先率領部下占據泉州，奪取了原為遜尼派蒲氏家族所控制的泉州外貿大權所致。經過十年反覆，最後陳友定在興化郡穆斯林千戶、什葉派信徒金吉的裡應外合下，平定了蒲氏家族那兀納的亦思巴奚軍隊叛亂。泉州法石鄉郭氏的始祖就是元代的波斯人。20 世紀惠安白奇鄉和泉州法石郭姓子孫祭祖時，所行的投石儀式是朝觀過程中仿效伊斯馬儀投石斥退魔鬼的行動。這種儀式可以追溯到神祕主義的蘇菲派。

什葉派教義透過蘇菲派神祕主義的修道方法在中國的穆斯林中得到傳揚，集中反映在中國穆斯林的門宦制度中。在經堂教育和 16 世紀以來漢文伊斯蘭教著述中同樣受到廣泛的注意和介紹。馬復初（西元 1794 — 1874 年）的《道行究竟》、馬伯良的《教款捷要》也都反映了什葉派教義。馬伯良將馬赫迪（救世主）與「至賢」連繫在一起，並按十二伊瑪目派的觀點，認為阿里傳至十一位子孫。《教款捷要》闡釋伊斯蘭教的八大根據時，提出：「知聖人之後，阿布‧伯克爾為正道上之伊瑪目，為哈里發，其意掌理貴聖之教條，施行法律之輕重，代聖傳道，繼往開來。伊之後，傳至奧瑪爾（Umar）。伊之後，傳至奧斯曼（Uthman）。全備於阿里。伊之後，又傳至他十一位子孫。憑至聖之言，俱是在正道上為伊瑪目。」又說：「此八事乃教門之根原，若知之即為認主獨一之人。復生之日立於聖人綠旗之下，得其脫離。」並表示：「世盡之期，其道大如聖，權大如王，仍代理至聖之位也。」

自元明以來，在中國穆斯林中，什葉派的教義、教法隨著門宦制度、經堂教育和波斯僑民、外籍信徒的宣揚而得到流傳，在現代伊斯蘭教漢文著作中有更加全面的反映。

■第二節
伊朗人在中國

一、華化的伊朗人

2 世紀之後，移居中國的伊朗人逐漸增多。早期佛教高僧中出身安息的安清、安玄由於譯經傳教而名垂青史。

　　漢代安息侍子到洛陽，隨從者也有定居中國的。安同，據說是安清的後裔，出身王族，先祖是移居洛陽的安息王子，經三國、兩晉，避亂移居遼東。安同之父安屈，任前燕慕容暐（西元 360 － 370 年在位）政權的殿中郎將。370 年前秦苻堅滅前燕，安同因經商輾轉跟隨拓跋珪，成為北魏開國功臣。在北魏太宗明元帝（西元 409 － 423 年在位）時任右光祿大夫，是個佛教提倡者，在冀州大興寺塔。死於神䴥二年（西元 429 年）。安同子姪都身任要職。

　　北魏時入居甘肅酒泉的有安吐根的曾祖。魏末，安吐根充使柔然，被留在塞北。此後，安吐根暗通北齊高祖高歡，在 534 年柔然使團到晉陽時，向高歡告密，阻止了柔然的入侵。後來安吐根屢使中原，被柔然識破，只得公開投奔高歡，歷事北齊各帝，皇建（西元 560 － 561 年）中加開府，577 年北齊滅亡的那年去世。

　　甘肅姑臧（武威）也是安息移民聚居的地方。唐代安令節的先祖是武威姑臧人，西安出土安令節墓誌銘稱：「先武威姑臧人，出自安息國王子，入侍於漢，因而家焉。歷後魏、周、隋，仕於京洛，故今為豳州宜祿人也。」安令節在長安四年（西元 704 年）因病終於長安醴泉裡的私第，春秋六十。其子如岳、國臣、武臣在神龍元年（西元 705 年）將父葬在長安縣的龍首原。

　　南方的廣州也有安息移民。唐初高僧吉藏的先祖就是來自南海的交廣移民。《唐高僧傳》二集卷十一釋吉藏傳記：「釋吉藏俗姓安，本安息人也。祖世避仇，移居南海，因遂家於交廣之間。後遷金陵，而生藏焉。」幼時見來華傳教的印度高僧真諦，取名吉藏。唐軍占領長安後，吉藏受到高祖李淵的接見，是唐初佛學界的重要人物。

　　唐初波斯王伊斯提澤德三世被新興的大食軍隊打敗身亡，其子卑路斯

率領部眾流亡長安，意在爭取唐朝援助，恢復薩珊王朝。卑路斯和他的兒子泥涅斯都客死長安，他的隨從也都成了華化的伊朗人。出身望族的阿羅憾（Abraham）和由唐朝宦官駱奉先撫養成人的李元諒極有可能是卑路斯等波斯王族及其隨從留居中國的成員的後裔，因事蹟突出，列入正史人物。

　　洛陽出土《波斯君丘之銘》，清末為端方所藏，《陶齋藏石記》卷二十一錄有全文[063]。林寶《元和姓纂》卷五列舉波斯姓，波斯君丘墓誌銘可稱是一個實證。銘文前段記：

大唐故波斯國大酋長、右屯衛將軍、上柱國、金城郡開國公
波斯君丘之銘

　　君諱阿羅憾，族望波斯國人也。顯慶（656 － 661 年）年中，高宗天皇大帝以功績有稱，名聞〔西域〕，出使召至來此，即授將軍北門〔右〕領使，侍衛驅馳。又充拂林國諸蕃招慰大使，並於拂林西界立碑，峨峨尚在。宣傳聖教，實稱蕃心。諸國肅清，於今無事。豈不由將軍善導者，為功之大矣。又為則天大聖皇后召諸蕃王，建造天樞，及諸軍立功，非其一也焉。此則永題麟閣，其於識終。方畫雲臺，沒而須錄。以景雲元年（710 年）四月一日，暴憎過隙。春秋九十有五，終於東都之私第也。

　　阿羅憾既奉使拜占庭，又傳揚景教，是 7 世紀亞洲國際關係中的風雲人物。

　　另一位波斯人李元諒（西元 732 － 793 年），原名駱元光，本姓安，也是安息人後裔。少年時被宦官駱奉先收養，冒姓駱氏。長大後，李元諒體魄魁梧，勇敢多謀，從軍充當宿衛，後來升任鎮國軍節度使。784 年奉

---

[063] 後歸日本東京博物館。

命與副元帥李晟克復長安。繼而討平李懷光，隨副元帥渾瑊與吐蕃會盟平涼，擊退了吐蕃的伏兵，得到德宗的嘉獎，加官右金吾衛上將軍，又賜姓李氏，改名元諒。

波斯人投奔突厥而後又移居中原的也不乏其人。隋末有名徹、字娡旺的突厥人，在大業十二年（西元 616 年）三月十日死於洛陽。出土墓誌銘失去銘蓋，不見其姓，志文中說墓主是「塞北突厥人」，又說是「俠姪之苗胄，波斯之別族」[064]。另一名具有伊朗血統的突厥將領是安附國（西元 598 － 680 年）。李致遠〈唐維州刺史安侯神道碑〉說「其先出自安息，以國為姓」（《全唐文》卷四三五）。附國祖父烏喚投奔突厥，位居二品的頡利吐發。父親朏汗在貞觀初率領部眾五千人移居內地，唐朝設維州（四川茂縣），任朏汗為刺史。後升任左衛右監門衛二大將軍，封定襄郡公。長子思祗任右玉鈴衛將軍、北平縣公；次子思恭任魯州刺史，族裔已由西南入東北。

涼州姑臧是安國移民聚居的地方，而安國（布哈拉）人士又多屬安息胡人的後裔，因此《隋書·西域傳》竟認為「安國，漢時安息國也」。有許多安姓移民具有伊朗血統，是在情理之中。隨揚州高僧鑑真東渡日本的安如實恐怕也是移居中亞的伊朗人的後裔[065]。但漢代布哈拉在康居西境，不屬安息，該地居民頗多粟特人、塞人，並非伊朗人。

供職唐朝的薩珊王族直到 9 世紀還大有人在。1955 年西安市土門村出土的唐蘇諒妻馬氏墓誌，上半是帕拉維文（中古波斯文），下半是直書

---

[064]　向達：《唐代長安與西域文明》，三聯書店 1957 年版，第 25 頁。
[065]　籠統地認為安姓是安息胡人之後，出於安國（昭陵博物館：〈唐安元壽夫婦墓發掘簡報〉，《文物》1988 年第 12 期），欠妥；認為肅宗時名將李抱玉、李抱真為帕提亞人（安息人），亦欠妥。唐昭陵陪葬陵安元壽墓，在 1972 年出土墓誌，已證實安元壽是安興貴之子，始於北周時曾祖安弼，《元和姓纂》卷四將北魏安難陀的曾孫當作安興貴，又以李抱玉為其玄孫，是將安難陀、安興貴、李抱玉三家合而為一，殊屬錯誤。

的漢文。志文簡括地將死於咸通十五年（西元 874 年）二月廿八日的蘇諒妻馬氏墓葬經過予以說明 [066]。馬氏的丈夫蘇諒（Sūrēn）出身名門，屬安息、薩珊兩個王朝伊朗南部的顯赫家族，漢代烏弋山離國即為蘇諒（或譯蘇鄰）家族所統治。蘇諒的薩珊（Sāsān-i-Sūrēn）也是薩珊王族所出氏族，見於薩珊沙普爾一世刻於「瑣羅亞斯德的卡巴」上的祆教銘文第 29 和第 31 行。馬氏是這位任唐朝左神策軍散兵馬使的蘇諒的妻子（帕拉維文作女兒），這就交代了終唐一代，在保衛京師的神策軍中一直有許多波斯軍人服役，其中相當一部分就是出身王族的武弁，亦即當年卑路斯在長安成立流亡政府的人馬。

　　五代時的華化波斯人，享有美名的是李珣兄妹。唐代波斯人久居中國，大多經商或供職軍隊。唐末李珣兄妹出生於梓州，自幼受中國教育，漢文知識根基深厚，善文能詩，又精通醫藥。李珣，字德潤，五代何光遠《鑑戒錄》卷四說他本是蜀中土生波斯，先祖波斯人，在中和元年（西元 881 年）隨僖宗入蜀。僖宗出奔西蜀，僅有四王及妃嬪數人相從，李珣的先祖當是擔任禁衛軍的隨從人員。李珣自幼苦學，屢稱賓貢，所吟詩句往往動人。所著《瓊瑤集》，不久佚失。今《全唐詩》卷七六〇輯其詩三首。《全唐詩》卷八九六據《花間集》、《尊前集》錄其詞五十四首（其中〈漁父歌〉又見卷七六〇）。李珣又善醫藥，與弟李玹有同樣的專長。

　　李玹，黃休複《茅亭客話》卷二稱其四郎，在李氏三兄妹中年紀最小。李玹華化最深，因此舉止溫雅，頗有節行。以販賣香藥為業，是從事進出口藥物、香料的行家。又善弈棋，好攝養。迷於煉製金丹，在致青城南六郎的書信中討論淮南王煉秋石之法，是個煉丹術士。晚年因耗資爐鼎

---

[066]　伊藤義教：〈西安出土漢婆合璧墓誌婆文語言學的試釋〉，《考古學報》1964 年第 2 期；夏鼐：〈近年中國出土的薩珊朝文物〉，《考古》1978 年第 2 期。

而貧困，唯道書藥囊而已。

　　李舜弦，李珣之妹，有文才，能詩善畫，前蜀後主王衍納為昭儀，《全唐詩》卷七九七存有她作的〈隨駕遊青城〉、〈蜀宮應制〉、〈釣魚不得〉詩三首。楊慎《詞品》考出《花蕊夫人集》中的〈鴛鴦瓦上〉是舜弦所作。

　　供職前蜀、後蜀的石處溫，出生於萬州（今重慶萬州區），路振《九國志》卷七稱他「本波斯之種」，似乎也是唐末入蜀的波斯人後裔。在前蜀任利州司馬。後蜀孟知祥將他升為萬州刺史，又移簡州刺史，以八十高齡死於蜀中。

　　宋元時代，波斯人取道海上來華的日益增多，有經商的，有傳教的，也有在廣州、泉州外國人聚居區（蕃坊）充任教長（蕃長）的。自 10 世紀起，波斯、阿拉伯城市流行伊斯蘭長老（Shaykh al-Islam）制度，長老是管理教民的最高權威，領取政府薪俸，屬於伊斯蘭教的官方代表，唐宋時代稱作蕃長，元代正式音譯成攝思廉夏[067]。宋人朱彧的《萍洲可談》說廣州蕃長「用蕃官為之，巾袍履笏如華人」，在服飾上也已中國化，已符合中國官員的身分。

　　紹興元年（西元 1131 年），撒那威（今伊朗的塔黑里）人納只卜・穆茲喜魯丁（Najib Muzhir al-Din）從波斯灣航海，定居泉州，建造清真寺，並買田土房屋予眾，勢力之大一時無二。岳珂《桯史》卷十一徑稱此人為「屍羅圍」，以之比於廣州蒲姓阿拉伯富豪。在泉州，從事農副生產、就地居住的波斯穆斯林不在少數[068]。元代波斯人充當泉州蕃長的，有伊

---

[067]　吳鑑：《重修清淨寺記》，見何喬遠《閩書》卷七。〈清淨寺記〉石刻撰於至正十年（西元 1350年），見陳達生《泉州伊斯蘭教石刻》，福建人民出版社 1984 年版，第 9 頁，圖 21。
[068]　《泉州伊斯蘭教石刻》中有二塊南宋碑石，波斯人曼蘇爾・本・葛斯姆的墓碑是其中之一，墓主卒於景炎二年（西元 1277 年）。

斯法罕人凱馬勒丁・阿卜杜拉。1345 年伊本・巴圖塔到達泉州，當地謝赫就是這位伊斯法罕的學者。白圖泰還提到卡澤倫人不魯罕丁在城郊管理一座清真寺，他是海外貿易商對卡澤倫海神阿布・伊斯哈格（Abu Ishag）繳納祭品的代理人。不魯罕丁在皇慶（西元 1312 － 1313 年）中到泉州，至正九年（西元 1349 年）出任謝赫，重修清真寺，主持教務近 60 年，享有 124 歲的高壽。當時清淨寺設有宣講師哈悌卜。大不里士人舍剌甫丁（Šarāf al-Dīn）曾在 14 世紀中葉任寺中哈悌蔔，善於默誦全本《可蘭經》。泉州清淨寺在 1983 年修葺時，在明善堂發現的墓碑中有兩方是大不里士人的，一是羅占丁・本・薩姆森丁・穆罕默德，一是哈申族艾哈默德的兒子鮑漢溫丁・奧瑪爾。奧瑪爾是第十八代教師哈申的後裔，早於第二十一代的穆罕默德。墓碑表明，奧瑪爾死於回曆 764 年 7 月 8 日。兩名大不里士人應都是寺中神職人員。不魯罕丁的兒子夏敕繼承父業，活到 110 歲。他的後裔夏彥高在明代正德（西元 1506 － 1521 年）年間，夏東升在隆慶元年（西元 1567 年），夏日禹在萬曆三十五年（西元 1607 年）相繼主持清淨寺，開伊斯蘭教掌教世襲之風。由此可以窺見不魯罕丁家族華化之深，與當地華人及波斯僑民相處之善。

元代伊朗人居官的，據史籍可以明確的有賽夷（錫斯坦）人札八兒火者。賽夷是西域部族長，札八兒因以為氏，火者（哈只）是頭銜。札八兒跟從成吉思汗。遭汪罕襲擊時，成吉思汗率 19 人逃出重圍，札八兒是其中之一。破金國時，札八兒設計奪居庸關。後留守中都（北京），授黃河以北鐵門以南天下都達魯花赤。每戰常披重甲衝鋒陷陣。曾乘橐駝奮戰，眾莫能當。死年 116 歲。他的兒子阿里罕、明里察都身居高位。阿里罕隨蒙哥征蜀，任天下質子兵馬都元帥，阿里罕子哈只任湖南宣慰使，哈只子養安任陝西行省平章政事。明里察子亦不剌金任陝西行省參知政事（《元

史》卷一二○）。

徹里帖木兒，《元史》卷一四二稱阿魯溫氏（Hulwan）。阿魯溫在巴格達與克爾曼沙赫（Kirman Shahhan）之間。徹里帖木兒的祖父隨蒙古軍屢立戰功，成為名門望族。至順（西元 1330 － 1333 年）時任知行樞密院事，平定雲南伯忽的叛亂，升任江浙行省平章政事、御史中丞。

阿魯溫又作阿魯渾，一名阿魯渾人哈只哈心，本鎮守底格里斯河西岸渡口，後屈從蒙古軍，從征立功，與蒙古聯姻。長子早亡，次子阿散，有子暗都剌、凱霖，兄弟讀書學禮，受華化教育，研習儒學，取字平叔、和叔。後來平叔死於北京。哈只哈心老家在伊朗，居官後仍時派使者往還。至元五年（西元 1339 年），哈只哈心以 117 歲的高齡死於北京。

元代揚州頗多波斯人。1920 年代，在揚州南門外擋軍樓出土穆斯林墓碑多方，其中有死於伊斯蘭曆 702 年 3 月 23 日（西元 1302 年 11 月 5 日，元大德六年）的哈基（Khajii）‧阿萊丁；有亡於伊斯蘭曆 708 年（西元 1308 年 6 月 21 日－ 1309 年 6 月 10 日，元至大元年至二年）的胡瓦賈‧謝希德丁‧拉赫曼；有卒於伊斯蘭曆 709 年 12 月 2 日（西元 1310 年 5 月 3 日，元至大三年）的胡瓦賈‧巴拉德‧布里萬利‧古斯。以胡瓦賈（Khwāja）的波斯字為人名，表示學者、教長、富豪身分。還有在伊斯蘭曆 724 年 6 月初（西元 1324 年 5 月 26 日至 6 月 4 日，元泰定元年）去世的贍思丁‧拉希夫拉‧巴拉吉，巴拉吉（bālagh）是伊朗北部的一個縣，表示死者的祖籍；以及在伊斯蘭曆 724 年 11 月（西元 1324 年 10 月 20 日－ 11 月 19 日，元泰定元年）去世的阿伊莎‧哈通 [069]。

明代仍有伊朗人移居中國。

---

[069] 努爾：〈揚州伊斯蘭教碑文新證〉，《海交史研究》1983 年第 5 期。阿萊丁的墓碑背面陰刻二十行文字，第一行和末尾二行為阿拉伯文，中間為波斯文詩歌。

伊斯法罕，明代譯作亦思弗罕，永樂十七年（西元 1419 年）遣使向明朝貢豹、獅、西馬，「有馬哈木者，願留京師，從其請」（《明史・西域傳》）。

脫辛，或即《元史・西北地附錄》中的塔八辛，在克爾曼東北的 Tabasin。正統十一年（西元 1446 年）七月，脫辛地面鎮撫回回恪來投奔明朝，命於南京錦衣衛帶俸，賜房屋、器皿、衣食、牛羊、鈔幣等物（《明英宗實錄》卷一四三）。

札答哈兒，是法爾斯省的古城伊斯塔哈兒，那兒有薩珊王的行宮，留有許多古建築和雕塑。景泰五年（西元 1454 年）三月，「札答哈兒地面回回刺馬丹來歸，俱命為頭目，隸南京錦衣衛，賜衣服、鈔幣、房屋、器具」（《明英宗實錄》卷二三九）。

還有章迭兒迷失，是改姓章的波斯人。迭兒迷失為波斯語 Darwīsh。此人在憲宗成化（西元 1465 － 1487 年）年間任北京錦衣衛指揮使（《明英宗實錄》一一九）。

自 2 至 15 世紀，伊朗人和伊朗化的中亞人士成批移居中國及西北邊區，以他們的社會活動和生活方式乃至審美和價值觀念影響著中國的社會。他們甚至參與政治生活，對中國統治集團的外交政策和國家安全事務有過一定的貢獻。

二、元代的波斯軍團

元代設立獨立的專業炮兵部隊，歸回回炮手軍匠上萬戶府管理。主管這支部隊的有出生於伊朗木發里的回回人阿老瓦丁（阿老丁），還有旭烈人亦思馬因。木發里（Moaferin）在迪埃貝克爾城東北，1260 年被蒙古軍攻克。旭烈即波斯的設拉子。兩人在至元八年（西元 1271 年）來到北京，按拋石機原理製作大炮，稱回回炮。至元十一年（西元 1274 年）正

式設立炮手總管府。1281 年升格為都元帥府，1285 年改為萬戶府，定編置達魯花赤一員，萬戶一員，副萬戶一員，另有令史四人，譯史一人，鎮撫二員。副萬戶由阿老瓦丁充任。大德四年（西元 1300 年），阿老瓦丁告老後，由兒子富謀只襲副萬戶，後來又由富謀只之子馬哈馬沙繼承。亦思馬因擔任回回炮手總管，佩虎符，1274 年死後由兒子布伯襲職。布伯在 1281 年出任鎮國上將軍回回炮手都元帥，1282 年又晉升刑部尚書，以弟亦不剌金為軍匠萬戶府萬戶，佩元帥虎符。致和元年（西元 1328 年）八月，亦不剌金部下軍匠被調到北京，和馬哈馬沙一起造炮。1329 年，亦不剌金死，由兒子亞古襲職。

回回炮又稱巨石炮，在元朝征服南宋的戰爭中發揮了巨大的作用，受到元朝統治集團的獎勵。而主持這支炮兵部隊和製造巨石炮的是兩名伊朗軍人及其家族。

元代，中國東南沿海駐有波斯軍團。在元末的泉州，於 1357 － 1366 年發生長達十年的亦思巴奚戰亂。亦思巴奚的波斯文是 Isbah，通用於阿拉伯文、突厥文中，意思是「特種部隊」、「民兵」、「騎兵」[070]。《元史・順帝本紀》譯稱義兵，專指招募的外籍僱傭軍。泉州是元代對外貿易的第一大港。至元十九年（西元 1282 年），元政府調揚州合必軍 3,000 人鎮守泉州，是當時設有兵戍列城的鄂州、揚州、隆興、泉州等四處中的一處。元末，更有湖州戍軍調泉駐防。揚、湖戍軍大都是波斯人，合必軍便是一支波斯部隊[071]，在穆斯林中多屬什葉派，與泉州的地方勢力蒲壽庚、那兀納一系的遜尼派形成對立，在元末統治集團爭權奪利的拼死鬥爭中扮演了重要的角色。

---

[070]　前島信次：〈元末泉州的回教徒〉，《東洋文庫研究部紀要》1974 年第 32 卷。
[071]　乾隆《泉州府志・軍制》。

亦思巴奚的動亂由省憲構兵所引發。福州行省平章普化帖木兒和行省的廉訪僉事般若帖木兒不合，普化帖木兒派人勾結興化的三旦八、安童和泉州萬戶賽甫丁、阿迷里丁所部亦思巴奚兵。至正十七年（西元1357年）三月，由賽甫丁、阿迷里丁在泉州公開奪取政權。至正十八年（西元1358年）十二月，普化帖木兒和般若帖木兒兩派之間正式發動戰爭。普化調動賽甫丁、阿迷里丁的亦思巴奚兵進省。不久，賽甫丁、阿迷里丁和三旦八在興化發生矛盾，三旦八被抓到泉州。至正二十年（西元1360年），興化路林德隆、柳伯祥各有背景，互相廝殺，柳伯祥雖被逐走，柳的親戚陳從仁卻將林德隆殺死。陳從仁得到行省長官苫思丁的支援，擴大內戰，林、陳兩軍成為仇敵。事態擴大後，興化分省右丞苫思丁又在林軍與賽、阿兩人支持下密謀斬殺陳從仁，賽、阿進軍興化。1361年，陳從仁被苫思丁捕殺，賽、阿亦思巴奚兵又在興化平息了柳伯順的勢力。亦思巴奚的勢力從泉州、福州擴大到興化，引起繼任福州行省平章政事燕只不花的不滿。燕只不花決意剪除普化帖木兒的黨羽，支援泉州蒲壽庚的後裔那兀納在1362年2月攻殺阿迷里丁一派。阿迷里丁的部下林珙、扶信只得逃回福州。該年5月，燕只不花下令各路軍隊圍攻賽甫丁，結束了五年（西元1357 —1362年）的賽、阿成軍之亂。

那兀納是掌握外貿、財政大權的遜尼派穆斯林，在泉州起兵逐走阿迷里丁黨羽後據地自立，在至正二十四年至二十五年（西元1364 — 1365年）三次將興化（或興泉）分省的元朝官員趕走。那兀納謀劃的亦思巴奚戰亂暗中得到燕只不花的支援，與非燕只不花的勢力進行多年爭戰，在興化、泉州、仙遊等地乘機擴張自己的勢力，燒殺劫掠，無惡不作。此時福建陳友定勢力大振，擊敗入閩明軍，乘機以平定那兀納、剪除亦思巴奚為己任。元政府只得委他以福建行省參知政事，慫恿他平息戰亂。陳友定於

1366 年奉命討伐亦思巴奚，五月攻下泉州，生擒那兀納，平定興、泉二郡，結束了十年戰亂。

■第三節
科學技術交流

一、養蠶織絲

　　波斯人大約在前 5 世紀因接觸中國絲織品而知道有中國。綺，這種有花紋的暗花綢可能是最早風靡伊朗地區的絲織物。阿里安的《遠征記》說，亞歷山大進軍巴克特里亞時，有波斯人向他報告，柏薩斯（Diodotus）以國王自居，身穿波斯皇家錦袍，自稱阿太薛西斯，手中有一大批跟他到達巴克特里亞的波斯軍隊。皇室錦袍大約也是用從中國運去的絲錦裁製的。希羅多德和色諾芬都提到「米提亞衣料」，拜占庭史家普羅科庇斯（Procopius）解釋這種衣料是絹，當時已改稱賽里（Serie）了。古代伊朗人僅知亞麻、棉、毛，不能養蠶織絲。西漢以來，大宛既通，中國絲織物便得以成批西運伊朗。絲綢之路在西漢時代以安息為最大的轉運站。安息王米特里達梯二世（Mithridates II）（西元前 124 －前 87 年在位）對中伊兩國的建交十分熱誠，他在中國使團到達東部邊界木鹿（今馬里）時派大軍 20,000 騎出迎，經數千里導引，使中國使團和所攜絲絹等貨物安抵國都。中國絲絹、漆器、鐵器在伊朗贏得絕佳的聲響，並成為安息從中獲利的復出口貨。

　　安息向中國訂購的絲貨中有大量的旗幟，用於軍隊和宮廷禮儀。西元前 54 年，羅馬軍團在克拉蘇斯（Marcus Crassus）指揮下與安息軍隊在卡

爾雷接戰失利，他們被安息軍隊使用的色彩繽紛、威武異常的絲質軍旗所惑，這些絲旗有許多來自中國。1－2世紀時，安息軍隊已擁有大批絲旗。羅馬作家佛羅勒斯、塔西陀（Gaius Tacitus）提到的安息軍旗常常是和龍的紋章一起出現的金光閃閃的旗。安息龍旗，據說是仿自羅馬軍隊使用的龍旗[072]，這種羅馬龍旗類似清代的龍旗。不妨推測：安息軍隊大量使用中國絲旗，連旗幟的式樣也多少夾雜了漢代格調。後來這種安息軍旗連同宮廷所用幡蓋又被薩珊王朝沿襲，在中世紀被東方的突厥人和回鶻人所傳承；同時這種三角龍旗又向西傳到了北歐諸國[073]。傳導這種黃龍旗的源頭恐怕還在中國，也許當初就是由中國製造後直接運往安息的。安息的旗幟也常帶有流蘇，這是阿赫美尼德王朝已經使用過的。中國旗幟中使用這種流蘇，雖然形制和安息不完全相同，但雙方之間一定有過交流。軍旗，連同軍樂、騎兵與武器的相互影響，反映出中伊兩國在軍隊的建制與戰術上曾有過廣泛的切磋。

　　儘管安息人經銷中國絲織品的歷史很久，盛傳希臘世界的「米提亞織物」極有可能就是中國絲織物，但要在伊朗就地養蠶織絲，尚有許多技術條件的限制。此外，絲織技術傳遞的過程也必須由東而西，經過新疆的鄯善、于闐、疏勒才能在伊朗高原立足。于闐大約在1世紀初已由一位下嫁于闐王尉遲舍耶的東國公主傳去蠶種，發展了栽桑養蠶業。東國公主是鄯善國的公主，她帶去蠶籽，哺育成蠶，開始漂漬綿纊。繅絲織帛的技術最初全由內地遷入新疆的漢人帶去。斯坦因在樓蘭故址獲得的東漢初的絲織

[072]　波普：《波斯藝術綜覽》（A. U. Pope, *A Survey of Persian Art*），第6卷，牛津大學1964年版，第2772頁。
[073]　D. 阿克曼：《花氈：文明的鏡子》（Phyllis Ackerman, *Tapestry: The Mirror of Civilization*），牛津1933年版，第52－53頁。

物中，有用漢式織法經線起花，圖案係安息風格的菱格忍冬紋[074]，有可能是河西人所織。到 5 世紀時，漢人移民增多，新疆境內的高昌（吐魯番）、龜茲（庫車）、疏勒都能紡織絲絹，並織造高級的絲織品錦，才使中伊絲織技術的交流成為可能。吐魯番出土北涼承平五年（西元 448 年）的文書中，有「丘慈（龜茲）錦」的說法。波斯使者第一次來華時，天山南路的文化城龜茲就已是中國絲織業最西的基地，它自然應成為技術西傳的一個前哨。

伊朗民間傳說，薩珊波斯的兩位使者沿著絲綢之路來到中國，學會了養蠶繅絲。他們小心翼翼地將蠶種安放在竹筒中，把牠們帶回了伊朗，並以當地生長的墨桑為材料養蠶，獲得成功。不久，伊朗人又能紡織羅緞和後來名聞世界的波斯錦。波斯語中的 valā，漢譯為「越」，其實源出於「幡」。漢語中的幡由精細的羅紗製作，在于闐、龜茲等地佛廟中隨處可見。4 世紀末法顯到于闐，519 年比丘惠生經過這裡，見到的懸彩幡蓋成千上萬。波斯使者東來大同、洛陽，于闐是必經之地，有些幡蓋在當地加工製作，成為技術西傳的一個窗口。吐魯番阿斯塔那出土十六國時期（西元 4 世紀）禽獸紋錦袍殘片，也可能是當地產品。當時的新疆人在普遍銷售西亞和中亞羊毛、亞麻織物，並且發展毛毯工業的同時，也和外國商人或使團人員交流絲織技術，自有許多方便的有利條件。

波斯語中的 nax，漢譯為「諾」，是一種雙面絨，也指錦緞，源出漢語的「緞」。《隋書·西域傳》列舉波斯出產越諾布，亦即羅緞、絨布。同書所說的波斯織物錦疊（dīb，錦）、細布（亞麻布），氍毹（毛布、氍毹）、毺毺（花氍）、護那（guna，麻袋）、檀（古波斯語 tanva，中古波斯語 tanand，地毯）、金縷織成（zar-bāf，金線織繡毛呢）等都是行銷中國的

---

[074] 斯坦因：《亞洲腹地》（A. Stein, *Innermost Asia*），倫敦 1928 年版，第 1 卷，第 256－257 頁。

名牌產品。錦疊，是波斯錦，「疊」是個漢譯波斯詞。斜紋緯錦是一種波斯提花織法，可能早在 2 － 3 世紀就已經出現，馬賽達（Masada）的出土物可以提供實物證據。梁朝普通元年（西元 520 年），嚈噠人首先將波斯錦作為貢禮送到南京，從此波斯錦便成為中國錦緞的一個競爭對手了。

北朝聯珠套環團花綺（吐魯番阿斯塔那 308 號墓出土）

　　隋初何稠曾參照波斯錦製作金綿錦袍。中亞何國人何稠曾隨叔入居長安，他的叔父何妥至國子祭酒。何稠善於製造工藝，在隋文帝時任太府丞。「波斯嘗獻金綿錦袍，組織殊麗。上命稠為之。稠錦既成，逾所獻者，上甚悅。」（《隋書·何稠傳》）這類緯紋起花的波斯錦在 5 世紀以來

已在中亞流傳，吐魯番文書中稱作「波斯錦」、「婆斯錦」或「缽斯錦」，其中的「金綿錦袍」是最高端的織物，大約與《魏略》中大秦織物「金縷廚」相近，但不是毛織物，而是絲綿製作的錦袍，上面並加織了金線。這是中國織造金錦的起源。

6 — 7 世紀，中伊雙方絲織技術和圖樣紋飾的交流進入了高峰。

古代西亞紡織在平紋組織以外，尤多緯線起花的斜紋組織。伊朗大約在 3 世紀已從中國引進簡單的提花機，紡織斜紋組織的暗花綺對於伊朗來說並非是十分困難的。在仿製中國錦緞時，伊朗人也保留了他們的緯線起花的傳統織法。最初仿照中國的平紋組織，後來參照平紋組織加以變化，發展成斜紋組織的織錦 [075]。這種富有伊朗技法的織絲工藝，在北朝後期至初唐年間，直接影響了新疆各地的絲織技術，使他們和伊朗的絲織工藝十分一致。1959 — 1960 年，在民豐縣尼雅遺址和吐魯番阿斯塔那村北古墓葬區先後出土漢唐絲織物，有阿斯塔那高昌章和十八年（西元 548 年）至唐顯慶六年（西元 661 年）的綺 8 件，從織紋和提花方法上看，都是素地起 2 ～ 3 枚經斜紋提花的織物，和漢綺的經畦紋起花大不相同。質地也較漢綺稀薄，不如漢綺緻密。平均每平方公分經 50 枚，緯 30 枚，最密的經 56 枚，緯 55 枚，最稀的經 42 枚，緯 26 枚 [076]。圖案紋飾除傳統的龜背紋、回紋、棋局團花鳥獸紋外，盛行遍地菱形回紋和聯珠套環團花紋，在雙線中夾聯珠式圓環，環內充實動植物圖案。這種圖案具有明顯的伊朗風格。另有一種中伊混合圖樣的織物，是 1966 年在吐魯番阿斯塔那 48 號墓出土的 6 世紀的套環貴字紋綺。這件貴字紋綺採用了伊朗東部風格的

---

[075] 阿克曼：《波斯紡織技術》（Phyllis Ackerman, *Persian Weaving Techniques*），參見波普《波斯藝術綜纜》（A. U. Pope, *A Survey of Persian Art*），第 1 卷，第 702 — 714 頁；第 5 卷，第 2182 — 2184 頁。

[076] 武敏：〈新疆出土漢－唐絲織品初探〉，《文物》1962 年第 7、8 期合刊。

套環，同時又間以漢文「貴」字，織法也仍是底地平織、經線顯花的「漢綺」組織。同類織物還有套環對鳥紋綺。

唐代聯珠對馬紋錦

　　新疆出土的北朝至隋唐時期的織錦，無論在圖案還是在工藝上都與當地早先已經興起的棉、毛紡織技藝密切相關。1959 年，在巴楚西南脫庫孜薩來古城遺址中出土一件北朝時期（西元 6 世紀）的織花毛毯，毛毯使用通經斷緯的織法，是後來宋代緙絲工藝所用的技術 [077]，在織造技術上與伊朗東部的織毯工藝有類似的地方。自北朝後期至盛唐時期，新疆除平紋經錦外，更出現了緯線起花的斜紋重組織的織錦，這種織法仿自波斯錦的技藝。在紋樣上，新疆同樣盛行中亞、西亞所習見的方格獸紋錦、化生紋錦、聯珠對鳥錦、聯珠對獸錦和聯珠獸頭錦、聯珠騎士錦。相鄰的珠圈常

---

[077]　新疆博物館：〈絲綢之路上新發現的漢唐織物〉，《文物》1972 年第 3 期。

以散點組成同心圓的團花相連接。每四個珠圈中的空間用花葉四向伸展的圖案作裝飾。這種圖案早見於前 3000 年推羅（Telloh）的金鈴，後來又用於各種伊朗陶紋。斯坦因在吐魯番阿斯塔那曾獲得許多波斯式樣的織錦，有聯珠熊頭紋錦、豬頭紋錦。1912 年日本大谷光瑞探險隊也曾在同一地方發掘花樹對鹿錦等異國情調的彩錦。斯坦因和大谷光瑞獲得的這些仿效薩珊波斯的花錦都是緯線起花的新織法的實物。斯坦因發掘的織錦有綬帶立鳥錦，1960 年在 332 號墓（西元 665 年）的出土文物中也有同樣的發現。1969 年，138 號墓又有聯珠鸞鳥紋錦。1960 年，在 325 號墓（西元 651 年）的出土物中也有豬頭紋錦。1969 年，138 號墓又出土了盛唐時期的聯珠豬頭紋錦覆面。

　　聯珠圓飾在唐宋時代稱球路紋，6 世紀中葉至 8 世紀中葉在中國西北地方曾是流行的紡織圖樣。這類聯珠騎士紋錦、聯珠豬頭紋錦、聯珠鸞鳥紋錦和聯珠對馬紋錦，都是斜紋緯錦。中國絲織技術西傳後，伊朗和中亞最初仍保留傳統的緯線顯花法，採取了與漢錦經緯關係相反的平紋緯錦織法，後來又有了斜紋的緯錦。斯坦因在羅布淖爾樓蘭故址中獲得平紋緯錦兩件，在阿斯塔那 6 世紀墓中發掘一件平紋緯錦[078]，這種織法大致在 6 世紀的新疆已經出現。到了 7 － 8 世紀風行斜紋緯錦[079]。隋代，長安的宮廷作坊也曾由何稠監督仿製波斯錦。夾有「胡王」和「貴」等漢字的這類聯珠紋錦可以證實出自新疆和河西地區的中國織工之手。吐魯番出土高昌延昌三十六年（西元 596 年）和義和四年（西元 617 年）兩衣物疏同墓的隋代「貴」字聯珠孔雀紋綿便是其中之一。

---

[078]　維維・錫爾凡：《額濟納河和羅布淖爾出土的絲織物研究》（Vivi Sylwan, *Investigation of Silk from Edsen-Gol and Lop-Nor*），斯德哥爾摩 1949 年版，第 150 頁。
[079]　竺敏：〈吐魯番新發現的古代絲綢〉，《考古》1972 年第 2 期。

隋代聯珠孔雀「貴」字紋錦

漢錦中祥禽瑞獸的裝飾風格一直流傳到北朝，但在同時，由於中亞的媒介，西亞所有的散點遍地連續紋樣和複雜多變的植物花紋也在中國工藝中得到了新的發展，促使織錦圖案風格為之一變。聯珠式珠圈紋的成對成雙的動物圖案更具有明顯的薩珊朝工藝特徵，進一步豐富了織錦圖樣。南宋成都錦院的產品中，仍有這種聯珠紋的球路錦。同樣，在遼代，聯珠紋也有新的發展。1988 － 1992 年，在內蒙古巴林右旗索布日嘎蘇木的遼代慶州白塔出土刺繡六件，其中四件均在左右周邊及下方作馬鞍形（圓角）聯珠紋邊飾。最大的一件橙色羅地聯珠雲龍紋繡，以四窠聯珠團龍為中心圖案，幅寬 59 公分，長 80 公分，是又一幅富有游牧氣息的中伊合璧的織繡精品。另一件紅羅地聯珠人物繡夾層經袱，以鎧馬騎士為聯珠圈圖案，上下各有雙層直條聯珠帶作邊，繡以藍地白珠，已融為遼式裝飾風格 [080]。

---

[080]　德新，張漢君，韓仁信：〈內蒙古巴林右旗慶州白塔發現遼代佛教文物〉，《文物》1994 年第 12 期，圖 42，圖 43，圖 44，封底彩圖。

中國的緙絲工藝起於北宋，以河北定州最負盛名，其織法雖與古代的織成有類同之處，但並非一物。緙絲用通經斷緯方法織造，在技藝上與伊朗織法亦有近似的地方。南宋時緙絲藝術向書畫化發展，松江的朱克柔成為一時名家。西北的回鶻人在宋代散居甘肅、陝西，也善結金線，織熟錦、熟綾、注絲、線羅等，又以五色線織成袍，稱克絲（緙絲）。於此可知，中國緙絲在工藝上自有許多源出伊朗的成分在內。

北宋時代的回鶻民族擅長撚金線技術，能製作成批的金錦。《大金弔伐錄》記靖康時開封被圍，宋被迫向金饋贈禮金，其中有金錦一百五十匹。到元代，加金織物大為盛行。從波斯引入的稱為納石失的金錦，譯稱「納石失」或「納失失」、「納失思」、「納克實」。波斯織金技藝起源甚早，是在蒙古西征後，從撒馬爾罕和波斯各地遷入 3,000 多戶回工匠，在弘州（原陽）和蕁麻林（內蒙古萬全以北）設立納失失局開始的。元朝統治者喜穿金錦，規定每年重大慶典 13 次，都要給 12,000 名大臣頒賜金袍（這種慶典舉行的宴會稱質孫宴），即頒行質孫服（質孫，波斯語御制之意），是規定的法服。《元典章》卷五十八中有關於納石失的專門記載，並頒布了織造納石失的條例，是一份難得的中伊金織技術文獻。

15 — 16 世紀的伊朗絲織、毛織業中，鳳凰、龍、麒麟等中國吉祥如意的圖案都一再出現。鳳凰圖像的豪放程度已足與中國同行媲美。在克爾曼等地的織物中，雲紋已發展成設計巧妙的紋飾。同一時期，中國的牡丹、芍藥等植物也成為伊朗蓮花、忍冬紋和團花紋飾吸收的圖案。

二、金屬冶鑄

中國進入鐵器時代的時間雖不算早，但一開始便是生鐵、熟鐵並用。西漢時期已出現低矽灰口鐵和球墨鑄鐵，並由塊煉鐵滲碳鋼進而發明了由

鑄鐵（生鐵）脫碳的百煉鋼，採用生鐵炒鋼的新工藝。中國所鑄鐵兵器以鋒利著稱，騎兵所用長矛和劍都具有作戰優勢。鑄鐵脫碳是當時世界上獨一無二的先進技術，由漢朝逃亡的士卒教給了大宛、安息的鐵工。塔吉克語中鑄鐵就用「鑄」字。安息王朝從中國輸入鋼鐵，羅馬博物學家普林尼以「中國鐵」（ferrum Sericum）相稱。安息東境的木鹿（今馬里）是中國鋼鐵的集散地，安息騎兵所用武器從木鹿運入，就地加工。安息士兵所用刀劍用中國鋼鐵鍛鑄，十分犀利，在和羅馬作戰的過程中發揮著很大的作用。西元前 53 年，奧羅息斯將中國鐵稱作「瑪律吉」，表示來自安息東境[081]。差不多同時，羅馬史家普魯塔克（Plutarchus）將安息騎兵使用的堅實鋒利的武器稱作「木鹿武器」，而來源地實是中國，其中一部分是經由南印度的雞羅運去的[082]。波斯語稱中國鐵有兩個詞：fulad-i khitayi，ahen-i tchînik。在古代，tchînik 或 tchêni（中國貨）就是指中國特產的鑄鐵，後來才用這個詞稱瓷器。直到 1516 年，契達伊還稱煉鋼的鑄鐵是「中國鋼」（thuvun-i khitayi）。

伊朗冶鑄的優質鋼在中國南北朝時就已經聞名中國。《周書》卷五十、《隋書》卷八三都說波斯產鑌鐵，這「鑌」字譯自波斯語 spaina。

和靜出土熊首銅刀

[081] 奧羅息斯：《反異教七書》（Paulus Orosius, *The Seven Books of Histories Against the Pagans*），美國天主教大學 1964 年版，第 6 卷，第 13 頁。
[082] 威明頓：《羅馬帝國和印度的商業》（E. H. Warmington, *The Commerce between the Roman Empire and India*），德里 1974 年增訂版，第 157 頁以下。

　　中國人很早就冶煉一種銅鎳合金，俗稱白銅。3 世紀下半葉的《廣雅》卷八說白銅又稱鋈。鋈是一種含 40.4％銅，25.4％鋅，31.6％鎳，2.6％鐵，並有少量銀和砷的合金 [083]。前 1 世紀，大夏已根據中國傳入的配方製作鎳幣。安息時代，白銅已進入伊朗。波斯人採用白銅，名為「中國銅」（khār ĉīni），阿拉伯語名稱也由此借用。波斯人大約在薩珊波斯時就已經知道中國人用這種白銅製作鏡子和箭鏃，製成的銅鏡被認為可以避邪。箭頭則塗有毒藥，誰中了這種箭誰就會送命。哲理詩人麥阿里（al-Ma'arri）（西元 973 — 1057 年）在哲理詩集《魯祖米亞特》中寫道：「背棄友人的人，必須以白銅刺胸。」意思是使他受到應有的懲罰。13 世紀的波斯科學家卡茲維尼（Zakariya al-Qazwini）也興致勃勃地談論，用白銅製的矛和漁叉使用起來得心應手。波斯語又有一個詞 isfīdrjuj，意思是「白銅」，這個詞顯然比「中國銅」晚出現。迪曼斯基在 1325 年介紹的「中國銅」是中國出產的一種由黃銅與「黑白色銅」混合冶煉而成的合金，從中國輸入的一種變形鏡「軒轅鏡」就是用這種合金製造的。銅鎳合金技術在波斯長期是個謎，它是古代中國的一種特殊的合金技術。

　　被稱作鍮石的銅鋅合金黃銅是伊朗和中國共有的一種合金。中國煉製黃銅的時間更早。天然的輝銅礦（Cu_2S）或黃銅礦（$CuFeS_2$）含有硫酸銅。煉製純銅是漢代冶金的一項成就。1956 年西安漢城遺址出土銅錠十枚，含銅量達到 99％。《漢書・地理志》記丹陽郡（郡治安徽當塗）出善銅，是含銅極高的礦藏。漢唐之間，黃銅都以鍮石相稱。三國時鐘會（西元 225 — 264 年）《芻蕘論》曾論及鍮石色澤：「夫莠生似禾，鍮石像金。」

---

[083] 弗萊特於 1868 年鑑定大夏鎳幣的成分是：銅 77％，鎳 20％，鐵 1％，並有鈷、錫、鋅、硫等成分。參見勞費爾：《中國伊朗編》（B. Laufer, *Sino-Iranica*, *Chinese Contributions to the History of Civilization in Ancient Iran*），芝加哥 1919 年版。

（《太平御覽》卷八一三）鍮石色澤如金，因此有偽金之說。4 世紀的《拾遺記》記述：「（石虎）為四時浴室，用鍮石斌珷為堤岸，或以琥珀為瓶杓。」鍮石是含有鉛、鋅、錫等元素的黃銅礦。漢代銅錢已含有 4.11%以下的鋅 [084]。這種礦石在薩珊朝波斯也已開採。《魏書》、《周書》、《隋書》都說波斯產鍮石。含銅量高的鍮石到唐代已很難得，於是有用爐甘石（碳酸鋅）煉製黃銅的方法。波斯語中的 tutia，據波斯煉丹家拉齊說出自中國。《唐書·食貨志》明確指出，玄宗時全國有煉銅爐 99 處，每爐歲鑄3,300 緡，黃銅 21,200 斤。宋代崔昉《外丹本草》所錄用爐甘石（菱鋅礦 $ZnCO_3$）煉鍮石，是含鋅的銅合金，「用銅一斤，爐甘石一斤，煉之即成鍮石一斤半」。最晚在唐代，中國人已知提煉鋅。元明時代又改用純度更高的倭鉛（鋅）與紅銅相配，「以爐甘石或倭鉛參和，轉色為黃銅」 [085]。但成色不如波斯，因此稱波斯鍮石為真鍮。波斯人用鋅製造新的銅合金（黃銅）的時間大約在 8 — 9 世紀，伊本·阿爾·法基在 902 年初次記述克爾曼地方特馬溫德山的鋅礦。此後，中伊雙方在鍮石的煉製技術方面有過交流。但阿拉伯人的鍮石大多來源於印度的西北部，初見於託名亞里斯多德所著的阿拉伯石譜，時間不比拉齊早多少。印度、阿富汗出產鍮石，在《大唐西域記》中早有記述，說明中國人至遲在 7 世紀就已熟知亞洲各地出產鍮石，並已知曉鍮石的化學性能。勞費爾反而將波斯語、阿拉伯語認作中國「鍮」字的語源，這是對兩者關係的一種顛倒，而過去一些中國學者也偏向於這一誤解。

---

[084]　章鴻釗：《石雅》卷下，中央地質調查所 1927 年版，第 340 — 344 頁。
[085]　宋應星：《天工開物》下冊《五金·銅》，中華書局 1959 年影印崇禎十年本。

三、陶瓷貿易與製造

　　安息王朝建立後，中國和伊朗在陶業技術和陶瓷貿易方面有過廣泛的交流。安息式樣的陶燈、陶壺曾在中國新疆流行。和田曾出土當地製造的薩珊初期式樣的陶角杯。這種式樣的角杯與安息式樣有所不同，下部彎曲處仍塑有牛羊等動物，上部器身則以模塑人像為特徵。這種角杯有聖彼得堡艾爾米塔什博物館於西元 1896 年入藏的一件，新疆博物館收藏的 1976 年在約特干遺址出土的兩件。和田角杯和薩珊式陶角杯器身模塑國王和美索不達米亞女神娜娜（波斯女神阿爾美蒂的化身）不同，僅塑男性國王頭像，是一種和田化的波斯角杯，屬於 3 — 4 世紀器物。

和田出土人首牛頭陶角杯

　　中國漢代開始燒製低溫鉛釉陶器，色分黃、綠、黑、褐，而以氧化銅為著色劑的鉛綠釉陶器最多，由西漢時代的關中推廣到東漢時代的河南。西亞、波斯也燒造綠釉陶器。到北魏時期，釉陶復興，有新的改進，從漢代的單色釉過渡到黃地綠彩或黃、綠、褐三色並用。黃釉扁壺與器身細長的龍柄雞頭壺是深受西亞風格影響的新器皿。堆貼蓮瓣、捲草、聯珠紋也是在波斯影響下的新的裝飾手法。有柄的雞頭壺出現於東晉，北方的鉛釉雞頭壺在造型和紋飾上都更接近波斯的裝飾手法和實用器皿，器形上具有中東的風格，裝飾花紋與堆貼模塑的技藝也都與薩珊波斯有著親緣關係。

蓮瓣雖因佛教流行而時興，但其源頭卻出於伊朗，常見於同一時期的伊朗浮雕、圖樣、金銀器。洛陽北魏大市遺址在 1989 年出土一件釉陶碗，係當地製作 [086]，但碗腹以白色粉彩繪成聯珠紋帶，帶間飾有突起的乳釘，通體塗以醬色釉。河南安陽北齊范粹墓（西元 575 年）出土的幾件黃釉瓷扁壺，頸肩之間飾有聯珠紋，兩面模印浮雕胡人樂舞。河南濮陽北齊李雲墓出土的兩件四系蓮瓣缸，山西壽陽北齊厙狄回洛墓出土的大小多件黃釉龍柄雞頭壺，山西祁縣白圭北齊韓裔墓出土的深綠色鉛釉的龍柄雞頭壺，都屬北朝釉陶精品。這類釉陶曾成批製作，在北方騎馬民族中曾經是流行的式樣。

隋瓷紋飾

（左）蓮瓣紋 （右）捲葉紋

　　5 － 6 世紀中國流行北方的瓷扁壺具有雙耳，到隋代仍在使用。李靜訓墓（西元 608 年）中也出土過一件白瓷雙耳扁壺 [087]，這類雙耳扁壺的原型是 1 － 3 世紀在伊朗高原使用的釉陶雙耳扁壺。這種伊朗陶瓷傳播的過程顯然是十分緩慢的。玻璃製造在隋初瀕於絕境，御府監、太府丞何稠從西方獲得新的靈感，毅然在玻璃製造中引進綠釉，獲得成功，製造的玻璃居然「與真不異」，這真不真的標準便是波斯的製造水準。隋代的綠瓷現在稱為青瓷。目前已發現的隋窯都是燒製青瓷的，而釉色呈青色玻璃質（如河南安陽窯），借鑑於伊朗綠玻璃。

[086]　中國社會科學院考古研究所：〈北魏洛陽城內出土的瓷器與釉陶器〉，《考古》1991 年第 12 期。

[087]　中國社會科學院考古研究所：《唐長安城郊隋唐墓》，文物出版社 1980 年版，第 15 頁。

　　隋瓷中初見的貼花，有五片葉組成的蓮瓣和單片蓮瓣，用來裝飾壺、罐的肩部和頸部。裝飾手法和伊朗凱希宮殿中的泥墁雕飾相似，受到薩珊金銀器紋飾的影響。到唐代有新的發展，人們在陶瓷製作中大量使用這種堆貼花裝飾技法。故宮博物院收藏的青瓷鳳頭龍柄壺（河南汲縣出土）是其中的佼佼者。壺的器形與薩珊銀壺相似，只是多了一隻鳳頭的蓋，腹部有聯珠圈組成的力士，上下堆貼聯珠、蓮瓣、捲葉。雙龍耳瓶的器形則在李靜訓墓出土雞頭壺的基礎上吸收伊朗胡瓶特點，不用雞頭，用一對龍形雙耳作為裝飾，形制與西亞在西元初盛行的雙耳罐近似，是初唐時興的一種器物。唐高祖的兒子李鳳墓中也出土有這種類型的白瓷雙龍耳瓶。

　　8世紀中葉以後，中國瓷器暢銷亞洲各國。越窯青瓷、邢窯白瓷、釉下彩瓷和褐釉青瓷常同時出現在許多亞洲國家的古遺址中。伊朗出土華瓷的地點遍布全國，其中以東北部的馬什哈德、納沙布林，中西部的賴伊、大不里士、阿德比爾、塔克‧伊‧蘇萊曼、伊斯法罕，南部的蘇薩、設拉子、西拉夫、菲魯札巴德、達姆巴格最為可觀。伊朗東部重鎮納沙布林出土有唐代越窯、長沙窯青瓷，賴伊也發現晚唐越窯青瓷。位於布希爾以北的比比‧卡頓（Babi Khatun）毀於977年地震，出土了9－10世紀的白瓷、青瓷和綠釉陶壺。波斯灣古港西拉夫也出土有9－10世紀青瓷。伊朗東南的撒里－達奎納也有9－10

薩珊泥墁雕飾（凱希宮1號遺址出土）
（上）八瓣菊　（下）爵床屬左右對稱

世紀越窯系青瓷，並有始燒於 10 世紀的青白瓷。經 1966 － 1971 年間的發掘[088]，西拉夫古港出土了 8 世紀古堡底層地板下的四系綠釉陶壇、五系黑釉陶壇殘片，棕綠兩色紋飾陶碗殘片，青瓷碗、白瓷碗殘片和凸紋（刻花）棕色壇、罐殘片。雖無完整器皿，但足以證實所屬時代在 8 － 9 世紀之際，當是中國運往西亞最早的陶瓷。

波斯灣東部古港蒂士（Tiz）以北達姆巴格附近的卡拉特・伊・哲姆希特，伊朗內地哲拉夫特（Jiruft）附近的撒里－達奎納都有華瓷出土[089]。在蒂士西北沿海的卡拉頓出土了優美的宋瓷片，同出的還有宋錢政和（西元 1111 － 1118 年）通寶一枚[090]。卡拉特・伊・哲姆希特出土了許多宋代哥窯冰裂紋瓷片[091]。伊朗考古研究所和大英博物館在西拉夫採集的瓷片有越窯青瓷、邢窯系白瓷。波斯灣各港如巴斯拉、烏波拉、希拉和凱希古都都出土有龍泉窯系瓷片。

波斯灣各地出土棕綠色陶碗殘片的地方自北而南有塔爾・莫拉格（Tel Moragh）、沙・阿卜杜拉（Sab'Abduluh）、塔爾・伊・沙布茲（Tal-i-Sabz）、波斯塔納（Bostanah）、米納布（Minab）。霍爾木茲則有大批明代青花瓷出土，並有「萬福攸同」、「大明年造」等款識。

---

[088] 大衛・懷特豪斯：《西拉夫的中國石器》（David Whitehouse, *Chinese Stonware from Siraf：The Earliest Finds*），《南亞考古》（*South Asian Archeology*）1973 年。

[089] 霍布生：《波斯南部和旁遮普北部的陶器殘件》（R. L. Hobson, *Pottery Fragments from Southern Persia and the Norhern Punjāb*），參見斯坦因《印度西北部和伊朗東南部的考古重建》（A. Stein, *Archaeological Reconnaissances in North-Western India and the South-Eastern Iran*），倫敦 1937 年版，第 183 頁。

[090] 霍布生：《波斯南部和旁遮普北部的陶器殘件》（R. L. Hobson, *Pottery Fragments from Southern Persia and the Norhern Punjāb*），參見斯坦因《印度西北部和伊朗東南部的考古重建》（A. Stein, *Archaeological Reconnaissances in North-Western India and the South-Eastern Irān*），倫敦 1937 年版，第 183 頁。

[091] 霍布生：《波斯南部和旁遮普北部的陶器殘件》（R. L. Hobson, *Pottery Fragments from Southern Persia and the Norhern Punjāb*），參見斯坦因《印度西北部和伊朗東南部的考古重建》（A. Stein, *Archaeological Reconnaissances in North-Western India and the South-Eastern Irān*），倫敦 1937 年版，第 86 頁。

毀於西元 1267、1268 年兩次大地震的納沙布林，經美國紐約大都會博物館在 1936 年、1937 年、1939 年三次發掘，在 9 － 13 世紀的遺址中出土了唐代越窯青瓷盤一件，邢窯白瓷壺一件，長沙窯壺上部，以及廣東窯、德化窯白瓷盤、青白瓷和青瓷器多件[092]。這裡曾是最早由陸路向阿拔斯王朝哈里發運送華瓷的伊朗東部重鎮。阿布林‧法德爾‧貝哈傑在 1059 年寫道：哈里發哈倫‧拉希德在位時，呼羅珊的總督阿里‧伊本‧伊薩（Ali ibn Isa ibn Mahan）曾獻給他過去巴格達宮廷中從未見過的 20 件中國御用瓷器，隨之送去的還有 2,000 件日用瓷器[093]。

唐代青瓷鳳頭龍柄壺

1934 － 1935 年，波士頓美術館和賓夕法尼亞大學共同組織考古隊，在伊朗中部的賴伊進行兩次發掘，出土物中有晚唐越窯青瓷缽殘片、青白瓷盤和元代龍泉窯殘片。有些出土物分藏巴黎吉美博物館（唐代菱花形白瓷盆、邢窯白瓷盒）、大英博物館（南宋龍泉窯瓷片）。

---

[092]　韋金生：〈納沙布林懷古〉（C. K. Wikinson, *Life in Early Nishapur*），《大都會博物館通訊》（*Bulletin of the Metropolitan Museum of Art*），1950 年第 60 卷。

[093]　阿布‧貝哈傑：《貝哈傑史》（Abū Bayhaqī, *Tārīkh-i Bayhaqī*），德黑蘭 1889 年版，第 425 頁。

　　伊朗各地博物館都藏有華瓷，如馬什哈德博物館、大不里士亞塞拜然博物館、伊斯法罕博物館。德黑蘭國立考古博物館收藏尤富，藏品中有呼羅珊出土的南宋、元、明時代龍泉青瓷精品 10 件。最有名的是薩法維王朝祖先謝赫‧伊薩克（Sheikh Isaaq）的家鄉阿德比爾神廟，曾珍藏中國陶瓷 1,600 多件，後來一部分移到德黑蘭考古博物館，一部分轉存伊斯法罕。現存 805 件華瓷中，青花 618 件，白瓷 80 件，青瓷 58 件，五彩 23 件，黃釉 16 件，醬釉 3 件，藍釉 7 件。青花瓷屬 14 － 16 世紀遺物。白瓷、彩瓷和青花瓷中有年款的 71 件，以成化款 1 件白瓷為最早，多數是弘治、正德、嘉靖、萬曆款識。在古波斯宮廷檔案中發現的薩法維王室致明朝皇帝的 17 件書信中，有 4 件明確要求中國運送瓷器。瓷器已成中國與撒馬爾罕、伊斯法罕、設拉子貿易線的主要運輸貨物。

長沙窯粗頸筒腹執壺

納沙布林出土陶水壺

巴楚出土銅製燈

納沙布林出土帶流陶壺

　　唐代長沙窯釉下彩瓷已廣泛採用伊朗和中東式樣的器型和紋飾，以求廣開國外銷路。海棠式杯於 1971 年出土於西拉夫宮殿遺址，在粗白胎上施有綠斑淺黃釉。長沙窯址也出土有這種伊朗式的海棠杯 [094]。這種海棠杯源出西亞，由長沙窯製造後海運西拉夫。長沙窯常見的粗頸筒腹執壺，腹部有八角形短流，少數尚有兩耳，造型和西亞通行的水壺相似，只是多了一個短流和雙耳，其型式可追溯到安息時代。1974 年，浙江寧波出土長沙窯瓷壺，壺腹有長腹、圓腹、瓜菱形腹、扁圓形腹、扁腹、橢圓形腹等多種樣式，大多以伊朗和西亞玻璃器、陶器為藍本加以創作，其中圓腹執壺就和伊朗喀爾干出土的 9 世紀玻璃把杯相似。石渚長沙窯出土帶流瓷燈，完全仿效伊朗陶燈式樣。中國在漢唐間採用盞中立柱式燈，燈柱用硬燈柱，與安息陶燈採用帶流的盞唇搭柱式燈完全不同。長沙窯帶流瓷燈造型用蓋碗式，上有三耳，與納沙布林出土帶流陶燈相同，只是少了一個圓形大把，而以可繫吊的三耳相代。這種燈和新疆巴楚出土的唐代仿安息式陶燈的銅燈不一樣。巴楚銅燈雖然帶流，而平面作敞口盒形，下部有柱礎式高足，形制和安息式樣相仿，屬於立式帶流燈。另一類型的安息帶流陶燈係座式 [095]，相當於中國的碗式燈盞，是納沙布林帶流陶燈的祖型。自長沙窯帶流瓷燈流行以後，立柱式燈才逐漸被淘汰，搭柱式軟燈柱才推廣至各地，並流傳後世。長沙窯陶燈實首開風氣。

[094] 周世榮：〈石渚長沙窯出土的瓷器及其有關問題的研究〉，《中國古代窯址調查發掘報告集》，文物出版社 1984 年版，第 13 － 14 頁，圖 6。

[095] 波普：《波斯藝術綜覽》(A. U. Pope, *A Survey of Persian Art*)，第 2 卷，牛津大學 1964 年版，第 664 頁，圖 225b。

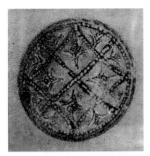
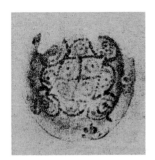

納沙布林出土菱格彩陶碗　　　　　長沙窯出土葵口碗

　　長沙窯陶瓷上奔放自由的紋飾有許多來自西亞伊斯蘭陶器裝飾藝術的啟示。長沙窯出土一件葵口碗，系黃釉褐綠彩，內底圖案採用了與納沙布林出土彩陶碗相仿的、以圈點顯示的四方菱格紋。伊朗藍綠彩白陶碗上以釉彩顯示的呈塊狀分布的粗線紋飾，在倫敦維多利亞和阿爾柏特博物館收藏的長沙窯白釉藍彩盤上也可見到。納沙布林出土的白釉彩陶盤，在口弦上施以半圓形釉彩，這種粗放的裝飾手法也被長沙窯工所採用，見於日本出土的長沙窯碗腹 [096]。長沙窯瓷與伊斯蘭陶器特別是伊朗陶器關係如此密切，不能不使人猜想有少數來自西亞的陶工參與了長沙窯瓷器的燒造 [097]。揚州出土長沙窯黃釉綠彩背水壺，一面繪花，一面寫有阿拉伯文「真主偉大」字樣 [098]，在長沙窯址中也曾見到類似瓷片，當屬事出有因。

宋代磁州窯白瓷紋飾

---

[096]　東京國立博物館：《日本出土的中國陶瓷》，東京 1978 年版，圖 22 - 1。
[097]　馬文寬：〈長沙窯瓷裝飾藝術中的某些伊斯蘭風格〉，《文物》1993 年第 5 期。
[098]　朱江：〈揚州出土的唐代阿拉伯文背水瓷壺〉，《文物》1983 年第 2 期。

　　宋代瓷業繁榮發達，瓷器大量外銷。北方定窯、磁州窯白瓷，南方龍泉窯系青瓷和景德鎮青白瓷均外銷伊朗。河北磁州漳河兩岸的觀台鎮、彭城鎮窯址中出土的白瓷見有伊斯蘭風格的紋飾。彭城鎮出土瓷器的圓圈紋（球路紋）中有中心呈波浪形的蓮瓣，四周繞以爵床屬捲草或連交成圓的四葉紋。波形或多瓣蓮瓣是 8 － 9 世紀薩珊後圓紐紋飾的圖案，連交四葉紋則始見於坦爾・哈拉夫（Tell Halaf）陶器，都是伊朗紋飾。始燒於宋初，歷元、明、清不衰的山西介休窯所燒黑釉、白釉釉下褐彩，以纏枝牡丹等花卉和被稱作「嬰戲蕩船紋」的紋飾裝飾。嬰戲蕩船紋就是指以波形展開的蓮瓣為飾。黑褐釉印花器的器內都有一圈無釉，實際上是代替薩珊圓圈紋的一種色彩分層。這種紋飾被認為僅見於介休窯，屬於新穎的題材[099]，其來源亦與伊朗有關。元、明青花瓷、青白瓷大量運銷西亞，元代高足杯、執壺、四繫扁壺，明代高足杯、高足碗、雞心碗、菱口盤、瓶式執壺、有柱執壺、雙耳扁瓶、長方筆盒，都是仿效伊朗陶瓷造型製造的，紋飾和釉彩也都有伊斯蘭格調。

　　在華瓷推動下，伊朗陶瓷在 9 － 10 世紀以後突飛猛進。唐三彩低溫鉛釉陶器首先成為伊朗陶工仿效的榜樣。伊朗東部納沙布林，中部阿莫勒、賴伊都出土有當地仿唐三彩的陶片。西北部距大不里士東南 200 公里的阿格罕鎮（Aghkand）曾出土 20 件類似唐三彩的當地燒造的陶碗。裏海南岸的馬贊德蘭省的陶工直到 17 世紀仍在使用唐三彩釉彩紋飾。到 9 世紀，中部的賴伊和卡善最早在陶器上施以不透明的白釉，後來燒製白胎成功，又改施透明釉。但這種仿製白瓷質軟易碎。12 － 13 世紀的伊朗釉陶不僅在釉色上仿效中國北方定窯、南方龍泉窯的影青，而且在紋飾上也流行中國式蓮瓣、波浪雲紋，以及器沿少釉而露出的「紫口」等燒造工藝。

---

[099]　中國矽酸鹽學會：《中國陶瓷史》，文物出版社 1982 年版，第 239 頁。

波斯綠釉陶的燒造年代可上溯至薩珊晚期，江蘇揚州 1965 年出土的一件雙耳翠綠釉陶壺即屬於該時期。1982 — 1986 年間，揚州三元路、汶河路又出土數百塊波斯釉陶片。與波斯陶片一齊出土的還有唐長沙窯釉下彩瓷、越窯青瓷、鞏義窯白瓷、青花瓷和綠瓷，屬唐代中晚期。伊拉克薩馬拉發現的波斯釉陶與唐代青花瓷十分類似，顯示雙方在陶瓷器皿方面交流的盛況。1965 年，福建福州北郊蓮花峰屬五代時期的劉華墓也出土了波斯孔雀藍釉瓶三件，器形最高的是 78.2 公分，口徑 14 公分。這三件波斯釉瓶都屬死於 930 年的劉華的用品 [100]。釉瓶用於存油，以供墓中長明燈之用，故在石板墓室中特築石雕覆蓮座以固定位置，器形都與今藏柏林的伊斯蘭藝術博物館藏伊拉克出土孔雀藍釉瓶相同。陶瓷是中國和伊朗在長達一兩千年中雙方廣泛交流的器物。這種孔雀藍釉瓶是伊朗和美索不達亞從 9 世紀開始仿效華瓷釉下刻紋工藝的產品，直到 11 世紀仍很時興。美索不達米亞的薩馬拉，伊朗中部阿莫勒，西部阿加罕鎮、加魯斯（Gar-rus）、耶斯特罕（Yastkand）等地都曾出土過這類陶片和陶器。

　　波斯是元代青花瓷重要的銷售市場。2009 年江西景德鎮紅衛影院出土元代早期青花瓷 15 件，含砷的銅紅釉料來自波斯。內中 7 件高圈足碗的口沿有波斯文四行詩，書法流暢，仿自 1276 年波斯釉下益彩陶碗（英國維多利亞和阿爾柏特博物館藏品）。使用的青花料鐵高錳低，從西亞進口 [101]。

薩珊後圓紐蓮瓣紋

---

[100]　陳存洗：〈福州劉華墓出土的孔雀藍釉瓶的來源問題〉，《海交史研究》1985 年第 2 期，封三圖片。

[101]　黃薇，黃清華：〈元青花瓷器早期類型的新發現〉，《文物》2012 年第 11 期，第 79 — 88 頁。

1968 — 1971 年，英國考古學家安德魯・喬治・威廉遜（Andrew George Williamson）在伊朗南部波斯灣北岸進行考古調查，在 1,200 處調查點中採集從薩珊王朝到伊斯蘭文明時期的陶瓷標本，在其中 451 個調查點獲得陶瓷片，分別由牛津大學阿希莫良博物館和伊朗國家博物館收藏。另一名英國考古學家大衛・懷特豪斯（David Whitehouse）則在法爾斯地區發掘了西拉夫古港遺址。威廉遜在 10 個沿海區域和 6 個內陸區域共採集到 14,036 件陶瓷，其中中國陶瓷有 3,386 件，占總數的 24.1%。出土華瓷最多的是北起布希爾半島、南至霍爾木茲甘省的米納布沿海地區。其中布希爾省的沿海共出土 92 件華瓷，集中在布希爾半島的里沙赫爾（Rishahr）。在這個薩珊時代的古港收集到的華瓷，最早的是元代的青花瓷，但主要是明代的龍泉窯青瓷和青花瓷，印證了 16 世紀下半葉這個古港的復興。在威廉遜重點考察的米納布地區出土了 3,675 件陶瓷，中國陶瓷有 549 件，占了總數的 14.9%。這裡被認為是忽魯謨斯王國的舊都所在地，出土華瓷從唐至清連續不斷，而以宋、元、明時期為高峰。宋代瓷片有景德鎮窯青白瓷，包括蓮瓣紋蓋碗、雙魚洗、菊瓣紋盤、反稜青瓷小罐、貼花碗、蕉段紋洗、香爐、高足杯，以及景德鎮卵白釉高足杯。明代以後以青花瓷為主，有少量龍泉窯、廣東粗製青瓷。在霍爾木茲島共有 5 個調查點，每個點都出土大量華瓷，華瓷總計 540 件，占了總數 666 件的 81.1%。這一地區的華瓷從 1330 年的元瓷開始，90% 的華瓷是明代的青花瓷。採集的瓷片有元景德鎮窯至正型青花瓷，菲律賓型青花瓷，明早期龍泉窯官窯型青瓷碗，明早期景德鎮窯紅綠彩碗，明中期青花瓷、克拉克瓷，明晚期景德鎮窯黃釉盤，以及少量清代青花瓷殘片。

威廉遜在長伊斯島總共 8 處調查點找到 286 片中國瓷片，占到總數的 69.2%。宋瓷有景德鎮窯青白瓷，占多數的是元瓷，有菊瓣紋大碗，景德

鎮窯卵白釉碗、青白瓷罐，磁州窯白底黑花大罐，還有明初龍泉窯官窯刻花大盤。在卡伊斯島對岸的古堡遺址阿卜杜拉赫曼也出土了唐至清代的中國陶瓷標本。

薩法維王朝成立初期，正當明代正德年間，明代青花瓷中出現阿拉伯文銘文。據說中國瓷商曾到伊朗的阿德比爾設店經銷華瓷。北京故宮博物院藏有正德時飾有阿拉伯文、波斯文銘文的瓷器 20 多件，其中有一件青花雞心式碗，外壁飾有六個雙圈圓形開光，開光內分書波斯文單字「政權」、「君王」、「永恆」、「每日」、「益增」、「興盛」，有「君王長存」、「萬世昌盛」之意，是薩法維王朝訂製的青花瓷。阿拔斯一世（Abbas I）（西元 1587 － 1629 年）統治時期，華瓷尤受歡迎。他曾招聘數百名中國瓷工，連同家屬移居伊斯法罕，建窯燒瓷。《咸賓錄》卷六亦思把罕（伊斯法罕）條特地提到當地「亦有中國人寄寓者」。《咸賓錄》成書於 1591 年，伊斯法罕的中國瓷工在阿拔斯即位之初即已移居當地。在阿拔斯的編年史抄本（今藏大英博物館和牛津大學）上記有 1611 年 8 月 28 日阿拔斯向神廟獻上的禮物，其中包括華瓷 1,162 件。這些瓷器是皇室珍品，也是伊斯法罕燒製青花瓷和彩瓷的藍本。1671 年法蘭西公司代表抵達伊斯法罕，在當地的招待會上見到整桌整桌的中國瓷器。當時伊朗民間已普遍使用瓷器，每頓飯都離不開它，早餐喝牛奶也用瓷杯 [102]。當時伊朗上流社會在葬儀和宗教節日（1 月和 9 月）普遍盛行鋪陳瓷製器皿來舉行獻祭儀式，其中有明瓷，也有本地仿明瓷器，都屬體積巨大的裝飾瓷，由承包者租賃使用。直至近代，陳列明瓷和四十節《可蘭經》仍是伊朗殯葬儀式不可或缺的專案。

---

[102] 約翰・查丁：《約翰・查丁爵士波斯遊記》（John Chardin, *Sir John Chardin's Travels in Persia*），倫敦 1927 年版，第 230 頁，第 233 頁。

　　17 世紀，荷蘭、法國、英國相繼以運輸華瓷為大宗貨物，波斯是這種貿易中極為興旺發達的中轉站和銷貨市場。據荷蘭東印度公司巴達維亞（今雅加達）檔案記載，1629 年運往波斯瓷器 4,000 件。1634 年波斯皇帝訂購大批茶杯和盤子，發貨單上顯示該年運往波斯的瓷器有 4,000 件。1635 年波斯灣頭的海港伽木朗（Gamron）訂貨 8 萬～ 10 萬件，多數是直口鼓腹的咖啡杯。1639 年兩艘大船運到波斯的瓷器是 137,788 件。1641 年 5 月 9 日記載波斯在 1642 年需精瓷 12 萬件。1644 年 7 月 22 日記載波斯需瓷器 20 萬件。1645 年 3 月伽木朗來函：普通咖啡杯 247,100 件售罄。1647 年，波斯訂購各式瓷器 55,200 件，有大盤、精製碗、大杯、小碗、咖啡杯、茶杯等。訂貨人向經紀人提供貨樣，要求內外施釉，器壁或底部有紅色或藍色徽記，器外飾細線藍圈。1648 年，波斯全年訂瓷 196,500 件 [103]。

吐魯番出土龍泉窯瓷盤

　　英國於 1640 年後在伽木朗（英文 Gombroom）設立貿易站，經銷華瓷。運往英國的華瓷也多經過伽木朗，因此英國人曾以「伽木朗貨」稱華瓷，意思和「中國貨」（Chinaware）相仿。

[103] 沃爾克：《巴達維亞城堡檔冊所見瓷器與荷蘭東印度公司》（T. Voker, *Porcelain and the Dutch East India Company as Recorded in the Dagh-registers of Batavia Castle, 1602-1682*），萊頓 1954 年版。

法蘭西公司也以運輸華瓷為業，公司駐波斯代表為討好波斯國王，贈送的禮物就有 306 件各式華瓷，送御前大臣的有 34 件華瓷[104]。

17 世紀的波斯不但進口大批華瓷，成為華瓷在亞洲的主要銷售國和中轉國，而且仿製華瓷也到了可以假亂真的地步。據說，1666 年，荷蘭公司的代表赫伯特‧德‧拉萊斯在送給波斯皇帝的禮物中，稱有中國瓷器 50 ～ 60 件，皇帝見後譏嘲地問：「這算什麼？」原來荷蘭人把波斯瓷器混進了中國瓷器[105]。

四、深井技術的西傳

深井技術最初出於開礦的需要。新疆尼勒克縣奴拉賽在 1983 年發現春秋中葉至戰國早期（西元前 7 世紀－前 5 世紀）的古銅礦遺址，是天山以北塞人開採的古銅礦。在礦坑內外發現的用於抽水的提升工具是由許多卵石製器構成的平衡石錘，石錘和春秋戰國時期湖北大冶銅綠山古礦遺址所見相同，一定是由內地礦工傳入新疆的。漢武帝時，陝西大荔出現了一種利用地下水的深井，井深 40 多丈，井下可以通水，以控制地下水源，防止沿岸崩塌。這種多處開鑿加以貫通的深井渠被命名為龍首渠。

這些精通鑿井穿渠技術的漢人，在西元前 102 年李廣利第二次率領大軍攻打費爾干納盆地大宛國都貴山城時充當了工程兵。當時大軍圍困貴山城，隨軍水工切斷從郊外引入城中的水渠，封閉城中水源。大宛從聯通匈奴的康居那裡也得到了中國水工，準備打井穿渠，後迫於形勢，還是開城投降。這種打井穿渠，在不同距離的地面上將地下水吸引到地表的技術，

---

[104] 約翰‧查丁：《約翰‧查丁爵士波斯遊記》（John Chardin, *Sir John Chardin's Travels in Persia*），倫敦 1927 年版，第 94 頁，第 98 頁。

[105] 約翰‧查丁：《約翰‧查丁爵士波斯遊記》（John Chardin, *Sir John Chardin's Travels in Persia*），倫敦 1927 年版，第 267 頁。

是中國陝西渭水流域等地從事採礦、水利的技師首先發明並向西傳導的。大夏（巴克特里亞）的希臘人對此也早有所聞，可能就是從費爾干納的希臘人那兒學來的。該技術在前 146 年的伊朗也早成為事實。波斯人把這種深井渠稱作「卡納特」，為解決伊朗高原的乾旱氣候，為農業生產提供了一個有效的辦法。後來又經波斯人之手傳入受波斯控制的阿曼，改名叫「法拉吉」。2 世紀，葉門的艾茲提人移居阿曼，發現那裡的地下水渠竟有萬條之多，是西亞少見的水利工程。最大的法拉吉在古都尼茲瓦的郊區，主渠長達幾十公里，支渠縱橫交錯。主渠從綠山區下坡，經暗渠流向尼茲瓦，渠寬 3 公尺，平時水深 1 公尺，下雨時水深可達 2 公尺多。

五、甲騎具裝

使用鎧馬和全身披鎧騎馬作戰，通稱甲騎具裝。據希羅多德和色諾芬的記述，前 5 世紀時，居魯士的騎士已配有魚鱗甲、頭盔和護脛。在幼發拉底河畔和羅馬帝國鄰接的杜拉·歐羅波斯的前 2 世紀的圖像中，已有頭戴尖頂兜鍪、身披鎖子甲的正在作戰的波斯騎士，他的戰馬也頭戴當盧。戰馬從頸部直到尻部，在馬膝以上全身披掛魚鱗紋的馬鎧[106]。這種重裝作戰的騎兵是波斯帝國所使用的新兵種，對決定戰爭的勝負具有重大的作用。西漢時期，魚鱗形編製的鐵甲鎖子甲已在中國軍隊中使用。1968 年河北滿城西漢 1 號墓（劉勝墓）出土的鐵鎧一領，用兩種小型甲片編綴成魚鱗甲，全鎧共用甲片 2,859 片，重 16.85 公斤[107]。

---

[106]　鮑爾，羅斯托夫采夫，貝林格：《杜拉·歐羅波斯發掘報告：1930 － 1931 年》（P. V. C. Baur, M. I. Rostovtzeff, A. R. Bellinger, *The Excavations at Dura-Europos: Preliminary Report of Sixth Season of Work*, 1930-1931），紐黑文 1933 年版。

[107]　中國社會科學院考古研究所：《滿城漢墓》，文物出版社 1978 年版。

杜拉・歐羅波斯的波斯鎧馬騎士

西漢初期，魚鱗甲極為罕見，僅有咸陽楊家灣陶俑中的一例。同一地點出土的陶俑，所披多是大型札甲。漢武帝時開始由大型札甲過渡到精鍛細密的魚鱗甲，實物有內蒙古呼和浩特市郊二十家子漢城遺址出土的一領完整鐵鎧甲，在札甲之外，已結合魚鱗甲使用。1958 年洛陽西郊 3,023 號西漢晚期墓出土殘鐵鎧也是魚鱗甲。東漢時期，百煉鋼也用作煉製鎧甲。3 世紀初，曹植在〈先帝賜臣鎧表〉中列舉有黑光鎧、明光鎧、兩當鎧、環鎖鎧、馬鎧各一領。這些鎧甲都是當時稀見精品，環鎖鎧、馬鎧是伊朗具裝鎧的仿製品。用重疊的魚鱗甲片縫製的環鎖鎧和重裝的馬鎧在薩珊王朝普遍應用，推動了中國在十六國時期甲騎具裝的大量實戰應用，使戰爭的規模和耗費大大勝過以往。

　　早期中國對戰馬的防護裝備僅限於皮革的當胸。足以保護馬匹全身的鐵製馬鎧在東漢末才出現在軍隊中。官渡之戰（西元 200 年）前夕，曹操在〈軍策令〉中承認袁紹部下有一支重裝騎兵，其中有 300 匹戰馬已裝備馬鎧，騎士更是全身披甲；而在曹操軍隊中，這樣的戰馬還不足 10 匹。

在實戰中，袁紹的 300 騎雖僅占騎兵總數的 3%，可是已因它的銳不可當而引起戰略家的重視。十六國時期（西元 304 － 439 年），由於廣泛使用騎兵，裝備齊全的具裝馬迅速得到發展，構成決定戰爭勝負的重要因素。羯族後趙的石勒打敗姬澹時，俘獲的鎧馬達到了萬匹。羌人政權後秦在姚興（西元 394 － 416 年在位）統治期間擊敗乞伏乾歸，竟取得了收編鎧馬60,000 匹的輝煌戰果。這和薩珊波斯大量採用重裝騎兵可說是東西輝映。

從西晉起，這種由北方游牧民族競相採用的，裝備了全副武裝的鎧馬的新兵種被稱作具裝。披甲騎士駕馭鎧馬賓士戰場，使 4 － 5 世紀以後北方的作戰規模和軍事指揮上的戰術、戰略水準都進入了一個新的階段。最早的重裝騎兵可以在雲南昭通東晉太元（西元 376 － 396 年）年間的壁畫和永和十二年（西元 356 年）冬壽墓壁畫中見到。冬壽墓壁畫中的具裝馬，頭戴三花面簾（簾），身披長方形鎖子甲。西安草廠坡一號墓出土有一組 5 世紀初騎兵俑，馬具齊全，戰馬全身披鎧，騎兵都頭戴兜鍪、身披鎧甲。敦煌 285 窟西魏大統（西元 535 － 551 年）年間壁畫中的戰士和鎧馬，全披重疊編製的魚鱗甲，連馬頭面簾（簾）也不例外，全身甲片渾然一體。這種甲騎具裝在 6 世紀已在大江南北大量使用，連吉林集安高句麗石墓壁畫也有甲騎具裝的生動場景。從高句麗開始，騎馬文化越過朝鮮半島，傳向日本列島，使日本由古墳文化迅速過渡到飛鳥文化。

冬壽墓壁畫甲騎具裝

　　中國的軍事技術工程師對騎兵的裝備作過重大改革。前 1 世紀鞍橋逐漸增高。西漢後期，高橋鞍的出現使騎兵可以更加靈活地發揮戰術動作。中國人在 4 世紀發明的金屬馬鐙更使披長鎧、騎具裝馬的戰士可以自由控制馬匹，飛快上馬下馬。古代波斯、希臘、羅馬的騎兵根本不用腳扣，習於一躍而上馬。古代印度桑奇大塔浮雕和第聶伯河下游斯基泰銀瓶圖像中的腳扣，和長沙永寧二年（西元 302 年）墓出土的陶馬使用的三角形腳扣相仿，只在馬鞍左側安置，上馬後腳扣便無用處。4 世紀初，河南安陽孝民屯 154 號墓出土木芯外包鎏金銅皮的鐙，和長沙永寧陶馬一樣都是單鐙。在法國羅浮宮博物館所藏安息時代狩獵騎手圖中，可見到在馬右腹下有一個大約是皮革製的單鐙 [108]。中國早期腳扣一定受到同樣的資訊傳遞影響。但在 4 世紀中葉，中國北方便發明了雙鐙，實物有遼寧朝陽袁台子墓出土兩件，吉林集安萬寶汀 78 號墓出土四件，遼寧北票西官營子馮素弗墓出土兩件，吉林集安七星山 93 號墓出土兩件，都是雙鐙，用藤條之類木質材料為芯，外包銅、鐵、皮革。6 世紀時，馬鐙已普遍使用於南至廣東、北抵吉林的廣大地區。5 － 6 世紀之際，馬鐙又從中國回饋到伊朗，6 世紀已傳到了匈牙利。波斯人先稱以「中國鞋」的別名，後又叫作「腳套」。

　　環鎖鎧於 3 － 4 世紀在新疆境內通用 [109]，到隋、唐時期而遍及全國。另一類型為明光鎧，在胸前和後背各有兩塊圓形金屬防護的鎧甲。自南北朝開始製備以後，明光鎧盛行於唐宋，而在元代由蒙古人傳入伊朗。大英博物館的手稿 Khwājū Kirmānī（西元 1397 年）提到士兵胸前都有一金屬圓牌防衛。到 1403 年西班牙大使克拉維約（Ruy Clavijoijo）出訪亞洲時，這種胸甲已見諸事實。16 世紀起直到 19 世紀末，伊朗一直使用一種有兩

---

[108]　相馬隆：《流沙海西古文化論考‧輪鐙源流考》，株式會社山川出版社 1962 年版。
[109]　閻文儒：〈新疆天山以南的石窟〉，《文物》1962 年第 7、8 期合刊。

大兩小四塊圓護組成的鐵甲，其中兩塊大型圓護，專護胸、背，稱作卻雷伊納（Chārā'īna），雖與印度有關，但發源地卻在中國。

六、建築技術

　　磚石筒拱建築是來自伊朗的一項建築技術，它在中國的廣泛採用將中國建築業推上一個新的臺階。在西漢中葉以前，中國不知道用條磚砌築筒拱，只有梁板式簡支。磚券拱頂結構來自伊朗文化體系。兩漢以後，歷經魏晉南北朝及隋唐，發券或疊澀磚砌拱頂建築構成了黃河和長江流域地下墓室的主要建築方式。前 1 世紀，關中、洛陽地區首先大量採用磚券拱頂，木槨室墓和梁板式結構的空心磚、石板槨室到東漢末已在黃河中游逐漸退出歷史舞臺。安息式樣的磚石拱頂墓室在兩漢時代表現有兩種形式的構築，一種是先挖豎穴，砌成拱頂後再填土封墓，拱頂有承載封土的能力；另一種是在已挖成的洞室墓中起券，拱頂與封土間有空隙，是一種西周以來洞室墓與磚券建築技術的結合。甘肅境內，自漢至晉都盛行後一種在洞室墓中發券的做法。武威縣城南祁連山下雜木河西岸密布漢代墓葬，形成一個東西長 700 公尺，南北寬 600 公尺的墓葬區，屬於西漢末年的 48 號墓就是一座有墓道、墓門、墓室的長方形單室土洞墓，墓頂圓拱形。嘉峪關市東郊戈壁灘在 1972 年發現的四座東漢晚期畫像磚墓也是土洞式發券建築。敦煌東南辛店台、佛爺廟等魏晉墓葬群都是在土洞室墓基礎上發展的磚券拱頂墓。

泰西封・塔克・伊・吉斯拉發券拱

嘉峪關東漢 1 號墓和 3 號墓是早期磚券拱頂建築中有代表性的實例。
1 號墓有前室、後室，前室有左右耳室。前室長 2.8 公尺，高 3.5 公尺；
後室長 4 公尺，高 2.6 公尺。牆面以三平一橫面砌法起基，共八層，以上
橫平錯縫疊砌起頂。每塊橫面磚（36 公分 ×17 公分）組成一個畫面。3
號墓由前室（附左右耳室）、中室、後室組成。墓門六重券，採用伊朗穹
頂建築中筒拱門殿的埃旺（Ivan）筒拱，建築形式略同 1 號墓，但前室墓
頂砌磚採用旋斜縫，在技法上與其他各墓不同，從四邊結頂拱殼逐步向疊
澀穹頂過渡。東漢中期出現疊澀穹頂，採用上圓下方的砌法。在西元 130
年左右河南襄城茨溝漢墓可見這種呈橢圓形拋物線的穹頂實例。

東漢嘉峪關畫像磚 3 號墓剖面圖

值得注意的是，大致不早於 3 世紀的馬蹄形券洞在扎格羅斯山口的塔
克 · 伊 · 吉萊（Tāq-i-Girrā）出現的同時，遼寧營城子漢墓中也出現了類
似的券洞。塔克 · 伊 · 吉萊建築規模龐大，是薩珊王朝早期或安息末期伊
朗建築中的出色作品。拱券建築在中國北方不脛而走，或者出於游牧民對
穹廬的癖好。

　　5 世紀盛行於伊朗和中亞的穹頂建築在突厥興起後的西域有了新發展。伊朗伊斯法罕的加米大寺中，在東南隅有一座磚穹頂殿堂，專為塞爾柱皇帝馬立克‧沙（Malik-Shah）（西元 1072 － 1092 年在位）的王后、喀喇汗國的回鶻公主帖爾罕可敦（Terkan Khatun）建造，供她禮拜和沐浴。整座建築技藝超群，在穹頂殿中以圖案刻紋代替磚飾，一時無出其右。這座建築是中伊藝術交流的結晶。

埃旺‧伊‧卡爾伽跨拱屋頂　　　　泰西封阿爾‧邁阿里特 6 世紀馬蹄券拱門

　　磚石拱頂結構在中國的地面建築的應用發展遲緩。疊澀拱頂在唐宋時大量用於墓室和磚石塔建築。元明之際，發券拱頂比以前使用廣泛，出現在城門、宮門和廟宇建築，並且可以完全不作楔形處理，使用大磚貼砌拱頂。元代大都和義門的甕城城門以四層券砌成，而不用伏，與伊朗埃旺筒拱法相同。建於元代的杭州鳳凰寺後窯殿的中殿由傳教士阿老丁（Ala al-Din）設計，為方底穹頂建築，採用磚疊澀出挑和菱角牙子的技術。這種技術為 11 世紀前後的波斯所常用。元明時期，磚拱無梁殿在南京、蘇州等地出現，是筒拱和拱頂建築的一個新發展。這種建築可以防火，建築面積又勝過一般廟宇，是磚砌建築技術的新運用。

七、伊朗醫學在中國的推廣

6 世紀以後，伊朗藥物在中國逐漸推廣，蘇恭《新修本草》（五十四卷）、段成式《酉陽雜俎》（三十卷）等唐人著作對伊朗藥物開始有系統著錄。8 世紀時更有收集海外進口藥物的專著出現，鄭虔《胡本草》（七卷）首開端倪。10 世紀初，李珣《海藥本草》（六卷）尤其詳備。波斯人來華經商，以藥物、香料為大宗，因此許多植物都冠以波斯之名。這些藥物中有密陀僧（黃丹，黃色氧化鉛，Murdāsang，Mirdāsang）、硇砂（氯化銨 NH$_4$Cl，nušādir，nasādir）、珊瑚、礜石、白礬、琥珀、胡黃連、縮砂蔤、蒔蘿（zīra，小茴香）、阿月渾子（pista，必思答）、石蜜、蕀齊（birzai）、阿魏（Anguze），食用的偏桃（巴旦杏）、波斯棗、沒食子（無食子）、齊暾果（zeitun，油橄欖）、無花果（阿馹，anjir）也都自伊朗運來。用以治療嶺南流行的麻風的耶悉茗油也在 6 世紀時經海舶上的胡人傳入廣州。伊朗所產金線礬、紫礬則專供煉丹家燒煉。

《海藥本草》的作者李珣是華化的波斯人，他一生到過杭州、廣州、成都。《海藥本草》所錄波斯藥物中的綠鹽（zingār），《隋書》已知它是薩珊波斯所產，又叫石綠，不褪色，雖經陰雨也不受潮，是醋酸銅化石，可以用來治療眼病。李珣詩詞有〈南鄉子〉17 首，寫嶺南風光，其中第一首〈思鄉處〉寫他海上航行時追念祖先故鄉。李珣可能從廣州搭船到過波斯。阿拉伯文《百科書錄》提到，著名醫師、煉丹家拉齊在巴格達遇到一個中國學者向他求教羅馬名醫蓋倫的著作。蓋倫著作多達十五卷，而中國學者歸期逼近，他用速記法記下一切，奇蹟般地在一個月內學完了蓋倫的著作，帶著大卷稿本搭船返國。李珣是前蜀政權的權貴，有出國資財，極可能是他師承拉齊，歸國後才有《海藥本草》之作。

中國在 14 世紀下半葉編成的《回回藥方》中著錄了許多西方醫學家。其中卷三十目錄「雜證門」記有「忽兒木思馬準」，「馬竹尼虎而謨西方，即虎兒謨西地面加白薇、菖蒲、薄荷的膏子藥」。「馬準」、「馬竹尼」都是阿拉伯語「膏子藥」（Ma'jūn）音譯。作者將虎兒謨西當作地名。此方原出阿維森納（Avicenna）《醫典》第三冊的「忽兒木思馬準」（Ma'jūn Hurmus）。忽兒木思（赫爾梅斯）是大洪水以後出現的傳說人物，他曾研究劇毒的動物和植物，製作玻璃和綠色陶器，以通曉醫學和化學而著聞，在西亞被奉為神明，波斯語中用來稱木星或希臘信使神荷米斯（Hermes），也有人認為是突厥語對阿胡拉·馬茲達這一位瑣羅亞斯德教中的天神的轉寫。《回回藥方》卷三十目錄又記有沙卜而撒哈里（Sābūr bin Sahli），他是伊朗的醫學中心君迪沙卜爾（Jundysābūr）培養出來的醫生，曾任醫院院長，著作甚豐，有《藥物的配伍》、《食物的功能》、《藥理學》等，死於回曆 255 年（西元 869 年）12 月 21 日。

明初朱橚等人所編《普濟方》也曾提到許多波斯名稱的胡藥，有朵梯牙（tootiyā'，氧化鋅，皓礬）、安咱蘆（anzaroot，波斯樹膠）、可鐵剌（kateerā，黃耆膠，西黃耆）、阿飛勇（afyoon，阿芙蓉或鴉片）、李子樹膠（samgh，阿拉伯樹膠，音譯「三亦」）[110]。它們和阿拉伯名稱的藥方同樣在中國各地流傳。

八、波斯人的珠寶鑑別知識

古代波斯在中國人心目中是一個出產寶石的國家，綠松石、紅肉髓、瑪瑙、珊瑚、真珠、綠寶石都和波斯有關係。戰國時代盛傳宋國的國寶結

---

[110] 以上見宋峴：〈對《回回藥方》中的古醫人姓氏的考證〉，《西北民族研究》1991 年第 2 期；〈對《普濟方》和《本草綱目》中的回回醫方的考證〉，《回族研究》1992 年第 2 期；宋峴：《回回藥方考釋》，中華書局 2000 年版。

綠是波斯語中的綠寶石 zumurrud 最早的中譯名稱。波斯不產綠寶石，但波斯人卻是古老的寶石貿易中精明的鑑別者與經銷商。先秦時代，中國人以璆琳統稱來自西亞的青碧色玉石。璆，或作球，是美玉；琳，是美石（珠）。最早的珠，既是真珠（蚌珠）的代稱，又是石珠的兼名。《魏書》列舉波斯多大真珠、頗梨（寶石）、琉璃（玻璃）、水精、瑟瑟（綠松石等碧珠）、金剛（鑽石）、火齊（薄玻璃、料珠），真珠、頗梨、瑟瑟、金剛都從波斯轉運中國。漢代以來綠松石鑲嵌工藝精益求精，推動了珠寶首飾業的進步。南京象山晉墓、西安何家村唐代窖藏出土金剛指環、瑪瑙、琥珀等物大約來自伊朗。伊德里西在 12 世紀記錄波斯灣中的採珠場有 300 處，採珠者大多居住巴林，卡伊施島即以出口真珠聞名。

唐宋以來，波斯商人多以販運珠寶稱富，也以鑑別珠寶為長。《太平廣記》卷三十四敘述崔煒受託返歸廣州向波斯邸中的老胡出售寶珠，對方以為是神物，出價十萬緡，購後歸國。在《太平廣記》中有許多波斯商人鑑別珠寶的故事，如在豫章（南昌）有未見人已知有寶石的，在扶風有剖腋藏珠的，在睢陽有藏珠於股的，在廣州有藏珠腰肉的，在揚州有兜售紫𧽸羯可防水火的，在洪州（南昌）有因紫𧽸羯而納稅百萬的，在豫章有以三萬緡買二石珠的。廣陵（揚州）有胡人禮拜玉清三寶，終以千萬相易；在同一地點，更有以數千萬買驪龍珠的。長安的西國胡客有以五十萬買珠的，還有以十萬貫買武則天青泥珠的。這些不具國名的胡人大多是波斯人。波斯人崇拜財富，這一風氣也逐漸融入素重名分的中國社會。唐代長安的胡客每年開一次同鄉會，稱為寶會，屆時各人展示財富，以寶物多少論列上下，最富有的戴帽，居於上座。安史亂平後，有個發了財的魏生也去參加胡人的寶會 [111]，當時上座的出示明珠四顆，大逾徑寸，與會者起

---

[111]《太平廣記》卷四〇三引《原化記·魏生》。

而禮拜。到座末，輪到魏生也出示他的寶物，三十多名胡人見寶後都將魏生推舉於座首，一一禮拜。受寵若驚的魏生最初以為是故意取鬧，不勝惶恐，後知出於誠意，大為驚異。

元代陶宗儀《輟耕錄》卷七「回回石頭」條根據波斯語列舉的寶石有剌（lal，淡紅色，嬌）、避者達（bidjade，深紅色，石薄方，嬌）、助把避（上等暗深綠色）、助木剌（中等明綠色）、撒卜泥（sabuni，下等帶石，淺綠色）、鴉鶻（yakut，剛玉），還有譯自波斯語的「甸子」（綠松石），共分你舍卜的（回回甸子，納沙布林甸子，紋理細）、乞里馬泥（河西甸子，小亞細亞甸子，紋理粗）、荊州石（襄陽甸子，色變）三種，連中國湖北出的襄陽綠松石（或綠長石）也按波斯語稱甸子了。

九、羅盤導航

中國人在 10 世紀時製成了人造磁體指南針。沈括（西元 1031 － 1095 年）在《夢溪筆談》中正式指出了磁偏角的存在。他做了四種實驗，其中水浮法是用指南針橫穿在燈草芯上，浮在水上指示方向。這樣的指南針早在沈括以前便已在航運中使用，但有多蕩搖的缺點，因而又試驗了縷懸法，用新蠶絲以蠟珠結針，懸掛磁鍼，測定磁偏角。

世界上指南針用於航海的最早紀錄存於宣和年間（西元 1119 － 1125 年）朱彧所著的《萍洲可談》。作者追述他父親朱服在廣州當官時，舟師辨認航向，「夜則觀星，晝則觀日，陰晦觀指南針」。這種指南針採用浮針，並把古代堪輿家使用的方形栻占地盤改裝成圓形羅經盤，稱為地螺。地螺以八干、十二支、四卦（乾坤巽艮）組成正針，二十四向，另有兩位間的縫針，合共四十八向。

13 世紀時，世界遠洋航船普遍用指南針導航，晝夜守視，按指定的針

路航行，天文導航逐步淘汰。《夢粱錄》（西元 1265 － 1274 年）正式稱為針盤。1195 年以後，英國人、法國人相繼論述了使用磁化鐵針的浮針導航技術。波斯人穆罕默德・奧菲在 1228 年前後編集的《故事大全》中講到磁性指南魚。這部故事集中的一則故事記述著者在航行中憑藉一尾用磁石製作的魚找到了航路。這種磁魚是在波斯灣與阿拉伯海中使用的指南針，頭尾可以指向南北，辨別方向。在稍後阿拉伯人的記載裡，地中海東部的航船使用木片或葦箔浮出水面的磁鍼辨別航向。這是 1282 年阿拉伯博物學家貝伊拉克・卡巴傑吉在《珠寶商鑑別手冊》中描述他從黎凡特沿海的特里波利向亞歷山大里亞航行途中的見聞時提到的。他還說在印度洋上航行的船長不用這種水浮針，而用磁魚。不論哪一種磁鍼，都是中國海員早已在航海中使用過的。波斯灣的伊朗人稱羅盤叫「吉卜拉・納瑪」（qibla-nāma），意思是「指標」，完全根據中國傳統名稱命名。波斯語、阿拉伯語中表示羅經方位的 khann 就是閩南話中的「針」字。中國航海家出沒於波斯灣、阿拉伯海，這種先進的地文導航技術由首先得到了波斯同行的認可。

　　12 世紀以後出現的針路引導了針路圖（航海圖）的問世，至元明時代而更加周詳。牽星過洋是波斯、阿拉伯商船在印度洋航行中慣用的技術，也成了鄭和下西洋時往返牽星為記的導航工具。〈鄭和航海圖〉可能也參照過波斯和阿拉伯的海圖，在繪製技術上採取了海岸地圖對應式測繪的辦法，並記上 64 處地點所見北辰（北極星、小熊座 α 星）和華蓋星（小熊座 β 星、γ 星）高度。

十、火藥在伊朗的使用

　　火藥的主要成分硝和硫黃是中國人很早便已掌握的藥料，火藥的發明取決於硝、硫、木炭混合的比例。中國在 8 － 9 世紀完成了這一發明，並迅速以「飛火」的發射方式用於戰爭。鹽類的朴消與硝石雖有區別，但色味均同。真消（火消）與鹽類水消不同之處在於前者可燃而「㶿㶿如握鹽雪，不冰」[112]。硝（火消）既如鹽雪，所以波斯人在 8 － 9 世紀得知此物時以「中國鹽」（namak-i cīni）相呼。巴格達煉丹家查比爾·伊本·海揚（Jabir ibn Hayyan）在 8 世紀中葉已知用蒸餾明礬取得硫酸，用硫酸和消石製備硝酸，發明王水，足證當地已知用硝。664 年山凱撒州繼益州、武都、隴西之後也發現硝石礦，可與北印度烏萇國的相比，俗稱鹽消。9 世紀中葉巴斯拉開採的硝礦稱作 Shūraj，這個詞正是「硝」（消）的音譯，山西鹽消是波斯名詞以鹽相稱的來源。

　　13 世紀中葉，阿拉伯世界以「巴魯得」（bārud）稱呼火藥，這和蒙古西征有著直接的關係。1258 年旭烈兀占領巴格達，建立伊兒汗國，他的遠征軍中就有來自中國的火炮手 naft-andāz。中國的火槍開始稱「箭」，後來寫作「銃」，用金屬作銃身。這個詞首先被伊朗借用，稱 tufèk，現在讀作 tufèng（槍）。在帖木兒時代，火炮在波斯被稱作 tkhsh-tèkhsh，火炮手叫作 tèkhsh-afghenan，tèkhsh-èndazan。tèkhsh 這個詞似乎也來自中文的「銃」。13 － 14 世紀，火藥、火器在抗拒伊斯蘭教馬木路克王朝的戰爭中發揮作用，火器成為伊朗軍隊的重要武器。1283 年以丞相職銜出使大不里士的朵兒邊氏孛羅，後來定居伊朗，擔任宮廷侍衛統帥的要職，也一定在他的從屬部隊中使用了先進的手銃。

---

[112]《重修政和經史證類備用本草》卷三引陶弘景語；又見唐寫本《本草經集注·序錄》，收入羅振玉《吉石盦叢書》1915 年影印本。

■第四節
飲食文化交流

中國和伊朗在飲食文化方面有過廣泛的交流。中國的茶大約在 10 世紀就有小批量進入伊朗。它們是透過海路運入的，波斯人根據雲南口音譯作 tchay。阿爾‧比魯尼（Al-Biruni）是最早提到茶的一位穆斯林作家。13 世紀拉施特丁的《農藝書》指出 tchay 是一種草藥，「我們的醫生稱為人民的國王」。「人民的國王」（Shah al-Khalq）的原文是 thah al-Qala‘i（克拉茶），因由馬來半島的航運中心克拉（中國古稱箇羅）運去而得名。在伊兒汗時代，茶被當作藥物使用。茶作為飲料而被伊朗和伊斯蘭世界普遍接受的時間在 1830 年以後。

來自中國的各種米酒（大米和小米釀造的酒）也在 10 世紀開始出現在伊朗各地，其名稱都借用回鶻語（維吾爾語）或漢語。伊兒汗國的蒙古人特別喜飲啤酒和各種大米酒、小米酒，因此米酒也流行於伊朗。

波斯飲食流入中國的時間更早。漢代波斯飲食已進入中國。漢靈帝時，由於皇室喜愛胡食，長安便已流行波斯風味的飲食。至於西北各地，是波斯人及粟特人出入的必經之地，胡食的流行更可想見，長安、洛陽不過是此風東進所及。但漢代胡食內容已多湮沒不詳。南北朝以來，特別是唐代開元以後，上流社會宴聚亦時興胡食，甚至有「盡供胡食」的。慧琳《一切經音義》卷三十七「陀羅尼集經」介紹唐代流行的胡食，有饆饠（音ㄅㄨˋ ㄊㄡˇ）、燒餅、胡餅、搭納等數種。饆饠是波斯語 bardāna 的音譯，原為黃油煎餅。燒餅，6 世紀《齊民要術》卷九「餅法」記用「麵一斗，羊肉二斤，蔥白一合，豉汁及鹽，熬令熟，炙之。麵當令起」，是一種羊肉蔥花餅。胡餅，漢代已有，前趙石虎諱胡，改為麻餅，

元代稱蒸餅[113]，有餡。9 — 10 世紀以後，這些波斯飲食已逐漸在通都大邑推廣，普遍到民間都能享用。

波斯酒、波斯果漿、波斯糖果、波斯棗、偏桃、齊暾、無花果、安石榴、蒔蘿、甜菜、波斯菜，都是源出波斯，且久已流傳中國民間的飲料、食品或蔬果。果子露（舍里必、舍里卜）也在元代進入中國上層社會。

波斯葡萄酒，漢代已能依法釀造。唐初占領高昌，又得到馬乳葡萄酒法，由唐太宗親自監督仿製成功，共有八種，「芳辛酷烈，味兼醍醐」（《冊府元龜》卷九七〇）。八種葡萄酒中應有烈性的燒酒，開中國製造燒酒的風氣。但當時器械簡陋，提取酒露的純度有限，且方法極為祕密，限於禁中，難知其詳。元代葡萄燒酒普遍推廣，許有王（西元 1286 — 1364年）《至正集》卷十六有〈詠酒露次解恕齋韻〉：「世以水火鼎煉酒取露，氣烈而清。秋空沆瀣不過也，雖敗酒亦可為。其法出西域，由尚方達貴家，今汗漫天下矣，譯曰阿爾奇云。」阿爾奇又名「阿剌吉」、「阿里乞」、「軋賴機」。蒙古文《格薩爾王傳》中列舉了八種用阿剌吉（燒酒、白葡萄酒）蒸餾而成的酒。阿剌吉（'araq）是波斯語、阿拉伯語，專指以蒸餾法提煉酒精。元代此法大盛，可以用葡萄酒、棗酒、好酒等設計專門的蒸餾器加以提取，也稱酒露、重釀酒。忽思慧在 1330 年為元代朝廷編纂《飲膳正要》，卷三「米穀品」提到用好酒蒸熬取露成阿剌吉。朱德潤在 1334 年家居江蘇昆山時，從推官馮仕可處得到軋賴機酒，說意思是重釀酒[114]。尤以葡萄酒所製阿剌吉酒最名貴，稱法酒。

波斯果漿，亦即果子酒，唐代已列入天下名酒，名叫三勒漿。這種酒

---

[113] 司馬光：《資治通鑑・唐玄宗紀》，胡三省注。據真人元開《唐大和上東征傳》，鑑真東渡時備有乾胡餅、乾蒸餅、乾薄餅、番撚頭。胡餅與蒸餅原非一物，且後來的製作方法較唐代亦或有變化。

[114] 朱德潤：《存復齋文集》卷三〈軋賴機酒賦〉。

由庵摩勒、毗梨勒、訶梨勒三種波斯果子製成，「類酒，法出波斯」[115]，製造地點是首都長安。還有唐順宗時來自伊朗南部烏弋山離國（錫斯坦）的龍膏酒，蘇鶚《杜陽雜編》卷中記：「時有處士伊祁玄解……上知其異人，遂令密召入宮，處九華之室，設紫茭之席，飲龍膏之酒……龍膏酒黑如純漆，飲之令人神爽。此本烏弋山離國所獻。」薔薇露，宋代已列入名酒，元代薩都剌以薔薇露比作紫髓瓊漿。陶宗儀《元氏掖庭侈政》列舉元代宮廷有酒名薔薇露[116]，波斯語名 'araq-l-gul。

　　波斯食品中的波斯棗是生長在非洲和阿拉伯半島、波斯灣的棗椰樹的果實椰棗，現有伊拉克蜜棗之稱。3 世紀從南方海上傳入中國，稱海棗，不久又有經中亞運進的，起名千年棗。7 世紀後由波斯商人作為珍貴禮品獻贈宮廷，並供應廣州外僑食用，於是有波斯棗之稱。唐代已知椰棗的波斯名為窟莽（khurmā），元代別譯苦魯麻、忽鹿麻。椰棗的俗稱千年棗則在長時期中被使用。宋代又叫萬歲棗、大食棗、番棗，明代改譯萬年棗，並通用萬歲棗的名目。

　　偏桃，唐代段成式《酉陽雜俎》中記有它的波斯名稱婆淡樹（badam）。偏桃肉苦澀，不可吃，核中仁則甘甜，元代稱作巴旦杏，原意是杏仁。古代米提亞人用杏仁做麵包，當糧食。元代中國北方也像亞洲中西部地區一樣愛上了這種食品。

　　齊暾，波斯語 zeitun，即橄欖。波斯橄欖為中國所無。唐代已記載這種橄欖在西亞用於榨油，以煮餅果，就是後來稱呼的油橄欖，屬於木樨科，與橄欖之屬橄欖科不同。這種植物久已在中國南方引種，清代《西域同文志》稱齊墩。

---

[115]　李肇：《國史補》卷下。
[116]　陶宗儀：《元氏掖庭侈政》，《香豔叢書》卷二，清宣統元年（西元 1909 年）版。

無花果、安石榴，都是在伊朗高原各地普遍生長的果木。無花果，唐代段成式已記下它的波斯語名阿驛、阿駔（anjīr），說它「葉有五出，似蓖麻，無花而實。實赤色，類楟子，味似甘柿，一月一熟」。無花果的名稱，在西方從亞里斯多德起就已使用，原因是它的花藏在果實中，果未成熟時剖開可以看到盛開的花。《梁書》記下的是無花果的一個印度名稱優曇缽花。直到明代，廣東人都習稱此名。中國南方很早就從印度將此果移植。西元 851 年到中國的阿拉伯商人蘇萊曼（Sulayman al-Tajīr）就說中國有無花果。到 7 － 8 世紀時北方又進口這種果子，並且知道了它的老家在西亞。元代揚州城西有無花果園，每年由西域人（伊朗人）釀醋供奉元廷。

蒔蘿，是中古波斯語 zīra 的譯音，又稱小茴香。晉代《廣州記》已知蒔蘿生波斯國。它的別名枯茗，也來自波斯語 kamūn。伊本・西納說蒔蘿有四種：波斯蒔蘿，黃色，性烈；克爾曼蒔蘿，黑色；敘利亞蒔蘿；那巴提蒔蘿。可以增加滋味，多食無害處。

甜菜，中國古稱莙薘菜，譯自中古波斯語 gundar。蘇恭《新修本草》稱作菾菜，近代又名根大菜、根達菜。

菠菜，在中國是到明代李時珍編《本草綱目》時才錄下這個名字的。它最早稱作波稜菜。《唐會要》卷一○○說：「（貞觀）二十一年，（泥婆羅國）遣使獻波稜菜、渾提蔥。」《本草綱目》釋菠菜時說：「《唐會要》云太宗時尼波羅國獻波稜菜，類紅藍，實如蒺藜，火熟之能益食味，即此也。」中國最早是經尼波羅（尼泊爾）國使者之手傳入這種蔬菜的。印度斯坦語稱菠菜為 palak，可以追溯到梵語裡的 pālanka，因此中國人誤傳菠

菜出於波稜國，即梵語中的一個印度國名 Pālaka[117]。但更有可能是由著名的華氏城（Pataliputra，巴特那）輸往尼泊爾，再經西藏進入長安的，波稜或即華氏城的一種譯法。元代已知菠菜出自波斯，波斯語名 aspanāh，asfināj。明代乾脆稱作波斯菜。

　　元代回回飲食文化時興，一般日用百科全書中也有這類西亞食品。如《居家必用事類全集》庚集飲食類中有「回回食品」12 種[118]，每種有用料和做法，有的沿用民間慣用的中國化的名稱，有的則是根據波斯語音譯的稱呼。這 12 種食品是：設克兒匹剌（sukar-pīra，蛋白杏仁糖），卷煎餅，糕糜（凍羊肉糕），酸湯，禿禿麻失（tūtmāj，粉絲、麵條），八耳塔（bardāna，古譯麭麩，黃油煎餅），哈耳尾（halvā，芝麻甜點心），古剌赤（golānj，果仁蜜餅），海螺廝（hareese，肉麥包），即你匹牙（chal-pak，奶油麵包），哈里撒（harīsat，harīsa，羊肉麥片粥），河西肺。它們是 14 世紀中國北方回民和漢族居民的日常食品，給中國的飲食文化增添了新的風采。

■第五節
語言與文學

一、波斯語在中國

　　波斯語在 2,000 多年中一直是中國人較常接觸到的一種外國語。《史記·大宛列傳》已評述伊朗語系在大宛以西通行：「自大宛以西至安息國，

---

[117]　勞費爾：《中國伊朗編》（B. Laufer, Sino-Iranica：Chinese Contributions to the History of Civilization in Ancient Iran），林筠因中譯本，商務印書館 1964 年版，第 222 頁。

[118]　北京圖書館藏明司禮監刻本，參見黃時鑑：〈元代的對外政策與中外文化交流〉，《中外關係史論叢》第 3 輯，世界知識出版社 1991 年版。

雖頗異言，然大同俗，相知言。」《漢書‧西域傳》更注意到安息國的文字，「書革，旁行為書記」，是一種橫寫在皮革上的文字。早期的波斯語隨著波斯物產的來華而進入中國語言，成為漢語詞彙，如獅（sheer）、苜蓿（musu）、葡萄（budawa）、胡荽（koswi），甚至麒麟、符拔、叱撥也都被寫入中國文獻。《續博物志》記述唐天寶年間大宛進獻汗血馬六匹，分別取名紅叱撥、紫叱撥、青叱撥、黃叱撥、丁香叱撥、桃花叱撥，叱撥即是波斯語中的馬（asp）。至於蘇胡（珊瑚）、琥珀（獸珀）、密陀僧、頗梨、瑟瑟、氍毹、訶黎勒、無食子（沒食、墨石、摩賊、沒石、沒食子）、莙蓬菜、菠菜、蒔蘿、巴旦杏、窟莽（苦魯麻、波斯棗）、沒藥、阿末香（龍涎香）、阿虞截（阿魏脂），這些為數眾多而在中國幾乎家喻戶曉的波斯物產、香藥，長期以來已是中文詞語中不可替代的一部分了。

　　《北史》卷九十七列舉波斯制度文化，有國王稱醫囋，妃稱防步率，諸王子稱殺野。大官有摸胡壇，掌國內獄訟；泥忽汗，掌庫藏關禁；地卑，掌文書及眾務。次有遏羅訶地掌王之內事，薛波勃掌四方兵馬。祆教、摩尼教傳入中國後，將許多宗教術語和神職人員的等級名稱轉寫成漢語。在前伊斯蘭時期，祆教徒、摩尼教徒和景教徒進入中國以後仍多用波斯語。祆教祭司使用波斯語宣教，摩尼教徒則使用安息語或粟特語。伊斯蘭初期，波斯語不但是國際商業上的通用語言，而且也是伊斯蘭教十分有力的傳教語言。10 世紀後，波斯語逐步成為亞洲東部伊斯蘭世界的文學語言，伊朗人又透過海外交通活躍於中國東南沿海，將波斯語推廣為中國人熟悉的一種外國語。12 世紀的摩尼教就曾使用波斯語傳教。《宋會要》記宣和二年（西元 1120 年）睦州青溪縣方臘聚眾起事，宣傳的是明尊之事，「至於字音，又難辨認」，這難以辨識的文字想是波斯語了。

　　元代推行歧視漢人的政策，重用色目人，其中也有一些是伊朗人。元

朝政府和西北三藩保持著密切的連繫，尤其和伊兒汗國關係至深。波斯文化在三大汗國中占有很高的地位，因此給波斯語的應用提供了廣闊的天地。西元 1289 年元朝政府專門創建回回國子學，使用亦思替非文字，傳授波斯語。亦思替非文字作為一種財務和計數文字早在中國境內通用。廣東遂溪窖藏葵口銀碗，口沿外周的文字應是亦思替非文字。中國西部出土摩尼教文書中已見使用亦思替非文字書寫紀年 [119]。波斯語在元帝國是僅次於蒙古語和維吾爾語的通用語言。摩洛哥大旅行家伊本・巴圖塔在他的遊記中追憶，他在 1345 年 10 月北上大都經過杭州時，在那裡受到熱誠的接待。他被邀請乘船遊覽，聽到中國歌手唱起了波斯歌曲，他記下了其中的兩句：「我對妳一見鍾情，心潮如波濤洶湧；祈禱時，壁龕中也出現妳的面影。」這首歌詞的作者就是伊朗著名詩人薩迪（Sa'di）（西元 1208 － 1291 年），原詩為〈我對妳一見鍾情〉，共有 22 句：

> 妳走過我身旁，總該看我一眼，
>
> 難道由於矜持才對我如此冷淡？
>
> 縱使到和田也絕找不到這嫵媚容顏，
>
> 亭亭玉立的翠柏，哪片草坪也難得尋見；
>
> 請中國畫家端詳這姣好的面容，
>
> 畫一幅肖像，否則何必描繪水墨丹青？
>
> 若撩起面紗露出妳弓樣的蛾眉，
>
> 天邊皎月也得收斂她迷人的清輝；
>
> 翠柏軀幹挺拔，但缺少美麗的臉龐，
>
> 太陽面龐美麗，但略欠秀髮的芳香。

---

[119]　格希曼：《帕提亞與薩珊朝的波斯藝術》（R. Ghirshman, *Persian Art, the Partian and Sassanian Dynasties*），紐約 1962 年版，第 317 － 336 頁。

自從開天闢地，未見有人如此嫵媚嬌豔，

妳是皎月，還是安琪兒？是凡人，還是天仙？

我對妳一見鍾情，心潮如波濤洶湧，

祈禱時，壁龕中也出現妳的面影；

我愁鎖心頭，如同失足陷入激流之中，

妳的玉唇莫非沾上我的血才如此殷紅？

妳若在我墳旁走過，我將輕曳妳的衣襟，

縱然死去，我也會立即復活還魂。

妳匆匆從我身旁走過，我的心備受折磨，

薩迪，別人不堪忍受，對妳豈不是歡樂！

如若有人誇口說對妳痴情傾心，

那準是花言巧語，蓄意騙人[120]。

薩迪足跡很廣，曾到達中國西部的可失哈耳（喀什噶爾）。杭州在元代有維吾爾人居住，薩迪的歌曲便這樣流傳在杭州歌壇，受到當地人士的讚賞。

在明代，波斯文仍是通用的國際語言。1409 年鄭和在斯里蘭卡所立碑文有中文、波斯文、泰米爾文三種文字。北京民族文化宮藏有永樂五年五月十一日朱棣下令保護伊斯蘭教的〈諭米里哈只〉敕諭，長 100.5 公分，寬 72 公分，自右至左，分別以中文、波斯文、蒙古文三種文字書寫。

16 世紀，中國伊斯蘭教徒創立經堂教育。17 世紀，常志美在中國伊斯蘭教經堂教育的陝西學派之外創立山東學派，注重博覽，除阿拉伯文經典外，更提倡學習波斯文典籍，使教者與學者不必專精一經。他一生在山東濟寧講學，著有《哈挖衣米諾哈志》（《波斯文法》），用波斯文寫成，

---

[120] 張玉書主編：《外國抒情詩賞析辭典》，北京師範大學出版社 1991 年版，第 66 – 67 頁。

通用於各伊斯蘭教寺院學校。現在北京、南京等地都已發現該書的多種抄本。伊朗曾據北京東四清真寺保存的抄本影印出版。此書大約是在伊朗境外由外國學者寫出的波斯語語法書中最早的一部。在此以前，明末吳人慎懋賞編輯《海國廣記》（又名《四夷廣記》），其中在「天方國」就天文門和地理門一共收錄了 84 例中文與波斯文詞彙的對照表，並用貼切的中文註明波斯語語音（《玄覽堂叢書續集》第 97 冊）。

　　清代沿海地區的伊斯蘭教經院大多採用山東派的講授辦法，課本既有阿拉伯文的，也有波斯文的。大詩人薩迪的《薔薇園》也曾作為教本，為中國伊斯蘭教學者所熟諳。江寧伍遵契在 1676 年將波斯人阿布杜拉（'Abdullah）在 1223 年寫成的《米爾薩德》（*Mirsad*）譯成中文，作者係德黑蘭人，原書用波斯文寫作，漢譯本取名《歸真要道譯義》。但譯者不准刊印，直到 1912 年才有南京蔣春華補注的鉛印本問世。清末雲南經師馬聯元（西元 1841 － 1903 年）多次赴麥加朝聖，精通波斯語、阿拉伯語，一生著譯甚富，最後在印度康波爾（Gangpur）講學期間去世。他的著作中有講波斯文文法的《古文仙法》（*Kīmiyyā'i*），還有用波斯文寫的教義概論《四篇要道》（*Fasl*）、教條入門《教典經注》，都在雲南木刻刊印。由於經堂教育的提倡，波斯語在穆斯林的日常生活中仍是一種足以與阿拉伯語相頡頏的語言。

二、吐魯番摩尼教殘經

　　20 世紀初，人們在新疆東部吐魯番發現了數以千計的摩尼教文獻殘片。這些古文獻由 17 種不同文字寫成，包括佛教、景教和摩尼教的經文抄本，為亞洲古代各民族語言和史料的研究提供了彌足珍貴的資料。

　　吐魯番古文獻分別由德國格倫威德爾（Albert Grünwedel）和勒·柯克

率領的中亞考察團在發掘中獲得。受到英國人斯坦因在新疆的考古和地理
發現的激勵，德國於 1902 年派遣柏林民族博物館格倫威德爾教授組團赴
新疆考察。考察團在該年 8 月 11 日離開柏林，經過中亞，由伊犁入境，
前往吐魯番進行考古發掘，將所得文獻、抄本、畫像及其他各種文物裝成
46 個大箱子，在 1903 年 7 月運回柏林。運回的抄本有 24 種，涉及的文字
有 17 種。其中就有在中國初次發現的用西域文字書寫的摩尼教經典抄本
殘片。

　　接著德國又派出以勒‧柯克教授和巴托斯率領的考察團前往新疆。考
察團在 1904 年 11 月到達古城高昌（哈拉和卓），發現了摩尼教寺院遺址，
發掘了石窟和佛塔。在吐魯番東南 40 公里的木頭溝又發現了柏孜克里克
千佛洞。到 1907 年德國考察團離開新疆時，摩尼教文獻殘片已發現數千
塊之多。高昌故城曾有摩尼教寺院的地下書庫，可惜發現時所藏已多被泥
水浸泡，難以復原。

　　在吐魯番已找到的摩尼教文獻抄本使用的語言主要是古突厥語和三種
常用的中古伊朗語，即中古波斯文（帕拉維語）、帕提亞文（安息語）和
粟特文。還有一塊殘片用大夏文寫成，兩塊用乙種吐火羅文（龜茲文）書
寫。學者因此可以根據這些重大的發現對中古波斯語和帕提亞語進行十分
細緻的研究。第二次世界大戰前，柏林普魯士科學院已將這些文獻的主要
部分發表，引起俄國、比利時、美國、日本、英國和德國的學者詳加探
討。德國戰前發表的吐魯番摩尼教文獻後由畢克匯成專集刊印 [121]。英國
的鮑伊思編成了《德國收藏吐魯番伊朗文摩尼教抄本目錄》[122]，足以使

---

[121]　畢克：《德國藏吐魯番文書》（W. Peek, *Ergebnisse der Deutchen Turfan Forschung*），第 2 卷，
　　　　萊比錫 1972 年版。
[122]　鮑伊思：《德國收藏吐魯番伊朗文摩尼教抄本目錄》（Marry Boyce, *A Catalogue of the Iranian
　　　　Manuscripts in Manichaean Script in the German Turfan Collection*），柏林 1960 年版。

人了解德國對吐魯番伊朗文手抄文獻收藏的概況。

吐魯番發現的摩尼教文獻有摩尼用中古波斯文寫成的重要著作《沙普拉干》的手抄殘片，後來已經釋讀英譯 [123]。還有兩首最古老的帕提亞文摩尼教讚美詩《胡威達曼》（Huwidagman）和《安格羅斯南》（Angad Pōšnān）是 3 世紀的作品，或者就是開教帕提亞的阿摩所作，鮑伊思有專著加以研究和釋讀 [124]。吐魯番摩尼教文獻的殘片被鮑伊思輯入《摩尼教中古波斯文和帕提亞文讀物》[125]，並有詳盡的注釋。

對吐魯番發現的中古波斯語和帕提亞語文獻的研究，使這兩種早已湮沒的古代語言獲得新生。曾經主持德國收藏的吐魯番文獻發表工作的海寧對於中古波斯語的研究貢獻殊多，他在 1933 年就發表了〈吐魯番的中古波斯語動詞〉一文，後又編成《中古波斯語和帕提亞語詞目》[126]。吉倫用法文寫出了《帕提亞語》的專論 [127]。鮑伊思在各國學者研究的基礎上，編撰了《摩尼教中古波斯文和帕提亞文詞目》的辭書 [128]。海寧的研究後來被彙編成兩卷本的論文集 [129]。他們的成果大大推動了吐魯番出土的中古波斯語和帕提亞語、粟特語文獻的研究。

---

[123]　麥肯西：〈摩尼的沙普拉干〉（D. N. Mackenzie, *Mani's Sābuhragān*），倫敦大學《亞非學院院刊》（*BSOAS*）1979 年第 42 卷，第 3 頁；1980 年第 43 卷，第 2 頁。

[124]　鮑伊思：《摩尼教帕提亞文讚頌詩》（Mary Boyce, *The Manichaean Hymn Cycles in Parthian*），倫敦 1954 年版。

[125]　鮑伊思：《摩尼教中古波斯文和帕提亞文讀物》（Mary Boyce, *A Reader in Manichaean Middle Persian and Parthian*），萊頓 1975 年版。

[126]　海寧：〈中古波斯語和帕提亞語詞目〉（W. B. Henning, *A List of Middle-Persian and Parthian Words*），倫敦大學《亞非學院院刊》（*BSOAS*）1937 年第 9 卷，第 79 － 92 頁。

[127]　吉倫：〈論帕提亞語〉（A. Ghilain, *Essai Sur la Langue Parthe, Son Sytème Verbal D'après les Textes Manichéens du Turkestan Oriental*），《博物館與圖書館》（*Bibliothèque du Muséon*）1939 年第 9 卷。

[128]　鮑伊思：《摩尼教中古波斯文和帕提亞文詞目》（Mary Boyce, *A Reader in Manichaean Middle Persian and Parthian*），萊頓 1975 年版。

[129]　鮑伊思：《海寧論文集》（Mary Boyce, *The Selected Papers of W. B. Henning*），第 2 卷，萊頓－德黑蘭 1978 年版。

三、敦煌摩尼教殘經

　　20 世紀在敦煌莫高窟藏經洞發現的古文書中，學者整理出三部漢文摩尼教殘卷，以《波斯教殘經》、《摩尼光佛教法儀略》、《摩尼教下部贊》的名稱收入日本大正新修《大藏經》第五十四卷，內中涉及古代波斯語。

　　《波斯教殘經》最初在 1911 年出版的《國學叢刊》第二冊上刊布。經法國學者沙畹、伯希和和日本學者羽田亨研究，定為摩尼教殘經（《國學季刊》第 1 卷 3 號，定名為《摩尼教殘經一》）。殘經是一篇專題論文，論述人類自身並存明暗二性的教義，可能是《儀略》所提摩尼寫作的七部經中的第五部「缽迦摩帝夜」的漢譯，譯名《證明過去教經》。「缽迦摩帝夜」在希臘語中便指「專題論文」[130]。

　　《摩尼光佛教法儀略》分別由斯坦因和伯希和發現後攜回本國。上半部在 1907 年 5 月由斯坦因取走，藏倫敦大英博物館，編號 S3969；後半部在 1908 年為伯希和攜去，藏巴黎國家圖書館，編號 P3884。1925 年，日本學者石田幹之助公布〈敦煌發現《摩尼光佛教法儀略》中的若干詞語〉一文，伯希和也發表〈敦煌發現的兩篇摩尼教手稿〉的短文，認定分藏倫敦和巴黎的這兩個卷子原是一件文書中的前後兩截，為國內外學者所矚目。

　　《摩尼教下部贊》計有七言詩 1,254 句，並有少量四言和五言詩，以及三段音譯文字。文卷在 1907 年被斯坦因取走，藏於倫敦大英博物館。1916 年由日本學者矢吹慶輝鑑定為摩尼教經，1926 年和 1943 年相繼被譯成德文和英文。《摩尼教下部贊》的結語中有譯者道明的後記，聲稱「梵

---

[130] 哈侖，海寧：《摩尼光佛宣示的教義與教規》（G. Haloun, W. B. Henning, *The Compendium of the Doctrines and Styles of the Teaching of Mani, the Buddha of Light*），泰東（Asia Major）1952 年版，第 204 － 209 頁；林悟殊：《摩尼教及其東漸》，中華書局 1987 年版，第 191 － 205 頁。

本三千之條，所譯二十餘道；又緣經、贊、唄、願，皆依四處制焉。但道明所翻譯者，一依梵本」。譯者在譯出全文外，留有三段音譯文字，第一段列於經文之首，為中古波斯文；第二段見「次偈宜從依梵」，為帕提亞文；第三段為初聲贊文，也是帕提亞文。三段文字是 8 － 9 世紀時漢譯摩尼教經典中保留的古波斯文字 [131]。

　　《摩尼教下部贊》有「嘆明界文」，凡 78 頌，分 4 句，未冒慕闍撰 [132]。德國學者海寧認為嘆明界文是 3 世紀帕提亞文讚美詩《胡威達曼》第一節的漢譯 [133]，不妨以為中世紀經過改編的漢譯摩尼教原本經文的代表作。《摩尼教下部贊》將摩尼譯作忙你具智法王。《儀略》第一章開首便稱：「佛夷瑟德烏盧詵者（本國梵音也），譯云光明使者，又號具智法王，亦謂摩尼光佛，即我光明大慧無上醫王應化法身之異號也。」佛夷瑟德烏盧詵，是東方摩尼教徒對教主摩尼所用中古波斯語尊稱 freštagrôšan 的音譯，意思是「光明使者」。

　　敦煌摩尼教經中保存的中古波斯語、帕提亞語的字音及譯文，是中國現存最古老的波斯語文書資料，它為世界文明的寶庫增添了藏品，也為中國和伊朗的文化交流留下了彌足珍貴的一頁。

---

[131]　音譯文字的研究見布萊德：《摩尼教典的文譯》（Peter Bryder, *The Chinese Transformation of Manichaeism*），瑞典 1985 年版。

[132]　據林悟殊就德國施塞微（Helwing Schmidt Glintzer）提供的原件複印本校正。

[133]　海寧：〈評《下部贊》譯文〉（W. B. Henning, *Tsui Chi's Translation of the Mo Ni Chiao Hsia Pu Tsan*），倫敦大學《亞非學院院刊》（*BSOAS*）1943 年第 11 卷，第 217 頁。

第二章
中國和阿拉伯、敘利亞文化交流

■第一節
中國歷史上的香料王國

　　阿拉伯是個盛產香料的國家，西海岸又以出產純度極高、幾乎毋須冶煉的黃金著稱。希羅多德曾經盛讚「整個阿拉伯都散發著極其美妙的芳香」。從阿拉伯半島南部出發，沿紅海北上亞喀巴灣的香料之路早在大流士帝國建立以前就已是阿拉伯世界與外界溝通的命脈。自前 4 世紀末起，直到羅馬帝國侵占敘利亞為止，北方阿拉伯人的納巴泰王國（西元前 4 世紀－ 106 年）的首都佩特拉一直是往來於南阿拉伯的沙比和地中海之間的商隊的必經之處。阿拉伯國家也透過美索不達米亞和波斯灣與東方其他古國互通音信。

　　中國到漢武帝時代才知道西亞有個條支國。在羅馬興起以前統治西亞的是亞歷山大帝國分裂出來的塞琉西王朝（西元前 312 －前 64 年）。不久，塞琉西帝國一分為三，巴克特里亞和帕提亞相繼獨立，亞洲西部歸安條克，建都地中海濱奧朗特河畔的安條克城，美索不達米亞、敘利亞、黎凡特和阿拉伯北部都歸入它的版圖，中國便把統治此地的安條克（Antioch）王朝譯作條支、條枝，省去開唇音的第一音節。張騫在西元前 126 年從巴克特里亞歸國後，向漢武帝劉徹報告，帕提亞（安息）是西域最大的國家，條支在它以西。前 30 年羅馬併吞敘利亞，替代安條克統轄地中海東部領土。張騫已知條支有大鳥，卵如甕，又善眩，「安息長老傳聞條枝有弱水、西王母，而未嘗見」。有弱水之稱的死海和阿拉伯游牧部落尚未與中國人取得連繫。

　　後漢時代，中國關於條支的地理觀念比前漢大為擴大，獲知敘利亞和美索不達米亞政治形勢的變動資訊。當地的納巴泰王國曾長期處在羅馬的

保護之下。106 年，羅馬皇帝圖拉真征服納馬泰國，直接統治了阿拉伯北部地方。條支在中國人看來只是波斯灣和阿拉伯海濱的一個國家。94 年，班超征服焉耆，蔥嶺交通暢通，「其條支、安息諸國至於海瀕四萬里外，皆重譯貢獻」（《後漢書·西域傳》）。班超派甘英在 97 年取伊朗北道前往大秦（埃及），親歷了直通波斯灣西岸阿拉伯半島於羅國（Gerrha，朱爾哈，今烏凱爾）的陸程：「自安息西行三千四百里至阿蠻國（Ecbatana，今哈馬丹），從阿蠻西行三千六百里至斯賓國（Spasinu）。從斯賓南行渡河，又西南至於羅國九百六十里。安息西界極矣。自此南乘海，乃通大秦。」甘英所到的斯賓國譯自波斯灣頭的阿拉伯城市史帕西納－喀拉塞（Spasinu-Charax），為《後漢書·西域傳》中的條支國城 [134]：

條支國城在山上，周回四十餘里，臨西海，海水曲環其南及東北，三面路絕，唯西北隅通陸道。土地暑溼。出師子、犀牛、封牛、孔雀、大雀。大雀其卵如甕。轉北而東，復馬行六十餘日至安息。後役屬條支，為置大將，監領諸小城焉。

條支國城建築在面臨大海的山上，故址在現在波斯灣頭沙洲以北的內地。塞琉西王朝的安條克四世（西元前 175－前 164 年在位）曾將古老的喀拉塞集鎮加以改建，取名安條克。前 140 年左右，阿拉伯酋長史帕西納占領此地獨立，當地人便習稱史帕西納一喀拉塞，以後役屬安息約有兩個世紀。

前漢時代，漢使到條支，無論是去地中海濱的安條克，還是到波斯灣頭，都通過伊朗北道，經過安息都城番兜城。那時漢使通行伊朗南道的僅到烏弋山離的國都亞歷山大－普洛夫達西亞（錫斯坦）。後漢時代，波斯

[134]　白鳥庫吉：〈條支國考〉，王古魯譯，《塞外史地論文譯叢》第 1 輯，商務印書館 1939 年版，第 75－102 頁；沈福偉：《中國與非洲》，中華書局 1990 年版，第 23－25 頁。

灣和紅海之間的海上通商大為興旺，伊朗南道也因此被亞洲中部的商人所重視。中國使團於是也有取伊朗南道到波斯灣頭條支的，並且知道由此北行，再轉向東北，馬行六十多日，同樣也可到達安息國都。這條伊朗南道就是出蔥嶺，經巴克特里亞，穿越錫斯坦，再經伊朗南部卡爾瑪尼亞、波西斯、蘇西安那，到波斯灣頭兩河交會處的條支。

阿拉伯半島南部素有香岸（Shihr Lūbān）之稱，最早運到中國的香料、香脂都有一個能展現它奇特的性能和國名的專名。東漢郭憲《別國洞冥記》列舉漢武帝元封年間（西元前 110 － 前 105 年）焚燒天下異香，有沉光香（乳香）、塗魂香（返魂香，蘇合香）。沉光香據說出自塗魂國，燒之有光。塗魂國的對音是南阿拉伯著名的香料運輸港佐法爾（Zafār，Dhufar），它是海達拉毛的乳香貿易中心[135]。塗魂香則因蘇合香被傳為起死回生的靈藥而得名，後來又知道它的產地在席赫爾（al-Shihr），古譯蘇合。3 世紀的《廣志》已知蘇合香「出大秦國，或云蘇合國」[136]。

和塗魂國同樣古老的名稱還有香國。香國（Lubān）之名早在前漢就已使用，譯作勒畢國[137]。《別國洞冥記》卷二以傳說為據，記述前 110 年勒畢國貢物：

元封元年，勒畢國貢細鳥。以方尺之玉籠盛數百頭，形如大蠅，狀似鸚鵡，聲聞數里之間，如黃鵠之音也。國人常以此鳥候時，亦名曰候日蟲。帝置之於宮內，旬日而飛盡。帝惜，求之不復得。明年，見細鳥集帷幕，或入衣袖，因名蟬。

---

[135]　沈福偉：《中國與非洲》，中華書局 1990 年版，第 108 頁，第 122 頁。

[136]　沈福偉：《中國與非洲》，中華書局 1990 年版，第 106 － 107 頁，第 122 頁。

[137]　勒畢國不能顛倒成畢勒國，將它視為秘魯（此說見〈秘魯－勒畢－彌羅〉，《人民日報》1982 年 10 月 17 日第 7 版；又見沙丁等編：《中國和拉丁美洲關係簡史》，河南人民出版社 1986 年版，第 14 頁）。

　　號稱乳香之國的勒畢國所獻細鳥是一種形體細小的蜂鳥，1980 年代在新疆的塔里木盆地也出現過成群的蜂鳥。

　　香國（勒畢國）、塗魂國（佐法爾）都是甘英出使前早已與中國有來往的阿拉伯香岸的國家。甘英出使到達於羅國後，由於他所到的地方「皆前世所不至，《山經》所未詳，莫不備其風土，傳其珍怪焉，於是遠國蒙奇、兜勒皆來歸服，遣使貢獻」（《後漢書·西域傳》）。在波斯灣通往紅海航路的沿線國家中，蒙奇、兜勒兩國在和帝永元十二年（西元 100 年）冬十一月連袂遣使來華。蒙奇即紅海南部的商業中心莫札（Muza，Mocha，今木哈），兜勒是它對岸衣索比亞的要港阿杜利（Adulis）[138]。和帝透過兩國使者「賜其王金印紫綬」。由於中國和莫札、阿杜利的建交，條支國於西元 120 年派出貢異瑞的使節，形高七尺又解人語的鷁鵒（鴕鳥）被運到了洛陽。東漢時代，從波斯灣頭的條支到南阿拉伯的香國都和洛陽建立了連繫，對羅馬帝國透過阿拉伯南部開展與中國的貿易有著十分重要的作用。

　　西元 494 年以後，由平城（大同）遷都洛陽的北魏與南亞、西亞各國展開頻繁的外交活動，早先已和印度、波斯建立牢固商務關係的希米雅爾和艾茲提也分別派出代表和中國聯絡。宣武帝正始四年（西元 507 年）十月，希米雅爾和艾茲提的使團隨同嚈噠、波斯、巴里格柴（印度坎貝灣）和渴槃陀（塔什庫爾干）的政治代表抵達洛陽。《魏書》卷八將希米雅爾譯作渴文提（Himyarite），將阿曼的艾茲提譯作忸杖提（al-Azdite）[139]。他們在紅海和阿拉伯海的商業競爭中有著舉足輕重的作用。

---

[138]　沈福偉：《中國與非洲》，中華書局 1990 年版，第 70 頁。張星烺最早將蒙奇考作馬其頓，兜勒訂為吐火羅（張星烺：《中西交通史料彙編》第 1 冊，中華書局 1977 年校訂本，第 24 頁）。林海村以為是馬其頓和推羅（提爾），見林海村：〈公元 100 年羅馬商團的中國之行〉，《中國社會科學》1991 年第 4 期，第 71 — 84 頁。

[139]　沈福偉：〈中國和阿曼歷史上的友好往來〉，《世界歷史》1982 年第 1 期。

　　希米雅爾王國在 3 世紀併吞了沙比人的國土，控制了香料之路，一躍而成南阿拉伯的強國。4 世紀初，阿克森姆勢力伸向希米雅爾，波斯則透過在波斯灣立國的拉赫姆人對希米雅爾王族進行威脅利誘，以和阿克森姆展開角逐。擔任希米雅爾王國和拉赫姆王朝中間人的是艾茲提部落。2 世紀時，早先定居在葉門的艾茲提阿拉伯人開始成群北遷，進入由波斯總督控制的阿曼。不久，不斷遷來的艾茲提人成了阿曼境內人數最多的居民。3 世紀末在兩河入海處希拉（Hira）建國的拉赫姆王朝就是艾茲提部落首領馬立克的外孫阿慕爾（'Amr I）所創建的。378 年阿克森姆退出葉門以後，重新恢復統治的希米雅爾王國仰仗拉赫姆王朝在南阿拉伯繼續和以拜占庭為後盾的阿克森姆展開商戰。正當拉赫姆王朝孟迪爾三世（al-Mundhir III）（西元 505 － 554 年在位）極盛時期，阿曼和希米雅爾同時向北魏派出了使團。這是繼條支和勒畢國以後，統治波斯灣和阿拉伯海的阿拉伯國家和中國正式進行的又一次國事訪問。

　　從前漢時代勒畢國、塗魂國開始的南阿拉伯國家和中國的商業連繫，後漢時轉成蒙奇國、蘇合國這些希米雅爾和阿曼的古老城邦；唐宋時代，希米雅爾船隻航行廣州的記載時有所見，證實希米雅爾王國在長時期中維繫著和中國的連繫。

　　伊斯蘭教的創立者穆罕默德和他的繼任者建立的哈里發帝國，領土遍及敘利亞、伊拉克、伊朗，連同埃及、北非，成了一個大一統的阿拉伯世界。穆罕默德曾告誡他的弟子：「學問雖遠在中國，亦當往求。」[140] 中國的財富與智慧都為阿拉伯人所欽羨。在西元 651 年波斯末王伊嗣俟三世戰敗被殺後，阿拉伯外交使團立即奔赴唐朝都城長安。651 年，正統派第

---

[140]　蘇拉瓦底：《穆罕默德聖訓》[Abdullah al-Mamun al-Suhrawardy, *The Sayings of Muhammad (Hadīth)*]，倫敦 1941 年版，第 273 條。

三位哈里發奧斯曼（西元 644 － 656 年在位）的使節被唐高宗正式接見，從此中國和阿拉伯帝國展開了漫長的外交往來的歷史。當時中國有關西方的知識大都得自伊朗，阿拉伯譯名大食也是如此。阿拉伯大部落泰伊（Tayyi'）從遷入薩珊波斯統轄的幼發拉底河以東地區後就被稱作 Tāzī，中古波斯語寫作 Tačik，粟特人也將阿拉伯人稱作 Tazik，後來成了穆斯林的通稱[141]，中國於是也以大食的譯名相稱，異寫有大石、大寔、多氏等。

唐代和阿拉伯的關係，在文化經濟連繫上具有秉承以往中國和伊朗、敘利亞、埃及關係的傳統特色。尤其在 8 世紀中葉唐朝退出中亞之後，唐和阿拔斯王朝的政治關係由於彼此和平共處而顯得十分融洽，在經貿上更因雙方加強了海上連繫，從而展開了以中國外銷陶瓷和阿拉伯香藥成批東運為代表的嶄新時代。海上陶瓷之路的拓展象徵著中國與阿拉伯自唐、五代歷宋、元、明、清而不衰的文化連繫。

從西元 647 年大食使節初次來華，到 798 年最後一批使團歸國，在這 150 多年中，使團出入長安多達 42 次[142]。按年代次序列出於後：

1．貞觀二十一年（西元 647 年），十九國入貢，有乙利鼻國[143]，是 Arabia 初次通使。（《舊唐書·太宗紀》）

2．永徽二年（西元 651 年）八月，大食國始遣使朝貢。（《冊府元龜》卷九七 ）

---

[141] 弗萊：《波斯黃金時代》（R. N. Frye, *The Golden Age of Persia: The Arabs in the East*），倫敦 1975 年版，第 96 頁；桑德曼，西羅：〈西安出土中古波斯語漢語碑銘〉（W. Sundermann & T. Thilo, *Zur Mittelpersisch-Chinesischen Grabinschrift aus Xi'an*），《東方研究所通訊》（*Mitteilungen des Instituts für Orientforschung*），1996 年第 13 卷，第 440 頁。

[142] 據《冊府元龜》卷九六五、卷九七〇、卷九七一、卷九七二、卷九七五、卷九七六，《舊唐書·大食傳》卷一九八，《新唐書·西域傳》卷二二一下，《資治通鑑》卷二〇五排列。白壽彝〈從怛邏斯戰役說到伊斯蘭教之最早的華文記錄〉（《禹貢》1936 年第 5 卷第 11 期）及《中國伊斯蘭史存稿》（寧夏人民出版社 1983 年版，第 93 ～ 97 頁）列出的大食使節為 36 次。

[143] 乙利鼻，蘇繼廎以為是「已利鼻」之訛，考作印尼的室利佛逝。參見蘇繼廎：《島夷志略校釋》，中華書局 1981 年版，第 144 頁。

3・永徽六年（西元 655 年）六月，大石國鹽莫念（Amīr-al-Mu'mmīn，信士們的長官，別譯噉密莫末膩、黑密牟尼，或簡稱暮門、茂門）並遣使朝貢。（同上）

4・龍朔元年（西元 661 年），多福王（Zafār，Dhufar）難婆修強宜說遣使者來朝。（《新唐書・西域傳下》）

5・永隆二年（西元 681 年）五月，大食國、吐火羅國各遣使獻馬及方物。（《冊府元龜》卷九七）

6・永淳元年（西元 682 年）五月，大食國遣使獻方物。（同上）

7・武后萬歲通天元年（西元 696 年）三月，大食請獻師子。姚璹上疏勸阻，乃卻之。（《資治通鑑》卷二五）

8・長安三年（西元 703 年）三月，大食國遣使獻良馬。（《冊府元龜》卷九七　）

9・景雲二年（西元 711 年）十二月，大食遣使獻方物。（同上）

10・開元初（西元 713 年），大食遣使進馬及寶鈿帶等方物。（《舊唐書・大食傳》）[144]

11・開元四年（西元 716 年）七月，大食國黑密牟尼蘇利漫（Amīr-al-Mu'mmīn Sulaymān，西元 715 — 717 年在位）遣使上表，獻金線袍、寶裝玉灑池瓶，各一。授其使員外中郎將，放還蕃。（《冊府元龜》卷九七四，卷九七一）

12・開元七年（西元 719 年）六月，大食國、吐火羅國、康國、南天竺國遣使朝貢。（《冊府元龜》卷九七一）

13・開元十二年（西元 724 年）三月，大食遣使獻馬及龍腦香。（同上）

---

[144] 據《太平廣記》卷八二，此次使節來自突尼斯的凱魯萬。

14·開元十三年（西元725年）正月丙午，大食遣其將蘇黎等十二人來獻方物。並授果毅，賜緋袍銀帶，放還蕃。（《冊府元龜》卷九七五）

15·開元十三年（西元725年）三月，大食遣使蘇黎滿（Sulaymān）等十三人獻馬及毛錦。（《冊府元龜》卷九七一）[145]

16·開元十六年（西元728年）三月辛亥，大食首領提皐多等八人來朝。並授郎將，放還蕃。（《冊府元龜》卷九七五）

17·開元十七年（西元729年）九月，大食國遣使來朝，且獻方物。賜帛百匹，放還蕃。（同上）

18·開元二十一年（西元733年）十二月癸丑，大食王遣首領摩思覽達乾等七人來朝。並授果毅，各賜絹二十匹，放還蕃。（同上）

19·開元二十九年（西元741年）十二月丙申，大食首領和薩（Hassan）來朝。授左金吾衛將軍，賜紫袍金鈿帶，放還蕃。（同上）

20·天寶三載（西元744年）七月，大食國遣使獻馬及寶。（《冊府元龜》卷九七一）

21·天寶四載（西元745年）五月，大食舍麼國（Hamâh）遣使來朝貢。（《冊府元龜》卷九七一）

22·天寶六載（西元747年）五月，大食國王遣使獻豹六。（《冊府元龜》卷九七一）

23·天寶六載（西元747年），都盤等六國皆遣使入朝。（《新唐書·西域傳下》）封都盤王為順德王，渤達王為守義王，阿沒王為恭信王，沙蘭王為順禮王，羅利支王為義寧王，涅蒲王為奉順王。（《冊府元龜》卷

[145]《新唐書》記作開元十四年。

九六五）[146]

24・天寶十一載（西元 752 年）十二月己卯，黑衣大食謝多訶密（Said al-amir）遣使來朝。授左金吾衛員外大將軍，放還蕃。（《冊府元龜》卷九七五）

25・天寶十二載（西元 753 年）三月，黑衣大食遣使獻方物。（《冊府元龜》卷九七一）

26・天寶十二載（西元 753 年）四月，黑衣大食遣使來朝。（《冊府元龜》卷九七一）

27・天寶十二載（西元 753 年）七月辛亥，黑衣大食遣大酋望（Wahb）二十五人來朝。並授中郎將，賜紫袍、金帶、魚袋，放還蕃。（《冊府元龜》卷九七五）

28・天寶十二載（西元 753 年）十二月，黑衣遣使獻馬三十匹。（《冊府元龜》卷九七一）

29・天寶十三載（西元 754 年）四月，黑衣大食遣使來朝。（《冊府元龜》卷九七一）

30・天寶十四載（西元 755 年）七月，黑衣遣使貢獻。（《冊府元龜》卷九七一）

31・天寶十五載（西元 756 年）七月，黑衣大食遣大酋望（Wahb）二十五人來朝（《冊府元龜》卷九七一）

32・至德初（西元 757 年），大食國遣使朝貢。（《冊府元龜》卷九七一）

33・乾元元年（西元 758 年）五月壬申朔，回紇使多乙亥阿波八十

---

[146] 都盤（Ādharbayjān，主城阿德比爾、大不里士）、勃達、阿沒、沙蘭、涅蒲（納沙布林）都在伊朗境內；羅利支，依《新唐書・地理志》卷四三下賈耽道程，是羅剎支（al-Jazīrah，上美索不達米亞），都城摩蘇爾，位於今伊拉克境內。

人，黑衣大食酋長鬧文（Nawfal）等六人，並朝見。至閤門，爭長。通事舍人乃分左右，從東西門併入。文涉施（Waqqās）黑衣大食遣使來朝見。（《冊府元龜》卷九七一）

34．乾元元年（西元 758 年）十二月，黑衣跋陁國（Baghdād，巴格達）使伏謝多（Abu Said）還蕃，宴賜有差。（《冊府元龜》卷九七六）

35．上元元年（西元 760 年）十二月，宴白衣婆謁使等十八人於延英殿會。（《冊府元龜》卷九七一）

36．寶應元年（西元 762 年）五月戊申，黑衣大食遣使朝貢。（《冊府元龜》卷九七二）

37．寶應元年（西元 762 年）十二月，黑衣大食遣使朝貢。（《冊府元龜》卷九七二）

38．大曆四年（西元 769 年）正月，黑衣大食遣使朝貢。（《冊府元龜》卷九七二）

39．大曆七年（西元 772 年）十二月，大食遣使朝貢。（《冊府元龜》卷九七二）

40．大曆九年（西元 774 年）七月，黑衣大食遣使來朝。（《冊府元龜》卷九七二）

41．貞元七年（西元 791 年）正月，黑衣大食遣使來朝。（《冊府元龜》卷九七二）

42．貞元十四年（西元 798 年）九月丁卯，以黑衣大食使含嵯（Hassan）、烏雞（al-Wāqidi）、莎比（al-Sābi）三人並為中郎將，放還蕃。（《冊府元龜》卷九七六）

最初兩次使團都由哈里發奧斯曼派出，從麥加萬里迢迢奔赴長安，開創了中阿建交的歷史。接著在 661 年，多福王（佐法爾王）難婆修強宜說

派使者來華，是香料貿易中心在漢代古譯堥魂國之後第一次以它的本名出現在中國檔冊上。

奧瑪亞王朝的建立者穆阿維葉（Mu'awiya I）（西元 661 — 680 年在位）統治時期，長期與拜占庭為敵。在他死後，他的繼任者葉齊德一世（Yazid I）（西元 680 — 683 年在位）派出的使者才初抵長安，使者來自奧瑪亞王朝的首都大馬士革。中國史書稱奧瑪亞王朝為白衣大食。752 年，新興的阿拔斯王朝向唐朝派出使者，之後雙方又頻頻交聘。阿拔斯王朝崇奉黑旗，以黑為貴，唐朝才以黑衣大食相稱。758 年的跋陁國使是由阿拔斯朝第二位哈里發、有「常勝者」稱號的曼蘇爾（al-Mansūr，西元 754 — 775 年在位）所遣的。這位給新王朝開創大業的哈里發，不但為新王朝奠定了基礎，親自制定了和中國友善相處、積極發展海上連繫的政策，而且還是阿拔斯新都巴格達的奠基者。曼蘇爾執政後，選定巴格達村營建他的新都。經過四年建設，到 762 年正式遷都，定名和平城（Dār al-Salām）。曼蘇爾在當年踏勘城址時就曾宣稱：「這裡有底格里斯河，可以把我們和遙遠的中國連繫起來。」他的使者當年就到了中國，向唐肅宗報告這一消息。762 年，黑衣大食的使者便來自新都巴格達了。這一年有兩次使節赴中國，十二月的那次應該是向中國報導新都竣工、曼蘇爾遷都的盛典。在哈倫·拉希德（西元 786 — 809 年在位）時代，這位曾接待過歐洲查理曼大帝使者的哈里發，也向唐德宗（西元 779 — 805 年在位）派遣過兩次使節，798 年的那一次算是最後一次。此後因吐蕃占領河西走廊，中國和阿拉伯使者所走的陸路不通，雙方使節活動才告中斷。

9 世紀之後，海上貿易成為中國和阿拉伯之間主要的貿易途徑，它的重要性隨著印度洋貿易網的調整而與日俱增。代表性的歷史事件就是經久不衰的中國外銷瓷世紀的到來。海上貿易以華瓷的世界性輸出在阿拉伯世

界贏得了信譽。波斯灣中的古港巴斯拉、西拉夫和卡伊斯島先後見證了中國帆船和這一地區進行過的海上貿易。巴斯拉港在 638 年建成後，有大批阿拉伯軍隊駐守，成為各方交易的中心。但中國帆船由於體積龐大，波斯灣中多有淺灘，而且風浪時起，所以多半只到西拉夫港停靠，補充淡水。「絕大多數中國船在西拉夫裝卸貨物，從那裡裝上巴斯拉、阿曼和其他各地運去的貨物。」[147] 然後這些船便開往阿曼的馬斯喀特。西拉夫有許多華麗的房屋，人口眾多，977 年以後由於地震等多種原因逐漸衰落。11 世紀起，西拉夫的地位由卡伊斯島取而代之。宋朝建立以後，中國和阿拉伯之間的商業關係又進一步以海上朝貢貿易的方式著力進行，廣州成為阿拉伯、波斯商人常來常往的口岸。開寶元年（西元 968 年）二月二十二日，大食國首次遣使北上汴梁（今開封）。《山堂考索》稱：「是年大食國遣使貢方物，自是貢奉商船往來不已。」（《宋會要・蕃夷七》）自開寶元年至乾道四年（西元 1168 年），來自波斯灣和阿拉伯的大食使節約有 40 次之多 [148]。976 至 995 年間來自希米雅爾的蒲希密（Abu Himyarite）父子（子名蒲押陀黎）、1071 年和 1081 − 1083 年間來華的層檀（麥加外港吉達）使節，1088 − 1089 年連續來華的麻羅拔國（Zafār，佐法爾港）使者，都是宋代中阿海上使節往還的著名事例。

　　層檀並不是「層拔」，層檀的對音也不會是「蘇丹國」的「蘇丹」（Sultān）或者稱黑人異教國的 Ard Kafarat as-Sūdān。當時的官方檔冊中說

---

[147]　雷諾多：《九世紀兩名回教旅行家的印度、中國見聞錄》（E. Renaudot, *Ancient Accounts of India and China by Two Mohammedan Travelleres Who Went to Those Parts in the 9th Century*），倫敦 1733 年版，第 8 頁。

[148]　白壽彝〈宋時大食商人在中國的活動〉（《禹貢》第 7 卷第 4 期；《中國伊斯蘭史存稿》，寧夏人民出版社 1983 年版，第 122 − 129 頁），統計開寶元年至乾道四年共 49 次。但其中有屬非洲各伊斯蘭國家的，參見沈福偉：《中國與西亞非洲文化交流志》，上海人民出版社 1998 年版，第 345 頁以下。

這個國家「國主名亞美羅亞眉蘭，傳國五百年，十世矣」。500 年歷史是從開創伊斯蘭教的先知穆罕默德誕生之日算起的，指明這是個伊斯蘭教的大國。

層檀國與宋通使，在官方文書中有紀錄。李燾（西元 1115 ─ 1184年）修《續資治通鑑長編》卷三三二記載：

> 己丑，層檀貢方物。層檀，南海旁國也，國城距海二十里。海道須便風百六十許日，晝夜行，經勿巡、古林、三佛齊國，乃至廣州。國主名亞美羅亞眉蘭，傳國五百年，十世矣。春冬暖。貴人以好越布纏頭，服土產花錦、白疊布，不服綾羅絹帛。出入乘象、馬。官有奉。其法，輕罪杖，垂罪死。有稻、麥、粟、胡羊、山羊、沙牛、水牛、駝、馬、魚、犀、象、薰陸、木香、血竭、沒藥、鵬砂、阿魏、蘇合油、真珠、玻璃、葡萄、千年棗、密沙華三酒。交易用官鑄錢，三分其齊，金銅相半，而銀加一分。禁私鑄。人語如大食國語。

這段文書也曾被 1126 年出生的周輝錄入《清波別志》中，但改了幾個字，稱「國城距海二千里」，「貴人……服土產花綿、白疊布」，「官有月俸」，物產中有「蘇合香」，不稱「蘇合油」，「人之語音如大食國云」。文末，還加上周輝自撰的「國朝承平日，外國朝貢，間數年必有之。史策但書某國貢方物而已，如封域、風俗皆略焉，特於層檀所書如此」。

宋代文獻介紹層檀國是個「傳國五百年十世」的國家，國主名亞美羅亞眉蘭（Amīr a Lumarā'），物產十分豐饒，從層檀到中國的海路要經過勿巡（蘇哈爾）、古林（南印度奎隆）、三佛齊（蘇門答臘島占卑港），順風晝夜要走 160 多天。層檀國主稱亞美羅亞眉蘭（司令官，大元帥），是阿拔斯哈里發穆克塔迪爾（al-Muqtadir）（西元 908 ─ 932 年在位）冊

封給他的禁衛軍統領穆尼斯‧穆贊法爾（al-Muẓaffar）的一個新爵位「大元帥」。從此，突厥族的禁衛軍肆無忌憚地掌控了任命和廢黜哈里發的大權。945 年，自稱是薩珊波斯後裔的波斯什葉派信徒阿哈曼德‧伊本‧布韋希（Ahmad Buya）被哈里發任命為大元帥，還將穆伊茲‧道萊（Mu'izz al-Dawla）（國家的支柱）的頭銜封賞給了他。布韋希竟在金曜日的祈禱中將他的名字與哈里發穆斯塔克菲（al-Mustakfi）（西元 944 － 946 年在位）的名字相提並論，並將他的名字鑄在錢幣上。從此以後，直到 1055 年，大元帥的軍職一直由布韋希及其親信掌控，哈里發的大臣直接由大元帥任命，哈里發因此成了布韋希王朝的傀儡，巴格達政權開始陷入四分五裂的境地，在西亞和地中海先後出現了加茲尼、巴格達、麥加、開羅和科爾多瓦等多個穆斯林王朝。1055 年，信奉遜尼派的塞爾柱突厥人突格里勒（Tughril）率領他的突厥軍隊攻進巴格達，結束了已有 110 年之久的布韋希王朝的統治。突格里勒被哈里發卡伊姆（Al-Qa'im）（西元 1031 － 1075 年在位）封為攝政王，授命為「東方和西方的國王」，官銜是「蘇丹」（意思是「君主」）。突格里勒把他的名字鑄入錢幣。1060 年，突格里勒最後擊敗了布韋希勢力的叛亂，重新扶持卡伊姆復位。

　　塞爾柱王朝最初兩位蘇丹仍以伊斯法罕為他們的都城。1071 年，塞爾柱突厥人打敗了拜占庭，開始進駐小亞細亞，1077 年在那裡建立了他們的羅姆國（al-Rum）。塞爾柱王朝的第三任蘇丹馬里克沙（Malik-Shah I）（西元 1072 － 1092 年在位）將突厥人控制的國土擴大到地中海和紅海沿岸各地。直到 1091 年冬，這個突厥王朝的政府才正式遷到巴格達。說「層檀」的對音就是「蘇丹」，有些牽強，不如說是距離伊斯蘭世界的聖地麥加二十里（應該是 20 法爾申，約合 110 公里）的海港城市吉達（明

代譯秩達，Djidda）更加合乎情理[149]。元豐年間（西元 1078 － 1085 年）主管接待外國使節的主客郎中龐元英接待過層檀國使節，指明這裡東至海（Bahr Berberā，巴巴拉灣），西至胡盧沒國（Wadi al-Hammāmāt，蘇丹國的瓦迪·哈麻麻特），南至霞勿擅國（Bilād al-Habashah，哈巴沙國，今衣索比亞），北至利吉蠻國（Al Yamāmah，阿拉伯半島中部葉門麥，今納季德），位置十分清楚。龐元英還指出他接待過的第 14 個國家勿巡（蘇哈爾）的使者，「舟船順風泛海，二十晝夜至層檀」。這二十晝夜的航程是蘇哈爾前往吉達的最佳航行紀錄。若是從蘇哈爾到波斯灣頭的港口，則一定不用那麼多日程的，因此層檀只能是麥加，離穆罕默德建國正好有 500 年之久。所以宋代和穆斯林世界的聖地之間確已建立了正式的外交關係。

　　建國漠北的契丹，後來改稱遼（西元 916 － 1125 年），和大食國（巴格達）建立了三年一次的商隊貿易關係。1021 年（太平元年），大食國王的請婚特使再次到來，遼聖宗耶律隆緒（西元 982 － 1031 年在位）封王子班郎君胡思里女耶律可老為公主下嫁巴格達，與阿拔斯哈里發卡迪爾（al-Qadir）（西元 991 － 1031 年在位）建立了和親關係。於是雙方人員往來更密。西遼時代，大批華人跟著突厥人西遷，於是伊拉克出現了許多華人的後裔。當 1259 年常德奉蒙哥汗之命自和林西行謁見旭烈兀時，竟驚奇地發現巴格達哈里發宮廷中有許多後妃是北中國的漢人，「其後妃皆漢人」（劉郁《常德西使記》）。受到波斯、阿拉伯文化薰陶的中國人在美索不達米亞散播著中國文化，同時也逐漸阿拉伯化了。

　　元朝和中東局勢的變遷息息相關。來自黎凡特城市推羅（提爾）的發郎使者，是占領當地的法蘭克人基督教騎士團派遣的。1259 年使團出發

---

[149] 參見胡拉尼：《阿拉伯海運史》（G. F. Hourani, *Arab Seafaring*），普林斯頓 1951 年版，第 85 頁，圖版 4。

時，大約正當大馬士革從馬木路克人手中落入蒙古大軍鐵蹄之下，蒙古大軍正勢如破竹地向巴勒斯坦挺進之際。使者在中統二年（西元 1261 年）五月七日到達上都開平，有人記述：「是日，發郎國遣人貢獻卉服諸物。其使自本土達上都已逾三年。說其國在回紇極西徼，常晝不夜。」（王惲：《中堂事記》）使者來自常晝不夜的地方，但不見得遠到北極圈附近。王惲介紹其地「婦人頗妍美，男子例碧眼黃髮」。有歐羅巴種族特徵的西方國家，又和「常晝不夜」的語源有直接連繫的是黎凡特。拉丁語以地中海東部濱海之地為 Levare，意即「日出之地」，於是國名便有與日同義的意義了[150]。此地在《魏略》中稱作驢分，也是同一個意思。但也有可能，發郎國是指派遣騎士團往聖地的母國神聖羅馬帝國，所以王惲記述使者來到開平要渡過兩個海，其中一個海要費時一個多月，另外一個海要經過一個月，這兩個海當然是地中海和黑海了，因此稱道他們來自常晝不夜的地方。

1281 年伊兒汗大軍在希姆斯被馬木路克擊敗，伊兒汗阿八哈隨即去世。元朝在 1282 年 10 月派阿耽出使法里郎國，到了義大利豐島北部的費拉拉；使者又順道去開羅，大有調停伊兒汗和馬木路克蘇丹蓋拉溫（Qalawun）（西元 1279 － 1290 年在位）的爭戰，重興紅海、地中海貿易之意。這時中國人從海上去往忻都（印度）、回回（阿拉伯）的日益增多，去後常年僑居不歸。華船操縱了印度西海岸（馬拉巴）至廣州、泉州的區間貿易。元朝為推行官本貿易，禁止私商經營海外貿易。1322 年，馬木路克在紅海東岸的屬城希賈茲也派使者來華，《元史》卷二八譯作押濟思國。這次阿拉伯使節促成了元朝在 1323 年重新開放海外貿易。1322 年，馬木路

---

[150]　沈福偉：《中國與非洲》，中華書局 1990 年版，第 344 頁。

克蘇丹納賽爾（Al-Nasir Muhammad）（西元 1309 － 1340 年在位）和伊兒汗不賽因（Abu Sa'id Bahadur Khan）（西元 1316 － 1335 年在位）締結了和平條約，直到 1335 年，雙方相安無事。

明朝建立以後，從 15 世紀開始，中國繼續和西亞開展海陸貿易，一直保持到萬曆年間。

西元 1405 年，鄭和第一次率寶船隊開赴印度古里（卡利卡特），分遣船隊便遠赴波斯灣的忽魯謨斯（霍爾木茲）、阿拉伯的阿丹（亞丁）、祖法兒（佐法爾）、天方（麥加）[151]。

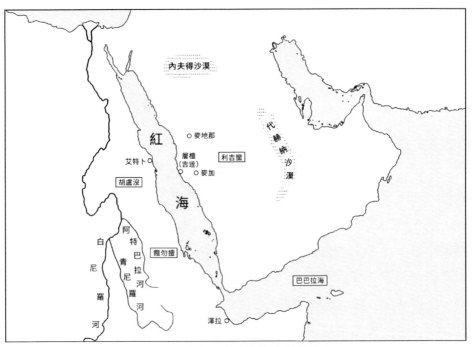

西元 11 世紀與宋通使的層檀國地圖

[151]《國榷》卷十三所記錄的二十一國中有此四國。參見談遷：《國榷》，中華書局 1988 年版，第 954 頁。

　　陸容《菽園雜記》、談遷《國榷》都說鄭和第三次下西洋（西元 1409
年 10 月－ 1411 年 7 月）船隊到了天方[152]，也訪問了亞丁、佐法爾、霍爾
木茲、剌撒[153]。

　　鄭和第四次下西洋（西元 1413 年 12 月－ 1415 年），船隊到了霍爾木
茲、剌撒、阿丹（亞丁），因此 1416 年 11 月十九國使團赴華，其中便有
霍爾木茲、阿丹。第五次下西洋（西元 1417 年 12 月－ 1419 年），船隊
又到佐法爾、亞丁。1419 年 9 月十七國使團來華，亞丁進獻麒麟（長頸
鹿），被認作祥和吉利之兆。1421 年初，霍爾木茲、亞丁、佐法爾等十六
國使者來華，鄭和奉命伴送歸國，是為第六次下西洋（西元 1421 － 1422
年）。1422 年 9 月返國時，「諸番國皆隨入貢」，其中應有亞丁、佐法爾、
霍爾木茲的使團。1423 年 10 月，上述阿拉伯三國使團協同霍爾木茲等
十六國使團再度來華，在總人數達 1,200 人的龐大使團中占有重要地位。
亞丁等阿拉伯國家已連續三年派使團參加中國經辦的印度洋官方貿易。

　　第七次下西洋（西元 1431 年 12 月－ 1433 年），鄭和所率寶船隊最後
一次前往古里，使船到了亞丁、佐法爾。1433 年閏八月，佐法爾國王阿里
（Ali）、亞丁國王抹立克‧那思兒（Malik Nāsir）、天方國以及古里國等所
派十國使團抵達北京。天方國進麒麟，宣德帝在奉天門接見使者，在宣德
年間形成外國來使的高潮。阿拉伯使臣直到 1436 年夏才搭爪哇船離境。

[152]　嚴從簡《殊域周諮錄》卷一一「天方」條：「本朝永樂七年，遣正使太監鄭和等往賞賜。」《國
　　　榷》卷十五只提「自柯枝而往，通國六七，數天方最遠，蓋去中國數萬餘里矣」。參見談遷：
　　　《國榷》，中華書局 1988 年版，第 1064 頁。
[153]　舊考 El-Hasā，Ras Sharwein，均誤。《新編鄭和航海圖集》（人民交通出版社 1988 年版，第 81
　　　頁）考作伊薩角，在紅海南端，葉門境內，15° 11' N，42° 39' E。據此說，剌撒和亞丁近在咫
　　　尺。以後每次下西洋又必到剌撒，有《明太宗實錄》、《明宣宗實錄》可據。〈鄭和航海圖〉將
　　　剌撒列在亞丁以南的大山南麓。《星槎勝覽》說，剌撒自古里國順風 20 晝夜可到，其國傍海而
　　　居；又說那裡有龍涎香、乳香、千里駱駝三大物產，中國船運去金、銀、緞絹、瓷器、米穀、
　　　胡椒與之交易。據此可以明確，剌撒（Ras Aser）是奴隸角，汪大淵譯作「遼西」，指現在地圖
　　　上的阿賽爾角，是中國帆船到達東非的第一碼頭，並不在阿拉伯半島。

西元 1490 年，麥加又參與了中亞和北京的商隊貿易，一直持續到萬曆年間，成為鄭和下西洋以後中國北方和伊斯蘭聖地麥加在經濟上合作的一種有效方式。

■第二節
中國的阿拉伯人社區

在唐代阿拉伯人因經商或傳播伊斯蘭教而進入中國，或由中亞細亞抵達新疆和河西走廊地區，或從海上來到華南沿海。安史之亂爆發後，兩京失陷，西元 757 年，唐朝調集安西、北庭和拔汗那、大食援軍在鳳翔整編，先後奪回長安、洛陽。這些大食軍隊大約從吐火羅東調，人數不過幾百，多屬騎兵，原籍葉門。10 世紀中葉，波斯人阿卜杜勒・米撒爾遊歷中國，去過新疆、河西。他到過一個名叫喀力伯（Kalib）的國家，國境長達一月之程，有葉門人居住，都是當年葉門王陀拔（Tobba）大軍出征中國時的遺民，使用希米雅爾文字。差不多同時，曼蘇地也說吐蕃占領下的圖伯特（河西走廊）人口中希米雅爾人占了半數，間或也有陀拔的後裔。9 世紀以後，西州至甘州之間的回鶻統治區確有大食軍隊的後裔僑居。8 世紀末，有一個名叫塔明・伊本・巴希爾・摩塔維克（Tamin ibn Bahr al-Muttawwic）的阿拉伯人記錄了他從中亞到回鶻（Toghzguz）首都的行程。他的名字摩塔維克原意是志願兵，意思是職業軍人，他應該屬於那批在中亞與新疆充當職業軍人的阿拉伯人。

黑衣大食的僱傭軍也曾服役於吐蕃軍隊，在雲南、四川邊境與唐軍作戰。貞元時吐蕃在瀘水邊築悉攝城，劍南西川節度使韋皋命令部將杜毗羅聯合南詔阻擊，於 801 年大獲全勝，「於時，康、黑衣大食等兵及吐蕃大

酋皆降，獲甲二萬首」（《新唐書・南蠻傳上》）。這些阿拉伯士兵也就成為定居中國的阿拉伯人的先祖。

唐代僑居在通商口岸廣州和揚州的阿拉伯人特別多。廣州在伊斯蘭教徒心目中是最早傳播該教的一個中心。中國教徒傳說，「隋開皇中，其國撒哈八（sah-ābah，聖門弟子）撒阿的・斡葛思（Sa'd Waqqās）始傳其教入中國」（《明史・西域傳四》「默德那」條）。開皇（西元 581 － 600 年）傳教是明代流行的說法，因不知回曆與西曆的不同而造成。這位聖門弟子撒阿的・斡葛思就是奧麥爾哈里發派去征服薩珊波斯的統帥賽伊德・伊本・艾比・斡葛思，傳說他曾奉先知穆罕默德之命出使中國，死後葬在廣州[154]。明代何喬遠《閩書・方域志》也說穆罕默德有門徒大賢四人，唐武德（西元 618 － 626 年）中來華傳教，一賢傳教廣州，二賢布道揚州，三賢、四賢開教泉州，泉州東南靈山有三賢、四賢聖墓。廣州則有一賢旺各師（即斡葛思）墓，《天方正學》卷七〈旺各師大人墓誌〉說他於貞觀六年（西元 632 年）到長安，受太宗准許開教江寧、廣州。這些傳說已成伊斯蘭傳教史上的積澱，留傳於後世。

唐代廣州的阿拉伯商人為數眾多。最早到中國經商且留有姓名的，是 8 世紀的阿曼人、伊巴迪派教長艾卜・烏拜達（Abū'ubayda'Abdallāh bin al-Qāsim）[155]。乾元元年（西元 758 年）九月，居然發生了大食、波斯人在廣州掠倉庫、焚廬舍，最後浮海而去的事。廣州的外商既多，起先還是蕃漢雜居，後來便出現了專門供外商居住的蕃坊（番坊）。在太和（西元 827 － 835 年）初中進士、832 年出任廣東高州刺史的房千里寫有〈投荒

---

[154]　藍煦：《天方正學》卷七。

[155]　萊維奇契：〈早期赴華的阿拉伯商人〉（T. Lewicki, *Les Premiers Commerçants Arabes en Chine*），波蘭《東方學報》（*Rocznik Orientalistyczzny*）1935 年第 9 卷，第 179 － 180 頁。

雜錄〉，記述他在嶺南的見聞，最早提到廣州蕃坊：「頃年在廣州番坊，獻食多用糖蜜、腦麝，有魚俎，雖甘香而腥臭自若也。」[156]851 年來到廣州的阿拉伯商人蘇萊曼‧坦吉爾在遊記中也說，廣府（廣州）是阿拉伯商人聚居的地方，有伊斯蘭教阿訇一人和清真寺。中國皇帝因伊斯蘭商賈多集中廣府，才任命伊斯蘭判官一人，按伊斯蘭風俗加以管理。「判官為人正直，聽訟公允，一切均按《可蘭經》聖訓及伊斯蘭教規行事，因此伊拉克商人來此地的，都善加稱頌。」外商乘季風搭船赴廣，到達時「郡邑為之喧闐，有蕃長為主領」（李肇《唐國史補》）。蕃坊設立的時間約在 820 年以前，既有蕃坊，則有蕃長，蕃長都由外商充任。836 年到廣州出任廣州刺史、御史大夫、嶺南節度使的盧鈞為了改變當地居民與蠻僚雜居、婚娶相通的局面，特立法規定：「華蠻異處，婚娶不通，蠻人不得立田宅。」可見阿拉伯人與華人通婚的當不在少數。

西元 879 年黃巢農民軍攻陷廣州時，阿拉伯人來華經商、定居的已為數眾多。

在廣州居住的番客也有進番學受特殊教育的。大食國人李彥昇於大中元年（西元 847 年）經曾任嶺南節度使的盧鈞推薦，在 848 年進士及第，是深受華化教育的一人。唐代進士須通五經，又要明時務，素以難考著稱，阿拉伯人李彥昇可稱得上是才學高深的人士了[157]。

宋代來華的阿拉伯商人有增無已。北宋時代，廣州番坊繁榮勝過唐代，番市興旺，舶來品充斥市場。熙寧（西元 1068 － 1077 年）時，廣州城外已有番漢萬家，「每年多有番客帶妻兒過廣州居住」（《宋會要‧刑法二》）。當時的番長都由宋廷委派，可以取得從九品保順郎將的官職，「巾

---

[156]　顧炎武：《天下郡國利病書》卷一〇四。
[157]　陳黯：〈華心〉，《全唐文》卷七六七；又見《文苑英華》卷三六四。

袍履笏如華人」[158]。阿拉伯是各國中最「富盛多寶貨」的國家，來華商人在廣州上岸後，常往各州和東京（開封）買賣。鉅賈如蒲希密、辛押陀羅、蒲沙乙、蒲亞里常出入廣州。

蒲希密，是希米雅爾的一位老船長，多次來華。淳化四年（西元993年），蒲希密到了廣州，因老病不能北上，派副酋長李亞勿到開封朝獻，有「象牙五十株，乳香千八百斤，賓鐵七百斤，紅絲吉貝一段，五色雜色番錦四段，白越諾二段，都爹一琉璃瓶，無名異一塊，薔薇水百瓶」（《宋史‧外國六》）。至道元年（西元995年），蒲希密又派他的兒子蒲押陀黎到開封致謝，進貢方物，獻物有白龍腦一百兩，膃肭臍五十對，龍鹽一銀盒，眼藥二十小琉璃瓶，白砂糖三琉璃甕，千年棗六琉璃瓶，舶上五味子六琉璃瓶，舶上偏桃一琉璃瓶，薔薇水二十琉璃瓶，乳香山子一座，番錦二段，駝毛褥面三段，白越諾三段。每次貢獻都出手闊綽。

蒲沙乙，阿拉伯首領，至和二年（西元1055年）、嘉祐元年（西元1056年）、嘉祐五年（西元1060年）都曾貢獻方物。最後一次被授予武寧司階，應是廣州的番長一類人物。

辛押陀羅，勿巡人，出身阿曼首府蘇哈爾。他長期從事對華貿易，成為巨富，在廣州定居數十年，頻繁往返海上。蘇轍《龍川略志》卷五說「蕃商辛押陀羅者，居廣州數十年矣，家資數百萬緡」。1072年，辛押陀羅作為大食勿巡國進奉使到開封朝獻，返國時，宋廷以白馬一匹、鞍轡一副相贈。他主動提出「統察番長司公事」的請求，宋廷命廣州方面處置。他熱心地方公益，在廣州「開導種落，歲致梯航」（《東坡全集》卷一〇七）。挾雄厚的財力，他甚至提出助修廣州城錢銀，未被宋廷允准。其勢力之大，一時無二，宋朝因此封他為歸德將軍。

---

[158]　朱彧：《萍洲可談》卷二。

蒲亞里，其名亞里對音為 Ali 或 Himyarite，大約是葉門商人。紹興元年（西元 1131 年），蒲亞里以商人身分一次進奉大象牙 209 株，大犀 35 株。象牙每件在 57 斤以上，要用 5 萬多貫才能支付，市舶司一時難以支付。蒲亞里因財力雄厚，「有右武大夫曾訥，利其財，以妹嫁之，亞里因留不歸」（《宋會要・職官四四》）。宋高宗趙構在 1137 年親自委託廣州知州連南夫勸他歸國接洽商貨，以利市舶之利。

蒲海達，是占城貴族的後裔，先祖是阿拉伯人。蒲氏家族在 12 世紀時已成廣州的豪族，號稱白番人。甘蕉《蒲氏家譜》載，海達是二世祖，居廣州玳瑁巷（今瑪瑙巷），南宋孝宗（西元 1162 － 1189 年在位）、光宗（西元 1189 － 1194 年在位）時期因經商而出任要職，由太中大夫、中奉大夫擢廣東常平茶鹽司提舉，管軍千戶侯。他任此職後，針對流弊悉心整頓，「賦稅驟增，貢舶商帆，鵝湖雲集」。在廣州捐得官職的阿拉伯商人還有蒲晉、蒲延秀。《宋會要・蕃夷七》記載，紹興二十六年（西元 1156 年）十二月「二十八日詔，昨知廣州折彥質奏：蒲晉久在廣州居住，已依漢官保奏承信郎，今來進奉，可特與轉五官，補授忠訓郎。其蒲延秀，可依昨引接占城入貢陳惟安例，與補承信郎」。

唐代揚州也有阿拉伯人，尤以波斯人為多。肅宗上元元年（西元 760 年），劉展在揚州發動兵變，平盧副大使田神功率兵馬進討，「神功至揚州，大掠居人資產，鞭笞發掘略盡，商胡大食、波斯等商旅死者數千人」（《舊唐書・鄧景山傳》）。宋、元、明三代有名可考的阿拉伯人，宋代有普哈丁、撒敢達，元代有撒穆遜丁、撒穆遜邦乃基、伊朗婦女阿伊莎・哈通的父親埃米爾・勒尊丁等，明代有馬哈謨德、展馬陸丁、法納等，或傳教，或經商。

宋代明州（浙江寧波）已有高麗使館、波斯館。波斯館專門接待阿拉

伯人和西方人士。乾隆《鄞縣誌·街巷志》記載有「波斯巷」，並說該地駐有「波斯團」。波斯團等於波斯館，在今車轎街南巷左邊，直到元代仍然使用。

　　泉州在宋代一躍而成重要的海港城市，地位僅次於廣州。泉州也有專住外國人的蕃人巷。福建興化人祝穆記述泉州：「諸蕃有黑白二種，皆居泉州，號蕃人巷，每歲以大舶浮海往來，致象犀、玳瑁、珠璣、玻璃、瑪瑙、異香、胡椒之屬」[159]。宋元時代，外國商人都居住在郡城之南。當時羅城在鎮南橋內，外國商船都聚集在筍江、巽水匯流處的浯浦海潮庵，在泉州舊南門外瀨江一帶[160]。1345 年訪問泉州的伊本·巴圖塔注意到「泉州有一條街全屬穆斯林居住，那裡有他們的寺院、濟貧所和市場」。西拉夫鉅賈在 1162 年出資在泉州東阪修築蕃商公墓[161]，僑民人數之多不難想見。

　　南宋初，泉州當地的豪富是西拉夫的波斯人，資財僅次於廣州蒲氏。到宋末元初，蒲壽庚之父開宗遷居泉州，才替代波斯人成為泉州豪族。蒲壽庚和他的哥哥壽晟助宋平海寇立功，景炎（西元 1276 － 1278 年）時授福建廣東招撫使，總海舶。壽晟官至梅州知府，有《心泉學詩稿》六卷，後退隱泉州法石山中，與壽庚密謀叛宋附元。1277 年，蒲壽庚及子師文盡殺泉州宋宗室和淮兵，拒納張世傑，歸附元軍唆都。元封蒲壽庚為昭勇大將軍、閩廣都提舉福建廣東市舶事，改鎮國上將軍，江西行省參知政事。1279 年進職福建行省左丞，分省泉州，繼續管轄對外貿易。長子蒲師文為正奉大夫宣慰使、左副都元帥，兼福建道市舶提舉、海外諸蕃宣慰使，父

[159]　祝穆：《方輿勝覽》卷十二。
[160]　萬曆《泉州府志》卷十六。
[161]　林之奇：〈泉州東阪葬蕃商記〉，《拙齋文集》卷十五。

子專擅市舶大權 30 年。蒲氏家族在元代享盡榮華富貴，子孫多至顯達，成為地方一霸[162]。

蒲羅辛是出入泉州的阿拉伯大商人，紹興六年（西元 1136 年）從出產乳香的家鄉到泉州進奉抽解，「乞比附綱首推恩」。宋廷「詔蒲羅辛特補承信郎」（《宋會要·蕃夷七》）。蒲羅辛所販乳香由官府抽解 30 萬緡（貫），按宋朝規定，「抽解物貨累價及五萬、十萬貫者，補官有差」（《文獻通考》卷二十）。綱首蔡景芳因從中撮合，自建炎元年（西元 1127 年）至紹興四年（西元 1136 年）累計收息錢 98 萬緡，亦授承信郎官職。蒲羅辛所販乳香價值僅比熙寧十年（西元 1077 年）明、杭、廣三市舶司出賣乳香總額少 10,000 多緡。蒲羅辛大約也是泉州的蕃長。

在埃及和西亞經商的猶太卡里米家族不乏經營中國綢布和瓷業者，伊祖丁·奎隆米·卡里米（'Izz al-Dīn al-Kūlamī al-Kārimī）是最著名的一個。他從阿勒頗移居巴格達後，先後五次到過中國，因販運絲、瓷而成巨富，泉州是他熟悉的中國港口。

目前泉州出土的伊斯蘭教徒墓碑共有 56 塊，其中多數屬於元代[163]。

元代泉州為世界著名海港，地位不亞於埃及的亞歷山大里亞，因此阿拉伯商人甚多，後裔散居福建晉江各地，陳埭丁氏尤為著稱。

---

[162] 參見《清源金氏族譜·麗史》，何喬遠《閩書》卷一五二；桑原隲藏：《蒲壽庚考》，陳裕菁譯，中華書局 1954 年版。

[163] 陳達生：《泉州伊斯蘭教石刻》，寧夏人民出版社 1984 年版。

■ 第三節
地理知識的交流

一、中國地志中的阿拉伯

自漢代甘英抵達阿拉伯的于羅起，中國人就一直在探索前往阿拉伯和敘利亞的商路。有許多從西域出發的商隊到過那裡，但沒有留下像伊西多爾（Isidore of Charax）《帕提亞驛程志》那樣的道程志和旅行者的名姓。

唐代確實到過阿拉伯且留下紀錄的是杜環[164]。京兆（西安）人杜環在西元 751 年隨高仙芝西征，參與中亞怛邏斯城戰役，因唐軍覆滅被俘。不久，阿拔斯王朝崛起，中阿關係改善，於是像杜環這樣出身名門、身為《通典》作者杜佑族子的人物也獲得優待，得以周歷阿拉伯世界。杜環在伊拉克庫法城、敘利亞大馬士革、埃及等地度過十個春秋，最後在寶應元年（西元 762 年）自波斯灣搭上商船回國。他將所見所聞寫成《經行記》。《通典・邊防九》摘錄 1,500 多字，是現在僅能見到的《經行記》文字。杜環的《經行記》留下了中國有關阿拉伯哈里發國家最早又最真實的紀錄。

《經行記》描述大食首都庫法的繁華景象：「（大食）一名亞俱羅（Akula，庫法）。其大食王號暮門（Amir al-Mu'minin），都此處。其士女瑰偉長大，衣裳鮮潔，容止閑麗。女子出門，必擁蔽其面。無問貴賤，一

---

[164] 唐初達奚弘通（或稱達奚通）有《海南諸蕃行記》一卷，記述他在印度洋航行中的見聞。原書早已亡佚，《玉海》卷十六引《中興書目》記述達奚弘通曾在上元中（西元 674 − 675 年）從赤土西航，經三十六國到達虔那。他起程的赤土在蘇門答臘島的東部，時稱金洲，中間所經各國，都不知國名。虔那，蘇繼廎考作凱尼，定在阿拉伯南部的 Bandar Hisn Ghorah，以為即是三國時康泰《吳時外國傳》中的加那調洲（《島夷志略校釋・敘論》，中華書局 1981 年版，第6頁）。但《吳時外國傳》中的加那調，應在印度東海岸的古黃支國（康契普臘姆）。參見沈福偉：《中國與非洲》，中華書局 1990 年版，第 82 − 83 頁。若虔那必須同時是孫吳時的加那調，則不能遠至阿拉伯半島。凱尼為埃里佐王國的海港，傑佛斯・馬修考訂今地在哈達拉毛哈季爾河口以西的皮爾・阿里村（Bir Ali）。

日五時禮天。食肉作齋，以殺生為功德。繫銀帶，佩銀刀。斷飲酒，禁音樂。……郛廓之內，塵閈之中，土地所生，無物不有。四方輻輳，萬貨豐賤，錦繡珠貝，滿於市肆。駝馬驢騾，充於街巷。刻石蜜為盧舍，有似中國寶輿。每至節日，將獻貴人琉璃器皿、鍮石瓶缽，蓋不可算數。粳米白麵，不異中華。」又介紹大食國勢：「今吞滅四五十國，皆為所役屬，多分其兵鎮守。其境盡於西海焉。」

杜環《經行記》比最早東來的阿拉伯商人蘇萊曼的遊記早了 90 年。8 世紀下半葉，中國對西亞的地理知識大為增進，與當時中阿兩國人員的來往密切相關。

唐代中國伸向亞洲各國的四通八達的交通線，促使中國人的域外地理知識突飛猛進。地理學家賈耽（西元 730 － 805 年）在貞元年間（西元 785 － 804 年）完成的《古今郡國縣道四夷述》對海陸交通都有記述，《新唐書‧地理志》錄有他記錄的中國帆船的航行路線和運行區域，不妨稱為賈耽航程。航程分前後兩段，前段起自廣州，經麻六甲海峽、阿拉伯海而止於波斯灣頭的巴士拉；後段起於坦尚尼亞北部的三蘭，沿岸北上巴士拉，所經阿拉伯沿海的地名有設國（席赫爾）、薩伊瞿和竭國（卡勒哈特）、沒巽國（蘇哈爾）、拔離訶磨難國（麥納瑪），最後至於烏刺（烏波拉）古港[165]。該書還錄有伊朗、伊拉克、敘利亞境內各封國的地理，也應是賈耽所錄的西亞道程，其價值亦可與伊西多爾《帕提亞驛程志》相比。

12 世紀以來，中國與阿拉伯建立了直通航路，於是阿拉伯世界在中國學者所著海外地理著作中有了更周詳的紀錄。1174 年起任桂林通判、熟知

---

[165] 參見藤田豐八〈宋代的層檀國〉（《東西交流史研究‧南海篇》，東京 1932 年版），家島彥一在《東方學》（日文）1965 年第 31 輯中的論文，以及沈福偉《中國與非洲》（中華書局 1990 年版）第 208 － 210 頁。

嶺南和海外事務的周去非於 1178 年寫成《嶺外代答》，在卷三中介紹：「大食者，諸國之總名也。有國千餘，所知名者特數國耳。」列舉的區域性大國有阿拉伯的麻離拔國、麻嘉國，伊拉克的白達國等六國。

麻羅拔國，或稱麻離拔、麻囉拔，原名是「阿拉伯的馬赫拉」（Mahrah al-'Arabi），或「馬赫拉港」（Bandar al-Mahrah）、「馬赫拉州」（Barr al-Mahra）[166]。馬赫拉海港有三，以香料貿易港佐法爾為最大。麻羅拔應是佐法爾的別稱，因此宋代不見有佐法爾一名。最早提到麻離拔的是周去非的《嶺外代答》，他譯作麻離拔：「有麻離拔國，廣州自中冬以後發船，乘北風行約四十日，到地名藍里，博買蘇木、白錫、長白藤。住至次冬，再乘東北風，六十日順風方到此國。」這是一條從廣州到麻離拔的直達航線，總共航行 100 天。中間只需在蘇門答臘西部的藍里（亞齊）停靠，再乘東北風繼續西航，經過 60 天便直接到達阿拉伯的馬赫拉港了。周去非首先指明這麻離拔是數以千計的大食各國中的一國。過去研究者由於弄不清麻離拔、麻羅拔以及麻哩抹這些地名的原意，一概將它們當作印度的馬拉巴海岸，致使這條航線與從廣州出發經過藍里中轉到南印度故臨（今奎隆）的航線成了同一條航線，於是完全不明白在 12 世紀中葉中國的廣州和阿拉伯半島的佐法爾港之間已經闢通了當時世界上最長的航路，在廣州和香料王國之間有了直接貿易。這條航線一通，就大大加速了海運的周轉期，降低了運輸成本。後來趙汝適在《諸蕃志》中將這條航線的出發港從泉州算起，把麻離拔譯作麻羅拔國。這裡不僅是阿拉伯香岸的商業中心，也是阿拉伯各國的都會與貿易中心，出產乳香、龍涎、真珠、琉璃、犀角、象牙、珊瑚、木香、沒藥、血竭、阿魏、蘇合油、沒石子、薔薇水等貨，「皆大食諸國至此博易」。

---

[166] 沈福偉：〈十二世紀的中國帆船和印度洋航路〉，《歷史學》1979 年第 2 期。

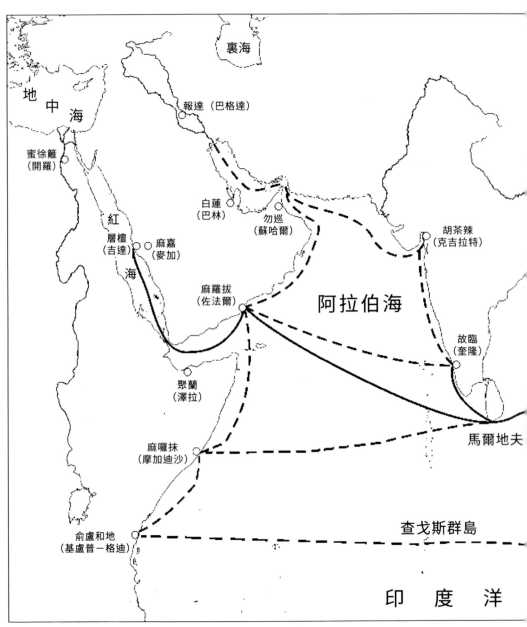

西元 12 世紀麻羅拔航路闢通後東亞與西亞的海上交通示意圖

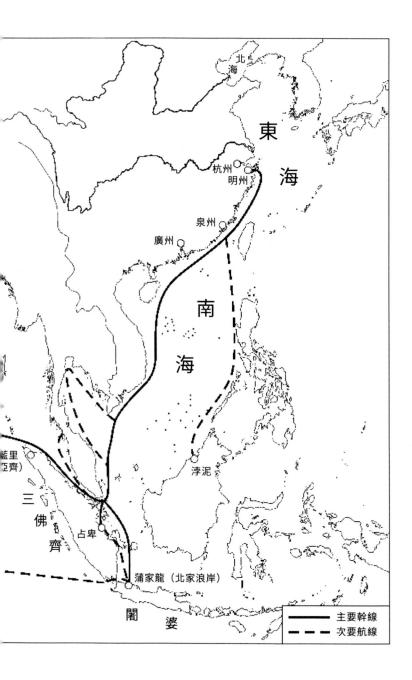

在西元 1130 年前後由中國帆船開通的麻羅拔航線改變了波斯灣與印度洋西部地區的貿易格局，將早先以西拉夫─蘇哈爾─故臨（奎隆）的航行路線逐漸轉變成卡伊斯─麻羅拔（佐法爾）─故臨（奎隆）航線。根據伊德里西《地理志》關於蘇哈爾港興衰的所記文字和宋代文獻的描述，由於西拉夫在 1055 年以後迅速衰敗，波斯灣貿易的中樞轉到了卡伊斯島，此後麻羅拔對印度和中國港口的新航路興起，使蘇哈爾在 1130 年以後失去了海上貿易的重要地位，促使卡伊斯─麻羅拔航行區間成為波斯灣對南印度、中國和巴巴拉灣貿易的中樞。到 13 世紀，航線的東端由廣州進一步延伸到福建的泉州，有力地推動了泉州港的崛起，成為東亞第一大港。泉州─麻羅拔（佐法爾）航線拉近了中國和紅海地區以及東非沿岸貿易的距離，將貿易週期由三年縮短為不足二年，成為中世紀印度洋貿易界最發達的海上通道。

根據龐元英在宋元豐年間（西元 1078 － 1085 年）接待層檀使者的紀錄，從吉達到蘇哈爾的航程已經取得了順風二十晝夜可達的最佳紀錄，使南中國的紅海貿易大大提升。這條路線從紅海南下可分三段。第一段從吉達至曼德海峽，是順流南下，長約 1,200 公里（650 海里）；第二段從曼德海峽到佐法爾，長約 1,500 公里（800 海里）；第三段從佐法爾到蘇哈爾，長約 800 公里（450 海里），可以在西南季風期航行。按馬威西（al-Marwazi）的記述，日航數可達 95 海里。對照層檀國的四至，可以證實 11 世紀的層檀國確是紅海東岸的吉達。

由於麻羅拔航線的經營，中國帆船有 200 多年可以毋須直接開赴波斯灣，便能從佐法爾或馬赫拉的其他港口以及南印度的故臨獲得各種西亞的貨物。阿拉伯船也毋須直航中國，便可以很方便地在馬赫拉的港口以及故臨或亞齊獲得中國的絲綢、瓷器、鐵器和農產品了。

　　麻嘉國，今伊斯蘭教的聖地麥加（Makkah），又可寫作摩迦，從麻離拔向西陸行八十餘程可到。《嶺外代答》特意指出，「此是佛麻霞勿出世之處」。

　　白達國，又作縛達、報達，今譯巴格達（Baghdād）。《嶺外代答》描述這裡是阿拉伯各國最大的都會：「有白達國，係大食諸國之京師也。其國王，則佛麻霞勿之子孫也。大食諸國用兵相侵，不敢犯其境，以故其國富盛。王出張皂蓋、金柄，其頂有玉獅子，背負一大金月，耀人目如星，遠可見也。城市衢陌，居民豪侈，多寶物珍段。皆食餅肉酥酪，少魚菜米。產金、銀、碾花上等琉璃、白越諾布、蘇合油。國人皆相尚以好雪布纏頭。所謂軟琉璃者，國所產也。」軟琉璃應是仿製華瓷所成的料器，碾花透明玻璃器則是當地的名產。巴格達處於伊朗、伊拉克、敘利亞、阿拉伯之間，為中世紀東方（馬什里克）最大的都會。

　　比周去非稍後的趙汝適為宋太宗八世孫，曾任提舉福建路市舶，主管泉州對外貿易，所著《諸蕃志》（西元 1225 年）為中世紀中國關於外國最詳贍的地理志。它列舉大食屬國有 24 處，其中阿拉伯境內有 10 處：麻嘉（麥加）、奴發（Dhufar，佐法爾）、勿拔（Mirbat，Mahrah Barr，麻羅拔，是馬赫拉的海港）、施曷（al-Shihr，席赫爾）、羅施美（al-Himyarite，希米雅爾）、甕籬（Lahsa el'umani，哈薩海岸）[167]、白蓮（al-Bahrayn，巴林）、伊祿（al-'Iraq，下美索不達米亞）、白達（Baghād）。另有思蓮（Syria），為敘利亞。《諸蕃志》所記阿拉伯各國，不但於南阿拉伯沿海各地特詳，而且對非洲各穆斯林商業重鎮記述也很詳實，這些都反映了中阿海上交通的繁榮。

---

[167] 馮承鈞《諸蕃志校注》以為甕籬是甕蠻（阿曼）之訛（中華書局 1956 年版，第 59 頁）。應該是屬於阿曼的哈薩海岸。

元代出使巴格達等地的中國人將見聞留下紀錄的，有西元 1259 － 1263 年隨常德出使的劉郁，其所著《西使記》對哈里發國、巴格達和麥加的天房國均有筆述。維吾爾人巴‧蘇瑪在 1278 年從北京出發前往耶路撒冷，1287 年被伊兒汗阿魯渾派往拜占庭、羅馬、巴黎，1294 年 1 月 10 日在巴格達去世。他的事蹟均隨遊記流傳於世。

在元代周遊印度洋的汪大淵，以一名國際貿易商的身分寫下了他在西元 1328 － 1332 年、1334 － 1339 年兩次航海生涯中所歷亞、非兩大洲的見聞，於 1349 年附刻於《清源續志》（泉州出版），1350 年又在江西南昌單獨刊印《島夷志略》，記述天堂（麥加）：「雲南有路可通，一年之上可至其地。」

明初跟隨鄭和寶船隊下西洋的馬歡、費信、鞏珍，各有專書記述見聞，對阿拉伯留下十分周詳的觀察。他們都曾訪問伊斯蘭國家最重要的港口亞丁，甚至親去麥加朝聖。四下西洋的會稽人馬歡充當通事，諳熟伊斯蘭風俗禮儀，所作《瀛涯勝覽》是下西洋最寶貴的紀錄。記天方國聖堂尤其栩栩如生：

其堂番名愷阿白（Ka'bah），外周垣有城。其城有四百六十六門，門之兩傍皆用白玉石為柱，其柱共有四百六十七個。前九十九個，後一百一個，左邊一百三十二個，右邊一百三十五個。其堂以五色石疊砌，四方平頂樣。內用沈香大木五條為梁，以黃金為閣，滿堂內牆壁皆是薔薇露、龍涎香和土為之，馨香不絕。上用皂紵絲為罩罩之，蓄二黑獅子守其門。每年至十二月十日，各番回回人，甚至一二年遠路的，也到堂內禮拜，皆將所罩紵絲割取一塊為記驗而去。剜割既盡，其王則又預織一罩，復罩於上，仍復年年不絕。

根據馬歡和費信的紀事，鄭和船隊以南印度的西洋國（古里，科澤科德）為大本營，由此出發有五大航線通往西亞、東非。

第一條是科澤科德到新霍爾木茲島（哲朗島，Djeraun），順風 25 日可到。

第二條是科澤科德到阿拉伯最大的海港城市亞丁（阿丹），順風一月可到。

第三條是科澤科德到阿拉伯半島中部的佐法爾（又作祖法兒），順風 10 個晝夜可到（有時 20 個晝夜）。

第四條是科澤科德到麥加（天方國）。由於在東北季風期啟航的船要頂著南下的紅海流北上，故這條線只適合單桅船航行，不利於中國遠洋船航行，費時要 3 個月之久。

第五條是奎隆或柯枝（科契）到索馬利亞阿賽爾角剌撒（非洲之角），順風 20 個晝夜可到。從古里出發日程亦同。

在鄭和時代，中國帆船還有許多條通往東非各港的航線，可以毋須經過科澤科德，而經蘇門答臘以西的島嶼或馬爾地夫群島便可開赴索馬利亞、肯亞、坦尚尼亞沿海各地。

鄭和時代參與印度洋航運的中國船，無論載重量、交易程式還航行週期，都比 14 世紀有了大幅度的提升。600 噸左右的大型帆船出入印度洋公海已是常例，歐洲海船則無法闖入這一地區。這裡原本便是一個與地中海經濟體相銜接的另一個巨大的經濟體與朝氣蓬勃的貿易世界。

進入 19 世紀以來，阿拉伯已不如中世紀那樣為中國對外貿易的重要對象和穆斯林世界的商業中心，然而在魏源五十卷本《海國圖志》、徐繼佘十卷本《瀛環志略》這些近代中國最早系統編寫的國際知識手冊中，亦曾留意介紹巴格達、大馬士革等都會，後者更敘述阿拉伯地分六部，與李

光廷《亞剌伯沿革考》[168] 相同。

　　中國穆斯林前往麥加朝覲的，從 19 世紀中葉起更加踴躍。雲南經師馬德新（西元 1794 — 1874 年）奔波七年，兩次參與麥加朝覲，多次往返於麥加、開羅之間，並遊歷了土耳其，用阿拉伯文寫出了《朝覲途記》，後由他的弟子馬安禮譯成漢文，出版於 1861 年。這是繼馬歡《瀛涯勝覽》以後的一本由內地穆斯林寫作的最早的朝覲見聞。這位太和（今大理）人為求伊斯蘭學問，在 1841 年正當 48 歲時，自雲南出發，取道景東、思茅，經緬甸仰光走海路抵達印度加爾各答，再歷馬爾地夫、索科特拉、亞丁，在 1843 年 5 月抵達吉達，前往麥加，11 月參加朝覲。作者將麥加譯作滿克。1844 年 2 月，馬德新去麥地那進謁聖陵，再往麥加，由吉達渡海北上開羅、亞歷山大里亞；1845 年 2 月抵達土耳其伊斯坦堡，歸途又經開羅，參加 1846 年的朝覲，一直住到 1847 年 5 月；然後自吉達乘船東返，1848 年 9 月抵達廣州，翌年 4 月到家。他繼唐代杜環之後從海路遍歷伊斯蘭文化的精粹之地，親歷各地的風俗，謁見了穆斯林的王公、學者，尋訪、研究並購置了許多典籍。

　　此後不久，由於蘇伊士運河的開鑿，紅海一道成為歐亞交通的暢途。不久扼紅海南口的亞丁遭英國覦覬，淪為軍事要塞。學貫中西、享譽海外的文士王韜前往英倫時，在 1867 年途經亞丁，曾泊舟上岸，與西人宴於酒樓，座間有日爾曼樂工彈琴唱歌，王韜為之吟誦高啟七律一首。他所著《漫遊隨錄》中有亞丁夜宴一篇，記述亞丁「本隸阿拉伯，後為英人所踞，駐兵泊舟，為歐洲西來之要道」。又說：「昔時英人東來之海道，皆繞好望角而至中華。自咸豐年間，始由亞丁直抵紅海，陸行百七十里而至地

---

[168]　參見王錫祺：《小方壺齋輿地叢鈔續編》第十帙，光緒辛丑年（西元 1891 年）上海著易堂排印本。

中海，計程可近數萬里，誠捷徑也。於是好望角形勢之雄遂成虛設。逮至蘇伊士運河一開，東西輪船均可直達，局面又一變矣。地勢無常，可勝慨哉！」王韜已從亞丁地位的變遷感悟到變幻莫測的國際風雲，認識到將由海洋霸權國家主宰世界局勢的前景。

二、阿拉伯地志中的中國

阿拉伯地志中出現中國的時間，比中國記述阿拉伯的時間要晚。阿拉伯旅行家首先記錄東方見聞的是商人蘇萊曼（Sulayman al-Tajīr），他於西元 851 年完成東方遊記的寫作，並在 916 年由西拉夫移居巴士拉的波斯人阿布・宰德・哈桑（Abu Zaid Hassan）編入《中國印度見聞錄》，被當作第一卷傳抄於世。蘇萊曼到過廣府（廣州），他的見聞大多是關於嶺南和沿海地區的，譬如，他說：「中國人的糧食是大米，有時也把菜餚放進米飯再吃。」[169]「中國很少有棗椰樹，除了某些家庭偶爾種植一兩棵，通常很少見到。他們喝的是自己用稻米發酵製成的飲料。因為中國沒有葡萄酒，中國人既不知道這種酒，也不喝這種酒，所以也沒有人把葡萄酒帶到中國來。」[170] 其實，葡萄美酒在中國北方早已膾炙人口。

蘇萊曼觀察周到，記下了許多阿拉伯人聞所未聞的中國事物，其意義猶如《馬可・波羅遊記》對於中世紀的歐洲人一樣。蘇萊曼既到過印度、中國，故其觀感所及，常用中印對比的手法加以敘述：

印度的每個國王都有許多軍隊，但並不發軍餉。……中國人則不同，中國人對自己的軍隊另給犒賞，和阿拉伯人的軍隊一樣（按：這是指中國實行的募兵制）。

---

[169]　引文據穆根來等譯：《中國印度見聞錄》，中華書局 1983 年版。
[170]　引文據穆根來等譯：《中國印度見聞錄》，中華書局 1983 年版。

中國更美麗，更令人神往。印度大部分地區沒有城市，而在中國人那裡則到處是城牆圍繞的城市。

中國人比印度人更為健康。在中國，疾病較少，看上去中國人更健壯，很少見到盲人或獨眼失明的人，也很少見到殘疾人。而在印度，這一類人屢見不鮮。

中印兩國的河流是很可觀的：很多河流都比我們的大，兩國的雨量都很充足。

在印度，很多地區荒無人煙。在中國，所有土地都已開墾，全國各地人口眾多。

中國人比印度人好看得多，在衣著和使用牲畜上更像阿拉伯人。中國人的禮服很像阿拉伯人的衣著，他們穿長袍（qaba），繫腰帶。而印度人不分男女，全都披兩塊布當衣服，另戴金手鐲和首飾作裝飾。

蘇萊曼對 9 世紀的國際形勢有一種客觀的分析，這表現在他根據印度人、中國人的看法而提出的四天子說：

印度人、中國人都一致認為，世界上有四個國王。四個之中，第一個是阿拉伯國王，他們異口同聲認為阿拉伯國王是最偉大的國王，最富有的國王，最豪華的國王，是無與倫比的偉大宗教的主。中國國王僅次於阿拉伯人的主，位居第二。再次是羅馬國王。最後是穿耳孔民族的國王巴拉哈國王。

在蘇萊曼前後到過中國的阿拉伯旅行家還有塔明·伊本·巴希爾·摩塔維克，他在西元 800 年以前曾去過回鶻（Toghuzghuz）的首都。他的行紀被 9 世紀的伊本·霍達貝、10 世紀的艾爾·法基（Ibn al-Faqih）、13 世紀的雅庫特（Yākūt）所摘引。還有一個譯人薩列姆（Sallām at-

Tarjumān），被哈里發瓦西克（al-Wathiq）（西元 842－847 年在位）從巴格達派往中國。他經過亞美尼亞、格魯吉亞、可薩到了峨格人（Cog）和馬峨格人（Magog）邊境的城牆。薩列姆能講 30 種語言，他所見到的邊城應該是中國的長城。峨格是回鶻人，馬峨格可能就是沙州的漢人。

　　阿布·宰德·哈桑在《中國印度見聞錄》第二卷中編寫了黃巢起義前後阿拉伯人的中國見聞。最引人注意的是巴士拉的古萊希族人伊本·瓦哈卜（Ibn Wahab），他在回曆 257 年（西元 870－871 年）巴士拉動亂的年代來到西拉夫，搭上了去廣州的船，並且北上到了長安（胡姆丹），受到唐僖宗的接見。僖宗賜給他許多財物，他榮幸地回到了伊拉克。在回曆 303 年（西元 915 年 7 月 17 日－916 年 7 月 4 日），曼蘇地還從當時居住在巴士拉的伊本·瓦哈卜那裡獲得了許多有關東方和海外世界的報導[171]。

　　阿布·宰德·哈桑稱讚中國人奉公守法，因此行政上成效卓著，令人感佩。他列舉事例說，一個呼羅珊商人從伊拉克販貨到廣州出售，受到市舶司宦官的勒索。商人到長安向皇帝告狀，受到公正體面的處理。那個宦官被貶職充當皇陵的看守。阿布·宰德列舉當時世界上的大國有五個：哈里發、中國、突厥、印度、拜占庭。據說這是瓦哈卜從中國皇帝那裡聽到的，比蘇萊曼的說法又多一個突厥，證實蘇萊曼只知道在印度洋和地中海世界存在四個大國，對亞洲北方的突厥一無所知。

　　阿拉伯著名的地理與歷史學家曼蘇地（al-Masūdi，西元？－956 年）出生在巴格達，912 年後遊歷信德、東非、印度、斯里蘭卡、占城，並到過中國沿海。他的巨著《黃金草原和寶石礦》也和蘇萊曼一樣記述中國帆

---

[171]　曼蘇地：《黃金草原》（al-Masūdi, *Les Prairies D'or*），第 1 卷，梅納、科蒂埃法譯本，巴黎 1865 年版，第 321 頁。

船和阿曼、波斯灣各港通航的情況。他特別提到黃巢起義後中阿航業萎縮。據曼蘇地說，在黃巢占領廣州時，廣州的伊斯蘭教徒、猶太教徒、基督教徒、拜火教徒紛紛被屠殺或被驅逐，數達 20 萬人之多。這一數字比阿布‧宰德‧哈桑的紀錄又高出許多。這些外來宗教的信徒一定不完全是移居的外僑，還有中國人在內。

親歷中國的阿拉伯人的見聞大多出現在唐代。唐代以後，雖然來華的阿拉伯客商有增無已，但留下的記載大多仰賴地志才流傳於世。西元 8 — 13 世紀的阿拉伯地志中有許多中國的事情。在很長一個時期中，對阿拉伯民族來說，中國都是東方最富庶、最文明的國家，是智慧與財富的表徵。

約在西元 675 年去世的阿卜杜勒（Abdallah ibn Amir ibn al-As）可能是哈里發初期統帥奧瑪爾的兒子。伊本‧艾爾‧法基（Ibn al-Faqih）《列國志》曾引述阿卜杜勒的話：

阿卜杜勒說：世界像鳥一樣，可以分成鳥頭、兩翼、胸部和尾部五個部分。世界之首是中國（Sin），背後是韋韋（Waq Waq），韋韋之後的民族，便只有真主知道了。右翼是印度，印度背靠大海，大海中並無生物。左翼是可薩，可薩後面有兩類民族，其中之一是孟沙和馬沙，在他們之後是雅朱（Yajuj）和馬朱（Majuj）。胸部是麥加、希賈茲、敘利亞、伊拉克和埃及。尾部從扎特－胡瑪姆（尼羅河三角洲）到馬格里布（北非）[172]。

伊本‧艾爾‧法基的《列國志》寫成於 903 年，書中轉述了查希茲（al-Jahiz）（西元 779 — 869 年）的著作，同時也摘引了阿布‧宰德書中所不見的蘇萊曼遊記。

伊本‧霍達貝（Ibn Khurdādhbih，西元 820 － 912 年）出身伊朗望族，

---

[172]　伊本‧法基：《列國志》(Ibn al-Faqīh, *Mukhtasar Kitāb al-Buldān*)，《阿拉伯地學叢書》(*BGA*)，萊頓 1886 年版。

在巴格達學習，任賈貝勒省郵務長官。約 848 年寫成《省道志》，記述巴士拉到中國沿海的航路，稱自南而北的中國港口有龍編（越南北部 al-Wakin，交州）、廣府（廣州）、越府（明州）、江都（揚州）。並稱中國有 300 座人口稠密的城市，較著名的也有 90 座 [173]。

　　阿布林・法拉吉・伊本・阿布・雅卡布・納迪姆（Abul Faradj, Ibn al-Nadīm）生於巴格達，是個藏書家與書商，988 年編成《百科書錄》（*Kitāb al-Fihristal'ulūm*）。全書十章，第九章論摩尼教和中國，其中講一個故事：撒馬爾罕的 500 名摩尼教徒因教義被暴露，呼羅珊總督將按例加以處斬。中國國王（回鶻汗）派人去呼羅珊，宣稱中國境內的穆斯林比呼羅珊的摩尼教徒多一倍以上，如對方殺死一個摩尼教徒，國王便將以殺盡境內穆斯林並毀滅清真寺作為報復，並將搜索其他地區的穆斯林加以處決。於是呼羅珊總督便改變了旨意，只向摩尼教徒徵收人丁稅，聽憑他們活動 [174]。這段記載比哈拉汗王朝布格拉汗（Sultan Satuq Bughra Khan）（卒於西元 998 年）開始皈依伊斯蘭教要早幾十年，至少在 10 世紀初哈桑・納賽爾任呼羅珊總督時便已如此。這些穆斯林也可能是唐代就已來華定居的阿拉伯人。

　　納迪姆以後，1050 年寫作《珍異記》的格爾德齊（Gardezi），1154 年完成《旅遊證聞》的科爾多瓦人伊德里西（西元 1100 － 1165 年），1321 年著有《統一的國家》的大馬士革百科全書學者阿布・菲達（Abulfeda）（西元 1273 － 1331 年），他們的地理著作都錄有關於中國的各項知識，

---

[173] 伊本・霍達貝：《省道志》（Ibn Khurdādhbih, *al-Masālik wa'l-Mamālik*），《阿拉伯地學叢書》（*BGA*），萊頓 1889 年版。參見伊本・霍達貝：《唐代大食國通中國之海道》，宋峴譯，《中外關係史譯叢》第 3 輯，上海譯文出版社 1986 年版。宋峴將中國第三港口譯作「漢久」，釋作杭州，又說，「行程從廣府到漢久八日有誤」。

[174] 參見布朗：《波斯文學史》（E. G. Browne, *A Literary History of Persia*），第 1 卷，倫敦 1908 年版，第 164 頁。

但大多是搜集前人著作，再加上較新的傳聞。這一段時間，由於阿拉伯學者較少接觸遊歷中國的阿拉伯人士，同時更因阿拉伯商業衰退，直接經營中阿貿易的大多是中國人、波斯人或其他中間商人，因此地理著作中反映的中國知識反而缺少現實意義。阿布・菲達的著作，習稱《阿布・菲達地理書》，法國萊諾（N. Reinaud）和古耶（S. Guyard）分別於 1848 年和 1883 年完成該書第一、第二卷的法譯本。該書列舉中國的大城有廣州、泉州、杭州、揚州，但材料大都採用阿爾・比魯尼（西元 973 － 1048 年）的著作。

13 － 14 世紀的阿拉伯地理學家雅庫特（Yākūt，西元 1179 － 1229 年）的《地理辭典》（西元 1224 年）[175]，大馬士革人烏瑪里的《眼歷諸國記》[176]，都有許多涉及中國的地方。烏瑪里（al-‘Umarā，西元 1301 － 1349 年）出生於大馬士革，但長期居住於埃及，是埃及學識淵博的著名學者。所著《眼歷諸國記》分兩部分，第一部分論述交通和地理；第二部分自東而西，從印度、信德、成吉思汗國家，經西亞、地中海至西班牙，分述各國歷史、地理、宗教。書中還運用了檔冊和當代的見聞。對中國北方的論述，多採用了訪問過中國的伊拉克、波斯和中亞人士的報導，有商人，也有學者。這些報導一致認為，蒙古大汗歡迎各國人士來華。阿拉伯商人販往中國的貨物有馬匹、獵鷹、寶石和琺瑯盤等器皿。這充分反映了元代中國和阿拉伯、敍利亞等地繁忙的商業往來。

---

[175]　雅庫特：《地理辭典》（Yāqūt, *Mu'jam al-Buldān*），胡斯登菲爾德（F. Wüstenfeld）編，萊比錫 1866 － 1873 年版，1924 年再版；另有貝魯特 1955 － 1957 年版，5 卷本。

[176]　烏瑪里：《眼歷諸國記》（al-‘Umarā, *Masālik al-Absār fī Mamālik al-Amsār*），岡德夫洛－德蒙比（Gaudefroy-Demombynes）法譯本，巴黎 1927 年版；萊希：《烏瑪里對蒙古帝國的描述》（Klaus Lech, *Das Mongolische Weltreich:Al-‘Umarī's Darstellung der Mongolischen Reiche*），威斯巴登 1968 年版。

■ 第四節
阿拉伯馬的引進

　　阿拉伯純種馬是世界上久享盛譽的良馬。中國在前漢自中亞引進烏孫馬、大宛馬以後，曾從月氏統治下的中亞、阿富汗等地不斷輸入馬匹，到唐代更引進了阿拉伯馬。

　　在到達長安的阿拉伯使者所進獻的方物中，據檔冊記載，明確提到獻馬的有五次：

　　永隆二年（西元 681 年）五月，大食國、吐火羅國各遣使獻馬及方物。（《冊府元龜》卷九七〇）

　　長安三年（西元 703 年）三月，大食國遣使獻良馬。（《冊府元龜》卷九七〇）

　　開元初（西元 713 年），大食遣使進馬及寶鈿帶等方物。（《舊唐書·大食傳》）

　　開元十二年（西元 724 年）三月，大食遣使獻馬及龍腦香。（《冊府元龜》卷九七一）

　　天寶三載（西元 744 年）七月，大食等國遣使獻馬及寶。（《冊府元龜》卷九七一）

　　安史之亂爆發後，應唐朝之請，大食派騎兵與拔汗那等國軍隊自中亞開赴隴右，參與收復長安、洛陽之舉。此後檔冊中雖不見有大食獻馬之事，但阿拉伯馬匹一定有更多的輸入，因此名聲漸大。西元 751 － 762 年周遊阿拉伯世界的杜環有專記大食馬的文字：「其馬，俗云西海濱龍與馬交所產也。腹肚小，腳腕長。善者日走千里。」（《通典》卷一九三）大食「有千里馬，傳為龍種」（《新唐書·大食國傳》），從此名聞中華。

　　阿拉伯良種馬在元代被目為天馬、龍種馬，尤多輸入。到過巴格達等地的《西使記》作者常德以龍種馬稱呼阿拉伯馬，記述此種純種馬頗有神祕色彩：「龍種馬出西海中，有麟角，牝馬有駒不敢同牧，被引入海，不復出。」所謂麟角，是傳說「余吾天馬生水中，毛如潑墨耳插筒」[177]。雙耳挺拔的天馬因產在西海，一如漢代有水羊之說，產生了生於水中的傳說，於是在文人筆下出現了「麟角」。天馬，亦即西馬。西元 1327 年，察合臺薛思班、伊兒汗不賽因派出使團向北京大汗贈送禮物，中有文豹、西馬等物。1358 年，金帳汗扎尼別也派出使者將青、白西馬各兩匹進獻北京。

　　西馬為希賈茲名馬。西元 1330 年代到過麥加的汪大淵在《島夷志略·天堂》中說：「地產西馬，高八尺許。」阿拉伯半島在元代被目為西極，產於西極的阿拉伯馬自 12 世紀以來成批輸往印度馬拉巴海岸，《島夷志略》記馬拉巴的古里佛：「畜好馬，自西極來，故以舶載至此國。每匹互易，動金錢千百，或至四十千為率。」14 世紀時的古里佛（Pantalayini Kollam）正是卡利卡特以北的梵答剌亦納，是波斯灣馬船貿易的一大節點。《島夷志略·甘埋里》說：

　　甘埋里，邇南馮（Bahr al-Lārawi）之地 [178]，與佛朗（黎凡特、地中海）相近。乘風張帆二月可至小具喃（奎隆）。其地船名為馬船，大於商舶，不使釘灰，用椰索板成片。每舶二、三層，用板橫棧，滲漏不勝，梢人日夜輪戽水，不使竭。下以乳香壓重，上載馬數百匹，頭小尾輕，鹿身吊肚，四蹄削鐵，高七尺許，日夜可行千里。

　　甘埋里是阿拉伯地理書中的卡伊斯島。波斯灣中的卡伊斯島鄰近拉爾

---

[177]　馬臻：〈題畫海南入貢天馬圖〉，《霞外詩集》卷七，四庫叢刊本。

[178]　「南馮」中的「馮」，是阿拉伯語 Bahr（海）的音譯。

海（阿曼灣），它有一個很長的全稱 Qais Ben'Umaira，卡伊斯（Qais）只是它的簡稱 [179]，「甘埋里」中的「甘」可以對上 Qais，「埋里」的對音是 'Umaira。波斯每年出口大量騸馬，運到南印度，從中牟取巨利，成為一宗著名的馬船貿易。自從 12 世紀十字軍東侵後，黎凡特和波斯灣之間的商路阻滯，蘇哈爾因此衰落，遠航信德、印度和中國的阿拉伯船也都改從亞丁起程了 [180]。因此南印度和亞丁之間的商業往來從此大有起色。

　　15 世紀初，鄭和率領寶船下西洋，阿拉伯半島的香料港佐法爾和亞丁、伊薩角是多次訪問的海港城市，阿拉伯馬一定也有輸入。忽魯謨斯（霍爾木茲）是寶船在波斯灣貿易的中心，〈鄭和航海圖〉上標得特別明顯，那裡的馬船也有阿拉伯馬的輸出。麥加的使者在永樂、宣德年間也多次來華。嚴從簡《殊域周諮錄・天方國》特意指出，當地產物中「馬有八尺高者，名為天馬」。阿拉伯馬也透過孟加拉、基爾瓦等使者獻給永樂皇帝，如 1414 年榜葛剌（孟加拉）國王賽弗丁（Saifuddin Shah）貢麒麟、名馬，名馬即是阿拉伯馬；1415 年 11 月，麻林（基爾瓦）和其他國家向中國進獻麒麟、天馬，天馬就是阿拉伯馬。1419 年 9 月，霍爾木茲使團送來西馬，也是阿拉伯馬。15 世紀末，麥加和中國開展商隊貿易，弘治三年（西元 1490 年），麥加王速檀阿黑麻（Ahmad Alaq）（艾哈曼德蘇丹）派使者隨同撒馬爾罕使團到北京進貢馬、駝、玉石。因麥加出善馬，正德初年急需輸入騍馬、騸馬的明政府採用兵部尚書劉宇希的建議，派人

---

[179] 威爾遜：《波斯灣簡史》（Arnold T.Wilson, *The Persian Gulf*），倫敦 1954 年版，第 95 頁；沈福偉：〈簡論汪大淵對印度洋區域貿易的考察〉，《中國史研究》2004 年第 2 期，第 128 – 132 頁。藤田豐八曾將甘埋里考作克爾曼，以甘埋里馬船為霍爾木茲馬船（藤田豐八：《島夷志略校注》，《雪堂叢刊》第二集，羅振玉輯印 1914 年版）。蘇繼廎則以為是「甘里埋」的倒置，以對霍爾木茲（蘇繼廎：《島夷志略校釋》，中華書局 1981 年版，第 366 頁），但對音與貨流、地理都有不合。

[180] 伊德里西：《地理志》（al-Idrīsī, *Nuzhat al-Mushtāq fī Ikhtirāq al-Āfāq*），若貝法譯本（P. A. Jaubert, *Géographie d'Edrisi*），第 1 卷，巴黎 1836 年版，第 51 頁。

到中亞、西亞接洽玉石、馬匹貿易。正德十一年（西元 1516 年）十月，麥加貢使正式抵京。正德十三年（西元 1518 年）正月，麥加王寫亦把剌克（Sherif Barakut，西元 1497 － 1524 年在位）派使者來華，獻物有馬、駝、梭幅（羽絨）等。嘉靖四年（西元 1525 年）麥加王亦麻都兒又派使團貢馬、駝等方物。1543 年，麥加又同撒馬爾罕、魯迷等國派使者到中國貢馬匹、玉石，此後每五六年一次，直至萬曆年間。從麥加經撒馬爾罕到陝西，構成了當時世界上道程最長的駱駝商隊貿易路線中的一條。

■ 第五節
中阿陶瓷貿易

中國輸往阿拉伯的最早一批名貴瓷器在 8 世紀末由呼羅珊總督阿里・伊本・伊薩獻給哈里發哈倫・拉希德（西元 786 － 809 年在位）。據說其中有「二十件中國皇室瓷器，為過去哈里發宮廷所未見過」。所製器皿為日用的碗、杯、盞。伊薩的禮品還有 2,000 件其他各色瓷器。這件事是一位名叫阿布・法德爾・貝哈傑（Abu'l-Fadl Bayhaqī，西元 995 － 1077 年）的學者在 1059 年的著作中披露的。

吐魯番出土白瓷瓶

　　在 9 世紀中葉興起的中國外銷瓷的熱浪連綿不斷，一直延續到 17 世紀，主要銷售的地區便是阿拉伯世界。伊本・霍達貝在《郡國道程志》（西元 846 年）中列舉中國輸出物中有陶瓷。當時中國最南的港口龍編（越南北部紅河口）也以出口優質陶瓷著稱於世，聲譽遠播阿拉伯半島。博學的查希茲（al-Jahiz，約西元 779 － 869 年）在《生財之道》（*Kitāb al-Tabassur bil-Tijāra*）中開列巴格達市場上的外國貨，其中有從中國運去的絲綢、瓷器、紙、墨、馬鞍、寶劍、香料、麝香、肉桂、孔雀等許多富有特色的產品[181]。中阿換貨貿易已將瓷器列入專項，從此瓷器便在印度洋、阿拉伯世界走紅了。在查希茲的書中，瓷器被描述為一種案桌上的陳設。因當時瓷器價格昂貴，運到阿拉伯的華瓷都被當作珍品收藏。9 世

---

[181]　查理・佩拉：〈查希茲的《生財之道》〉（Charles Pellat, *al-Jahiz, Kitab al-Tabassur bi al-Tijarah*），《阿拉伯》1954 年第 2 期。

紀時的坦納基非常讚賞 30 多件中國瓷罐，說用來儲存香料，可以使香氣經久不衰。最佳的一件是哈里發瓦西克（西元 842 － 847 年在位）時代的遺物，而最大的一件竟要好幾個人才能移動。哈里發穆塔瓦基勒（al-Mutawakkil）（西元 847 － 861 年在位）時代，華瓷仍是十分稀見的珍物。阿拉伯文學大師阿布林・法拉吉・伊斯法哈尼（Abu'l Faraj al Isfahānī，約西元 897 － 967 年）在《樂府詩集》中追述穆塔瓦基勒時一位詩人收藏的多件瓷器竟被他為了歡度宰牲節（古爾邦節）而餵養的公羊撞壞，詩人心情久久不能平息。其中的一件燈盞（Sirāj）上面畫有凝結著非凡才智的紋飾，被作者稱為「中國瓷盞」（Sīnīyat al-Sīn），尤為詩人所鍾愛 [182]。這種瓷盞應屬長沙窯仿阿拉伯式的彩釉瓷燈。在伊本・法基的《地理志》（西元 903 年）中，中國瓷器、中國燈和中國絲絹被列為中國三大名產。中國燈不但有銅製的，而且也有仿照西亞式樣的瓷燈。它的出現，使中國使用的油燈走向了一次革新。

西元 851 年前到過中國的阿拉伯商人蘇萊曼，在他的遊記的第三十四節中提到中國陶瓷特別精美，「瓷盅（qadah）晶瑩透明如同玻璃，在外面隔著器壁竟能看清裡面存放的水」[183]。伯希和稱讚這是「西方關於瓷器的第一次描述」[184]。伊斯蘭作家塔利比（Tha'ālibi）（西元 961 － 1038 年）在《逸聞錄》（Latāif al-Ma'ārif）中對中國瓷器的評述在伊斯蘭世界中頗

---

[182] 雷恩，賽爾金特：〈亞丁沿海的陶瓷和玻璃殘件〉（Arthur Lane, R. B. Serjeant, *Pottery and Glass Fragment from the Aden Littoral with Historical Notes*），《皇家亞洲學會雜誌》（*JRAS*）1948 年第 3、4 期合刊，第 111 頁。

[183] 此據佩拉的譯本。雷納多譯本稱：「中國有一種優質土壤，用來製作杯、碗，透明晶瑩可比玻璃。」參見雷諾多：《九世紀兩名回教旅行家的印度、中國見聞錄》（E. Renaudot, *Ancient Accounts of India and China by Two Mohammedan Travelleres Who Went to Those Parts in the 9th Century*），倫敦 1733 年版，第 21 頁。

[184] 伯希和：《喬治・歐莫福普洛斯的收藏：中國、韓國和波斯陶瓷目錄》（P. Pelliot, *The George Eumorfopoulos Collection: Catalogue of the Chinese, Corean and Persian Pottery and Porcelain*），《通報》（T'oung Pao）1927 － 1928 年第 25 卷，第 106 頁。

具代表性，他說：「有名的中國瓷器是些透明的器皿，包括煮食物的罐、煎食物的鍋，也有盛食物的碗。以杏黃色的為上品，胎薄、色淨、音脆；奶白色的次之。」[185] 杏黃色瓷器（al-mushmushiya）即是唐至五代風行海外穆斯林世界的長沙銅官窯釉下彩瓷，這種瓷器色澤潔淨、鮮豔，為阿拉伯民族所喜愛。奶白色瓷器（al-zabadiya）指中國的白瓷。阿拉伯人認為，中國北方的白瓷、南方的青瓷尚在其次。宋代白瓷採用阿拉伯人喜愛的旋波式菊紋也是為適應外銷的需求。直到 13 世紀，元代大量燒造青花瓷、青白瓷，產品紋飾與色澤兼採西亞風格，於是青花瓷、青白瓷在同阿拉伯世界的瓷業貿易中才獨占鰲頭。此風直至 16 世紀上半葉正德年間仍持續不衰。宣德（西元 1426 － 1435 年）年間以纏枝菊花為輔紋的三彩人物盤內圈仍然使用阿拉伯風格的小點聯珠紋 [186]。中東式樣的青花執壺更是外銷瓷中十分走紅的產品。

　　阿拉伯商人因販運瓷器、絲綢和麝香等中國產品致富的不乏其人。布索格・本・沙赫里耶的《印度珍異記》中記述一個猶太商人，只帶著很少的資金到遠東經商，而在 913 年回到阿曼蘇哈爾時，已是一位擁有 100 萬迪納爾和無數絲綢、瓷器的巨富。他獻給阿曼統治者一件頂端鑲金的深色瓷壺，可能屬於五代越窯所造名貴的「金釦瓷器」，專為帝王享用。統治了亞丁、席赫爾、阿伯陽、米爾巴特、紅海哈利的伊本・齊亞德（Muḥammad ibn Ziyād）有一本 976 － 977 年的財政報告，記有上百萬迪納爾的錢幣和大量的中國瓷器、麝香及龍涎香。中國瓷器代表著中國，像

[185]　塔利比：《逸聞錄》（Thaʻālibi, Latāif al-Maʻārif），德・榮格（P. de Jong）刊本，萊頓 1867 年版，第 125 頁；鮑斯華茲英譯本（C. E. Bosworth, The Book of Curious and Entertaining Information），艾丁堡 1968 年版，第 141 頁。

[186]　久志卓真：《中國明初陶瓷圖鑑》，日東寶雲舍株式會社 1943 年版，第 114 頁，第 116 頁。原書以為二件瓷器底款「大明年造」是正德年造，而以第 115 頁的三彩人物盤底款「宣德年造」為後人偽造，不妥。

絲織品在古代曾是中國的象徵一樣，阿拉伯文就以 Sīnī 一詞來稱呼瓷器，意思是「中國貨」。

宋、元、明三代，中國瓷器銷往阿拉伯地區的數量十分可觀。1001年，哈里發卡迪爾（西元 991 － 1031 年在位）一次就將 300 件中國瓷器賜給了巴格達的一個大臣。那時瓷器從海上運到伊拉克的已越來越多了。亞丁是華瓷外銷阿拉伯的一個重要港口。亞丁統治者酷好華瓷，在一份1151 － 1153 年的統治者財產清單中有來自中國的精美瓷器。葉門作家阿布·馬克拉瑪記述一個在阿勒頗和巴格達經營棉布的商人，後來到印度、中國經商，成為富豪。他從印度歸國後定居亞丁，他的財寶中最受人稱羨的便是中國瓷器。明初，南京和麥加貿易，白花青瓷器是重要出口貨物（《星槎勝覽》卷四）。頸部書有亞蘭文字的青花玉壺春瓶，有六件被收藏在國外，腹部多作蓮池水禽或人物圖案，瓶上字母有被解釋作正反羅馬字母的 [187]，當是元末明初的外銷瓷。1511 年從里斯本前往印度、中國的葡萄牙使節湯姆·皮萊士（Tom Pires）在亞丁見到有從泰國首府大城轉運的中國貨，在印度康拜又見到亞丁商人從麻六甲運去絲綢、瓷器、麝香、珍珠等中國貨物。

考古發現的華瓷在阿拉伯半島、敘利亞和伊拉克各地都有出土。

亞丁附近出土的瓷器十分豐富。亞丁和它附近的考德·安·賽拉（Kawd am-Saila，意為「洪水沖成的沙磧」），位於亞丁－沙那公路旁的大沙丘，有許多東方陶瓷出土，其中華瓷有 9 世紀的白瓷，12 － 13 世紀的龍泉瓷和定窯瓷，14 世紀的青花瓷。哈比爾（al-Habīl）位於拉赫季東

---

[187] 哈里·迦納《東方的青花瓷》（Harry Garner, *Oriental Blue and White*，費伯出版社 1970 年版）圖 56 將一件 1552 年收藏的玉壺春瓶（瓶口殘損，另鑲銀口）當作嘉靖年造，在時間上推得過晚。

北，出土有 9 世紀的白瓷和 12 — 13 世紀的龍泉瓷，有大碟和深腹碗殘片；還有耀瓷碗和瓷壇，以及 14 世紀的青花瓷殘片，繪有池藻游鴨。在 12 — 15 世紀曾是海港和行政中心的阿比延（Abyan），位於亞丁東北 56 公里處，遺存的華瓷散布在廣達幾公里的地面上，有 9 世紀以後的越窯，還有龍泉窯。在北葉門和沙烏地阿拉伯交界處的扎哈蘭（Zahlan）發現了龍泉窯青瓷和元青花瓷殘片。席赫爾鎮的炮壘廢墟中也出土了中世紀末與遠東陶片混在一起的青花瓷片。席赫爾以東的哈米（al-Hami）老鎮地表上也見到了和阿拉伯玻璃混在一起的中國青花瓷。南阿拉伯出土的華瓷，除阿比延以外，最多的是 13 — 15 世紀的青瓷和 15 — 17 世紀的青花瓷。

　　在阿曼的蘇哈爾，在舊市街的地下發現了青瓷和明代青花瓷[188]。1980 — 1982 年，駐巴林和阿曼的法國考古隊對建於 13 世紀的蘇哈爾城堡進行發掘，獲得中國瓷片 800 件，其中屬於 9 — 12 世紀的占總數的三分之一。最早的華瓷屬於 10 世紀初的越窯青瓷和長沙窯的帶足盤、碗，飾有褐色和黃綠色斑點紋，並有一件 11 — 12 世紀初廣州西村窯的瓷碟殘片[189]。巴林的卡拉托巴林以南 400 公尺處的清真寺遺址和海濱一共收集到 28 塊青瓷片和 58 塊青花瓷片。美國賓夕法尼亞大學的藏品中也有巴林出土的華瓷。這裡出土的青瓷多半是明初的龍泉窯青瓷。青花瓷則多以蔓草花紋和蓮花紋為主。巴林對岸沙烏地阿拉伯的達蘭附近的卡提夫也是個通商口岸，曾出土了宋代咸平通寶（西元 998 — 1003 年）、紹聖元寶（西元 1094 — 1098 年）和紹定元寶（西元 1228 — 1233 年）[190]，為宋錢通行阿

[188]　菲立普斯：《阿曼之謎》（Wendall Philips, Unknown Oman），紐約 1966 年版，第 161 頁。
[189]　蜜雪兒・皮拉左里：〈阿曼蘇丹國蘇哈爾遺址出土的中國陶瓷〉，程存浩譯，《海交史研究》1992 年第 2 期；蜜雪兒・皮拉左里：〈巴林與阿曼出土的中華陶瓷〉（Michèle Pirazzoli, Chinese Ceramics Excavated in Bahrain and Oman），《祝賀三上次男 77 歲生日論文集》，東京 1985 年版，第 315 — 335 頁。
[190]　三上次男：《陶瓷之道》，岩波書店 1969 年版，第 77 — 78 頁。

拉伯半島作出了見證。

　　伊拉克境內的古都薩馬拉（Samarra）位於巴格達以北 120 公里，在西元 838 － 883 年曾作為哈里發帝國的首都而繁榮於世。1911 － 1913 年，薩雷和漢爾茲菲爾特在這裡作了首次發掘，開啟了大規模發掘華瓷的先例[191]。1936 － 1939 年，伊拉克古物部作了第二次發掘[192]。1963 － 1964 年，又進行了第三次發掘。在第一次發掘的扎烏薩克宮（Djausaq）倉庫中發現了唐三彩碗、盤，綠釉和黃釉瓷壺碎片，白瓷和青瓷殘片。在穆塔瓦基勒大清真寺的水井旁出土了青瓷片。在阿息克宮地下室找到了白瓷片。1936 － 1939 年出土的陶瓷大多收藏在巴格達的阿拔斯宮博物館中，有唐三彩和遼三彩的陶器，還有仿唐三彩的伊斯蘭多彩陶器的綠釉系、三彩系、黃褐釉系軟陶。從薩馬拉遺址出土物可知，唐三彩輸出實際不在少數。該地出土 9 － 10 世紀越窯瓷曾被巴格達的阿拉伯博物館（The Arab museum at Khan Marjan）和巴黎達朗博物館收藏。達朗博物館並收藏了 9 － 10 世紀的白瓷碗殘片和 12 － 13 世紀薩馬拉出土的龍泉瓷片。薩馬拉出土物的下限為 13 世紀的龍泉青瓷、青白瓷，以及白瓷，為僅次於福斯塔特與納沙布林出土華瓷數量的一大中心。

　　考古人員在鄰近巴格達的泰西封的田地裡發現了 12 － 13 世紀的龍泉青瓷片，被大英博物館收藏。1964 年又出土青瓷片一件。

　　位於庫特東南 70 公里的瓦西特（Wasit），有伊斯蘭時代的都市遺址。出土的華瓷有基本完整、外側有稜紋裝飾的龍泉窯青瓷缽，屬於 12 － 13

---

[191]　薩雷，漢爾茲菲爾特：《薩馬拉考古》（F. Sarre, E. Herzfelt, *Die Ausgrabungen von Samarra*），5 卷本，柏林 1930 年版；薩雷：《薩馬拉出土陶瓷》（F. Sarre, *Die Keramik von Samarra*），柏林 1925 年版。

[192]　伊拉克考古部：《薩馬拉發掘報告：1936 － 1939 年》（Iraq Government, Dept. of Antiquities, *Excavation at Samarra 1936-1939*），巴格達 1940 年版。

世紀；並有內側中間附貼菊花的元代龍泉青瓷缽殘片。出土物存放在巴格達的阿拔斯宮博物館或阿拉伯博物館。

　　巴格達東南約 60 公里的阿比達（Abirta），初建於奧瑪亞王朝希沙木（Hisham ibn Abd al-Malik）（西元 724 － 743 年在位）時代，到阿拔斯王朝阿爾・拉迪（al-Radi）（西元 934 － 940 年在位）時被廢棄。1957 － 1958 年，芝加哥大學調查了周圍 600 平方公尺的土城[193]，其中有 9 － 10 世紀越窯褐色瓷片和華南白瓷殘片，陳列在東京出光美術館的陶片室。

　　伊本・法基在西元 902 年曾說過，在伊拉克，「來自中國的貨物中，最受歡迎的是精巧的青瓷和白瓷」。伊拉克考古發現證實了這一點。

　　黎巴嫩的巴勒貝克有羅馬時代的遺址，發現了兩片華瓷，一片是宋代龍泉窯蓮花瓣青瓷碗，一片是元代花草紋飾的青花瓷碗，現保存在柏林佩加蒙博物館東方部。

　　敘利亞的古城哈馬，1931 － 1938 年經丹麥國家博物館調查發掘，在 950 － 1400 年的地層中找到了青瓷、白瓷和青花瓷片[194]。其中有些被認為是宋代德化窯白瓷片，有南宋官窯浮牡丹紋青瓷缽殘片，內側貼花的元代青瓷缽碎片，並有元代青花瓷片。在大馬士革博物館的藏品中，可以見到 15 世紀仿製青花的白地藍釉彩畫陶器。

[193]　雅可布遜：《迪耶拉平原考古發掘簡報》（Thorkild Jacobsen, *Summary of a Report by the Diyala Basin Archaeological Project*），1958 年第 14 卷，第 79 － 89 頁。

[194]　里西，普爾遜：《中世紀哈馬的玻璃製造業和陶業調查研究》（P. J. Riis, Bgan Poulsen, *Hama: Fouilles et Recherches, 1931-1938. IV 2. Les Verreries et Poteries médiévales*），哥本哈根 1957 年版。

■第六節
工藝與科學的交流

一、紡織

1 — 2 世紀，中國縑帛從幼發拉底河渡口或紅海湧向黎凡特與亞歷山大里亞。黎凡特的羅馬城市貝魯特、西頓、推羅（提爾）將中國縑素拆解，重新按羅馬式樣織成「胡綾」。同時，中國絲織品也以適應西亞式樣的紋飾製作美觀大方的面料，運銷阿拉伯、敘利亞和小亞細亞。敘利亞作為羅馬帝國的安條克省，富庶繁榮程度不下於埃及的亞歷山大省和小亞細亞的埃弗蘇斯[195]。巴爾米拉是中國絲貨運銷地中海的必經之地，這個位於敘利亞東部沙漠中的綠洲國家便因中國絲綢而聞名於世。1933 年和 1937 年在當地出土了織有漢字的綾錦與繒彩，是 1 — 2 世紀的遺物，圖樣與 20 世紀初樓蘭出土的絲絹相仿[196]。這些出土的絲綢引起了人們極大的注意。其先進的紡織技藝由法國的普菲斯特（R. Pfister）定名為「漢式組織」（armure Han），是一種平紋組織與斜紋組織的混合，或者說是在平紋組織上提起一部分經線使之成為花紋的織法。這種暗花綺暢銷敘利亞[197]。

唐代更有中國工匠僑居阿拉伯就地傳授技藝的。西元 762 年歸國的杜環曾旅居阿拉伯各地十多年，他在哈里發首都庫法親見當地有「綾絹機

---

[195] 羅斯托夫采夫：《羅馬帝國社會經濟史》（M. Rostovtzeff, *The Social and Economic History of the Roman Empire*），第 1 卷，牛津 1957 年版，第 67 頁，第 139 頁，第 263 — 273 頁。

[196] 普菲斯特：《巴爾米拉織物》（R. Pfister, *Textiles de Palmyre*），巴黎 1940 年版，圖版 15；普菲斯特：〈巴爾米拉的漢代絲織品〉（H. Pfister, *The Han Silk Fabric of Palmyra*），《亞洲藝術評論》（*Revue des Arts Asiatiques*）1939 年第 13 卷，第 67 — 77 頁。

[197] 赫爾曼：《中國和敘利亞間的古絲路》（A. Herrmann, *Die Alten Seidenstrassen Zwischen China und Syrien*），萊比錫 1910 年版。

杼，金銀匠，畫匠。漢匠起作畫者，京兆人樊淑、劉泚。織絡者，河東人樂隰、呂禮」（《通典》卷一九三引《經行記》）。從事美術工藝圖樣設計工作的樊淑、劉泚和紡織能手樂隰、呂禮是第一批稱名伊拉克的中國能工巧匠。阿拉伯絲織、陶瓷、金銀器和中國關係之深於此可見一斑。9 世紀的博物學家查希茲在《生財之道》中說巴格達市場上有許多中國貨，絲綢是不可或缺的重要商品。中阿雙方在絲織技藝上的交流促使阿拉伯絲業有了新的進展。庫法製造的金絲或半金絲頭巾直到 20 世紀還是阿拉伯人喜愛的頭巾，稱作庫菲葉（Kūfiyah）。緞子因產在大馬士革，被名為「大馬士革緞」（damask）。用金線在這種緞子上刺繡美麗的圖樣，是庫澤斯坦紡織工廠的特產。

　　唐代高祖、太宗時，竇師綸被派到成都督造瑞錦、宮綾，所創圖案係對雉、鬥羊、翔鳳、遊麟，多用對稱的鳥獸，師承波斯、阿拉伯風格。因他晚年被封為陵陽公，人稱「陵陽公樣」。金錦是盛唐以後流行的技法，為阿拉伯絲織工藝所效法。敘利亞、伊拉克和波斯灣沿岸的塔瓦吉、法薩等地都有專為製作王室貴族所用高級袍服的絲織工廠，織造花團錦簇、色澤鮮豔的錦緞、掛氈、毛毯。當地設計的花紋與唐代圖式相互交流，因此盛唐以後，中國小簇團花與散搭花大為流行；中晚唐時期，雄健豪邁的纏枝花、聯珠團窠寶相花成為一時風氣，小朵散搭花仍層出不窮。團花連環紋綺、回紋綺等圖式都具有伊朗、伊拉克風格，或至少蘊含著來自西亞的藝術氣息。

　　伊拉克、敘利亞的絲織業曾從中國同行那裡獲得借鑑，但在西元 878 年黃巢起義軍占領廣州後，這種海上連繫便因戰事而陷於停頓，於是最好的中國絲綢便難以直接運到阿拉伯而導致價格更昂貴。阿布·宰德·哈桑在編纂《中國印度見聞錄》時曾特意指出，中國的高官顯爵身穿豪華的絲

服，因為不准直接出口，所以阿拉伯各國很難得到，而且價格昂貴，了無止境。他記述一位富商曾談到在廣州面見管理市舶務的宦官，當時他透過宦官的絲服居然看到胸口長的一顆黑痣。他推測宦官至少穿著兩件絲衣。宦官見狀十分詫異，便問這位阿拉伯富商：「你好像老盯住我的胸口，為的是什麼？」這位外商回答道：「透過這件衣服，看到了一顆黑痣，使我十分驚奇！」宦官聽說後，不覺哈哈大笑，伸手撩起衣袖，說道：「請數一數，看我穿了幾件衣服？」商人一數，才知他穿了五件絲衣，然而黑痣仍很清晰。阿布·宰德·哈桑評述這件事說：「這類最好的絲綢，是未經漂白的生絲。總督穿的絲綢，比這還更精美、更出色。」[198]

西元 11 世紀西伊斯蘭風格的織物殘片

　　宋、元以後織金技術精益求精。金錦、毛緞都用金線加織，並和伊朗、伊拉克、敘利亞廣泛交流加金技術。宋代織錦有直接採用西亞獅子圖式的。在宋代每年按等級賞賜百官的襖子錦中，第四等獅子錦即有西亞餘風。宋代絲絹也透過遼、金和海運流向西亞。12 世紀巴格達生產的條紋絹，因在阿塔卜區製造，被稱作阿塔比（attābi），花色品種卻借鑑中國。《諸蕃志》記述巴格達生產白越諾布（白綾），十分著名，很可能就是白色

[198]　蘇萊曼，哈桑：《中國印度見聞錄》，穆根來等譯，中華書局 1983 年版，第 101 頁。

的阿塔比。同書又稱大食生產織金軟錦[199]、異緞，都是伊朗和艾優卜朝統治下的敘利亞與下埃及產品，異緞正是享名歐洲的「大馬士革緞」。元代金襴輸出西亞，巴格達等地至今尚有遺物可查，藏品中有元代織出阿拉伯文字的鸚鵡金襴。元政府在將作院下專設異樣局總管府，下轄異樣紋繡提舉司、綾錦織染提舉司、紗羅提舉司，負責設計、採集各種外來圖式，尤其是中亞、西亞風格的紡織紋飾。

　　據汪大淵《島夷志略》，14世紀上半葉從中國輸往西亞的紡織品，在波斯灣頭的波斯離（法爾斯沿海）有氈毯、五色緞；在甘埋里（卡伊斯島）有青緞、蘇杭色緞；在天堂（麥加）有五色緞。在明代中國對阿拉伯的貿易中，緞匹、色絹仍是主要的貨物，甚至是一種代表雙方結成友善關係的信物（《星槎勝覽》卷四、《殊域周諮錄》卷一一）。正德年間，中國派使者到麥加通好。正德十三年（西元1518年）麥加王寫亦把剌克遣使貢馬、駝，明政府大為滿意，以蟒龍金織衣和麝香、金銀器回贈。其他阿拉伯口岸也都歡迎中國出產的色絹、緞匹、紵絲。亞丁甚至有專售絲帛的商店，經銷各國絲織品，中國絲絹當然也有陳列。在葡萄牙人東來之前，阿拉伯半島一直是中國在印度洋地區的重要交易夥伴。

　　敘利亞、黎凡特的毛織工藝十分精湛，羅馬時代即以「大秦氍毺」著稱於東方。氍毺又作氍毹，譯自阿拉伯語中的毛褥 ghashiyat。「大秦氍毺」以色澤鮮豔、圖案繁複勝於海東諸國，紡織技藝高於伊朗、月氏同類產物。著名的「和田毯子」已見於漢代尼雅遺址出土木簡。這種名聞世界的栽絨毯以起絨短、富於裝飾風格而經久不衰，是不斷吸收西亞毛織工藝成就之後加以改進的優良產品。敘利亞的亞麻或野繭絲與羊毛混紡的氍

---

[199]　雍熙元年（西元984年）大食國人花茶向宋朝的獻物中，首先是花錦、越諾，花錦即是織金軟錦的一種。

毹㲪帳在 2 世紀就已為中國所推崇。在唐代阿拉伯使者的禮物中仍有這種傳統的名牌貨。開元十三年（西元 725 年）大食使者蘇黎滿獻物中就有與馬並列的毛錦（《冊府元龜》卷九七一），毛錦之為阿拉伯特產不難想見。宋代這種毛織物仍有高級貨作為貢禮進入中國宮廷。熙寧三年（西元 1070 年）十二月二十四日，大食國使獻物中有錦㲪（《宋會要輯稿·蕃夷七》），是色彩絢麗的毛毯。此外，《諸蕃志》列舉的大食名產還有駝毛布，這種駝絨只產在阿拉伯，深受中國人喜愛，歷數世紀而不衰。

　　亞麻與棉布是更為中國矚目的阿拉伯產品。《魏略》列舉 3 世紀暢銷中國的敘利亞亞麻織物有三種：一種叫緋持布，是希臘、羅馬時代亞麻業中心貝魯特織造的麻布，「緋持」為「腓尼基」的音譯；一種叫度代布，因巴爾米拉的阿拉伯名稱塔德莫爾（Tadmor）而得名；一種叫阿羅得布，由安條克的奧朗特河命名，產在安條克。古希臘盛傳印度、阿拉伯出產生在樹上的羊毛。賽奧法拉斯托斯（Theophrastus）提到波斯灣的泰羅斯島（Tylos）上有羊毛樹，這種樹在印度、阿拉伯各地都有 [200]。阿拉伯棉布大量運入中國的時間在宋元時代。宋代進口的棉布，凡屬東南亞所產多稱吉貝花布、吉貝紗、白疊布，印度棉布和阿拉伯棉布則統稱番布，或細分為番頭布、番顯布、番青斑布、青花番布、青番棋盤小布。也有以花色命名的，如花蕊布、白疊布（㲲布），或徑稱兜羅綿。番布大多從海上運入，花蕊布、白疊布多從西北陸上進口。于闐是花蕊布貿易的主要集散中心，許多阿拉伯花布便從于闐東運中國。1072 年大食勿巡國（蘇哈爾）使者辛毗陀羅的貢物中，屬於紡織品的便有越諾布、花蕊布、兜羅綿毯、錦襀蕃花簟（《宋會要輯稿·蕃夷七》）。最後一類錦襀蕃花簟，在毛鍛上用金線

---

[200]　賽奧法拉斯托斯：《植物考》（Theophrastus, *Enquiry into Plants*），霍特（Arthur F. Hort）譯，第 4 卷，劍橋大學 1916 年版。

紡織，「簜」這個名詞譯自波斯語言 taktar。這種棉布交易直到明代仍在進行。永樂年間到過亞丁的馬歡記述當地民間男子纏頭，衣撒哈剌、錦繡、紵絲、細布等服，「市肆熟食及綺帛書籍，俱如中國」。在紡織文化上，中國和南阿拉伯有許多共同的地方。

二、煉金術

中國煉金術在漢代已取得重大進展。2 世紀，魏伯陽掌握了汞齊煉金法。他在《周易參同契》中說用「黃牙」制服「河上姹女」，即透過硫黃克服水銀的揮發性，得到人造的丹砂（HgS）還丹。同時道家在金液中引入硝石，溶解雜質中的銅，用來製海綿狀的偽金。葛洪在《抱朴子・黃白》中記錄他在丹砂水中加入硝石，取得純淨的丹砂，並提高了醋酸對許多金屬單質和化合物的溶解力。中國煉金術取得的這些成就，在 8 世紀成了阿拉伯煉金術的基本理論和實際操作中不可分離的重要因素。

被尊為阿拉伯煉金術祖師的查比爾（Abu'Abdallāh Jābir）曾是太子哈立德的老師，生活在 8 — 9 世紀之際。987 年，巴格達書商納迪姆在《百科書錄》中已感到煉金術著作浩繁，無法一一記錄，尤以埃及學者所作的最多，但大多是重複前輩之言。同時納迪姆又說，除了埃及以外，當時頗有人以為煉金術出於波斯，或傳自希臘，也有說來自印度和中國的 [201]。納迪姆所能確定的查比爾著作只有一種，而託稱查比爾所作的著作在當時已多達 500 種。從查比爾開始，葛洪的神丹（al-iksīr）便成為阿拉伯煉金術士終生追求的目標，「以丹作金」的思想指導著長期居住在庫法的查比爾及其後繼者為開創近代化學而不倦地進行實驗。查比爾所製作的「哲人

---

[201] 伊本・納迪姆：《百科書錄》（al-Nadīm, *Kitāb al-Fihrist al-'Ulūm*），達奇（B. Dodge）英譯本，第 2 卷，紐約 1970 年版，第 868 頁。

石」又稱「點金石」（al-kibrīt al-abmar），是一種具有點鐵成金的神效的介質，轉述了中國煉丹家製作還丹的方法和理論，成為他所煉取赤硫黃的祕訣。他的硫黃－水銀的煉丹法，正是魏伯陽黃牙－河上姹女法的翻版。

查比爾原來接受的煉金理論是古希臘的元素說和羅馬時代希臘名醫蓋倫的藥效說，現在又從中國吸收了道家陰陽中和的理論，從而使阿拉伯煉金術在學理上有了新的突破。蓋倫的藥效理論認為，構成世界的基本元素及其化合物，如金屬、礦物、動物、植物，都具有自然界存在的冷、熱、乾、溼四大屬性，組合結構比例合理，取得平衡，便可使物質保持永恆；合理的藥效就在於使物質或生命取得這種平衡，以糾正因不平衡而造成的衰敗和病變。阿拉伯煉丹家從查比爾、拉齊以來就將中國道家學說引進伊拉克，他們製作哲人石，最終目的在於使黃金中的硫汞比例維持平衡，達到金、銀、銅、鉛、鐵、錫六種金屬中硫汞配製比例的合理。這種理論和《淮南子・地形訓》所述的中國煉丹術並無兩樣，來自中國當無疑問[202]。查比爾又從中國同行那裡學會了製取硝酸，加上三分或四分鹽酸，煉成可以熔金的「王水」。「王水」等於中國古籍的「金液」，後來成了阿拉伯文中煉金術（al-Kīmiyā'）這門學問的專稱。

煉丹家兼醫生的拉齊（西元 865 － 925 年）曾受學於巴格達譯學館，接觸到中國煉丹理論。他從中國引進鋪石和硇砂（氯化銨）製作藥劑，在學術淵源上和查比爾一脈相承。10 世紀初，他曾幫助中國學者在三個月內將阿拉伯文譯本的蓋倫著作傳授給一位出訪伊拉克的中國同行，他的煉丹知識和這種國際交流有著直接的關係。

---

[202] 李約瑟：《中國科技史》（J-Needham, *Science and Civilization in China*），第 5 卷第 4 分冊，劍橋大學 1980 年版，第 455 － 459 頁；黃子卿：《中國煉丹術的起源和發展》，清華大學生理研究所講稿，1944 年。

三、化工

伊斯蘭學者塔利比（西元 961 － 1038 年）曾像當年許多阿拉伯人一樣讚揚中國工匠卓絕的手藝。他在《逸聞錄》中說：「阿拉伯人通常對精美的或製作巧妙的器皿，不管它真正出產在哪裡，都以『中國貨』（sinīya）相稱。直到今天，人們對於一些馳名的盤碟仍然以『中國』這個詞來稱呼。在製作奇技異物方面，今天和以往一樣，中國仍以心靈手巧、技藝卓絕著稱於世。」[203] 阿拉伯人曾努力吸取中國在化工方面的各項技藝，在蠟染、製革、造瓷、製墨、馬具、礬絹、漆器、磨鏡等許多舉世矚目的工藝領域中都曾借鑑於中國同行；尤其在造紙、製造火藥等中國遙遙領先的專案上緊步中國之後急起直追。

10 世紀中葉，託名煉丹家查比爾的《物性匯覽》（*Kitāb al-khawās al-kabīr*）有好幾章涉及中國配製和加工的化學工藝，共有十項之多：

（1）**用於衣物、武器、防水、防汙的塗蠟技術。**唐代印染技術發達，蠟纈、夾纈、絞纈衣料十分流行。蠟纈，當時稱蘭纈，有單色染和複色染兩種，複色染有四色、五色套色，辦法是用蠟在布上繪畫印染，然後去蠟，花紋一如繪畫。脫蠟法在各種製器工藝上大量使用，也為阿拉伯世界所效法。

（2）**皮革所製馬具、皮帶、鞘、箙等表面所需防護性清漆或塗料。**這些工藝都屬於武器、武裝方面有關皮革製品的化學處理和漆加工技術。鬃飾工藝，要求對於黑色和深色主要用漆，對於淺色、淡色、豔色必須用油。塗料，被稱作 duhn sīnī，為中國所特有。唐代以前，已使用調色的油有大麻子油、荏子油、烏桕子油和密陀僧（一氧化鉛）製作的密陀油，

---

[203]　塔利比：《逸聞錄》（Tha'ālibi, *Latāif al-Ma'ārif*），鮑斯華茲英譯本（C. E. Bosworth, *The Book of Curious and Entertaining Information*），艾丁堡 1968 年版，第 141 頁。

以及胡桃油，duhn sīnī 至少包括大麻子油、荏子油這兩種油料。唐代陳藏器《本草拾遺》曾說：「江東以荏子為油，北土以大麻為油。」油帛、和漆，尤以荏子為強 [204]。髹飾中的鑲嵌、戧金、堆漆技藝在中國具有悠久歷史，都是唐代流行的漆加工工藝。

（3）**燒製玻璃和瓷器的高純度耐火土**。有關瓷器的高嶺土知識，大約在 9 世紀已進入西亞、埃及，瓷器被稱作 ghadār sīnī，ghadār 一詞可能是造瓷原料「高嶺」的音轉。

（4）**中國式馬鞍製造法**。中國馬具在東漢以後特別是南北朝時代有很大發展。5 世紀中葉，馬具已東傳日本列島；6 － 7 世紀之後，中國馬具又因製作精良而為騎馬民族發祥地的西亞各國所矚目。唐代成套的馬具（彎頭、鞍具、鐙、胸帶和鞧帶）曾向阿拉伯世界出口，製作技藝為對方所借鑑。馬鞍的製作，包括鞍具（鞍座、韉、障泥）及其相關的鐙，以及將鞍具前後加以固定的胸帶和鞧帶 [205]，涉及製革、金工、木工、鑲嵌等多種手藝，對軍事、儀仗、運輸、交通的作用至關重要。

（5）**中國與印度的製墨配方**。阿拉伯世界引進印度墨水和中國油墨的製造配方，油墨用於印刷。

（6）**漿洗絲帛的方法**。

（7）**漿洗麻布的方法**。

（8）**塗敷刀劍、木器等的金工、油漆技術**。

（9）**仿製吐蕃木（檉柳或白楊）的技藝；製造馬鞭的各種手藝**。

（10）**打磨銅鏡的中國塗料膏**。古代銅鏡需經常拋光，以保持鏡面光

---

[204]　吳其濬：《植物名實圖考長編》卷十二，中華書局 1959 年版，第 676 頁。
[205]　孫機：〈唐代的馬具和馬飾〉，《文物》1981 年第 10 期。

亮。《淮南子》已有使用玄錫塗鏡的文字記述。由於塗抹「黑漆古」這種優良的抗腐蝕劑，銅鏡得以久埋地下一兩千年，表面仍漆黑發亮、光滑晶瑩。古玩家對這種出土銅鏡有「黑漆古」的俗稱。黑漆古銅鏡鏡面在玻璃質表面膜下有明顯磨痕，表面膜係拋磨以後形成的。漢代玄錫是種含鉛的錫石[206]。黑漆古在長江流域水分較多的「水坑」中出現，與氣候、土壤有關，和北方的「乾坑」不同，大致由錫的氧化物組成[207]。唐代使用的磨鏡藥可能已有宋代以來明確提到的錫汞齊，為阿拉伯所借鑑。

　　造紙術從中國輸入西亞，使植物纖維紙邁開了繞行全球的重要步伐。9 世紀初阿拉伯人塔明・本・巴赫（Ibn Bahr）的《回鶻行紀》中引述阿拉伯作家艾卜・法德爾・瓦斯蓋爾迪（Abul-Fadl al-Vāsjirdī）的話，提到穆斯林在戰爭中曾讓一些中國俘虜從事造紙，「現在在撒馬爾罕製造上等紙張、各式武器和各種工具的人，正是這些俘虜的後裔」[208]。博學的加茲尼學者比魯尼（西元 973 — 1050 年）也認為：「中國戰俘把造紙術傳入撒馬爾罕，從此以後，許多地方都建立了造紙的作坊，來滿足當時的需要。」[209] 此後，紙坊便在阿拉伯世界各地相繼出現。植物纖維紙以它輕便、簡潔和字跡不易塗改的優點逐漸代替葦紙、皮革和羊皮紙，成為最受歡迎的書寫用紙，在世界文化革命中貢獻了無可計量的效益。

　　西元 794 年，哈里發哈倫・拉希德統治下的巴勒馬克家族呼羅珊總督法德爾・伊本・葉海亞（al-Barāmika al-Fadl ibn Yahya）在巴格達開辦了撒

[206]　梁上椿：〈古代鑄鏡技術之研討〉，《大陸雜誌》1951 年第 2 卷第 11 期。

[207]　蓋登士：〈古代青銅器上的綠鏽〉（R. J. Gettens, Tin-oxide Patina of Ancient High-tin Bronze），《福格藝術館通訊》（Bulletin of the Fogg Museum of Art）1949 年第 11 卷，第 19 — 23 頁。

[208]　本・巴赫：〈塔明・本・巴赫回鶻行紀〉（Ibn Bahr, Tamim Ibn Bahr's Journey to the Uyghurs），米諾爾斯基（V. Minorsky）譯，倫敦大學《亞非學院院刊》（BSOAS）1948 年第 12 卷，第 285 頁。

[209]　薩伽：《比魯尼印度志》（G.Sachau, Al-Beruni's India），倫敦 1914 年版，第 171 頁。

馬爾罕式樣的造紙工廠，在伊拉克開始生產植物纖維紙。這件事被伊本‧卡勒敦（Ibn Khaldun）寫進了他的巨著《歷史導論》（al-Muqaddimah）。這也意味著西亞正式進入了紙的世紀。經法德爾的弟弟宰相賈法爾‧本‧葉海亞（Ja'far ibn Yahya）建議，哈倫正式下令，為防塗改，政府公文一律以這種新式的紙張代替早先使用的皮紙。這種紙就是後來習稱的賈法爾紙。此後，在造紙術傳入阿拉伯世界不到兩個世紀的時間內，在阿拉伯半島葉門的蒂哈瑪，敘利亞地區的大馬士革、特里波利、哈馬和梯比里斯，都擁有了自己的造紙廠。大馬士革以製造的紙張長期供應歐洲而聞名遐邇，拉丁文中稱為大馬士革紙（charta Damascena）。敘利亞的另一城鎮班畢（Bambycina），因為造紙被歐洲人訛傳成 Charta Bombycina，成了「棉紙」。直到 1885 年維也納的威斯納（Jules Wiesner）對早期阿拉伯古紙作出顯微分析時，歐洲一直訛傳阿拉伯是襤褸紙的發明者，他們的紙由棉質纖維所造。這個歷史性的誤會，竟一時剝奪了早先阿拉伯著名學者早已公認的中國人對纖維紙的發明權。

　　火藥是中國的發明，在 13 世紀已為阿拉伯世界所重視。組成黑色火藥的三要素是硝、硫黃和木炭，關鍵在硝的配方。中國硝（火硝）傳入伊朗，被稱為「中國鹽」或 shūra。阿拉伯語則以「中國雪」（talgā-s-Sīn，thalj al-Sīn）和硝（shawraj，shūraj）相稱。硝石進入伊斯蘭國家的時間大約在 8 － 9 世紀之際。阿拉伯煉丹術之父查比爾‧伊本‧海揚用硝酸取得王水。9 世紀中葉巴斯拉開採的 shūraj，也就是硝礦，這個字本身就是「硝」的音譯。但 9 － 12 世紀，阿拉伯人始終不能用硝製取火藥，而只能充作煉丹和醫藥中的藥劑。當 13 世紀阿拉伯人從戰場上得知火藥時，他們最初使用的便是這個來自中國的「藥」字，在阿拉伯語中稱達瓦（dawā'），是個意譯的字。還有「巴魯得」（bārūd）和「焰硝花」（或譯「阿索絲石之花」，

zahrat hajar assiyūs）兩個詞，早在埃及和北非已被使用。

硝作為一種藥料，在煉丹和仿造華瓷、燒製玻璃中都發揮著它特異的功能。最初是從南宋首都臨安（杭州）和泉州、廣州等地傳入埃及的「焰硝」、「花火」得名，焰硝花和希臘醫學著作中的「阿索斯石頭」似無關係[210]。阿拉伯最博學的藥物學家伊本‧貝塔爾（Ibn Baitār，西元 1197 — 1248 年）在他的巨著《醫方彙編》（*Kitāb al-jāmi fi al-Adwiyah al-Mufradah*）的「巴魯得」條目下說道：「這是埃及老醫生所稱的中國雪，西方（馬格里布和安達盧西）普通人和醫生都叫『巴魯得』，稱作『焰硝花』。」[211] 這顯示在 1248 年前非洲阿拉伯世界就開始使用含有火藥意義的「巴魯得」和「焰硝花」來代替早先「中國雪」這個含義不清的名詞。「巴魯得」一名的出現，正是硝在阿拉伯世界開始用來製造花火的結果。

埃及在推廣中國煙火和火藥方面走在阿拉伯世界的前列。1249 年的一種阿拉伯文抄本 Shebah bin Fadhl 敘述艾優卜朝國務大臣歐姆萊（al-Amraes）親自主持了在伊斯蘭國家初次試製火藥的實驗，取得了成功。當時使用的火藥配方可能就是半個世紀後哈桑‧拉曼（al-Hasan al-Rammāh）在《馬術和軍械》中列舉的「契丹花」處方。哈桑‧拉曼在 1285 年後不久記述的這張火藥配方，用了硝、硫黃、木炭和「中國鐵」。他使用的硝稱「巴魯得」。1249 年以後，「巴魯得」這個詞就因用於軍事上的試驗獲得成功而具有「火藥」的含義了。

蒙古人使用中國火器在中東戰場大顯威風，促使阿拉伯人逐漸棄置早先使用的火油機。在幼發拉底河抗拒蒙古入侵的馬木路克人首先開始

---

[210] 沈福偉：《中國與非洲》，中華書局 1990 年版，第 534 頁。
[211] 薩爾頓：《科學史導論》（G. Sarton, *Introduction to the History of Science*），巴爾的摩 1975 年版，第 2 卷，第 1036 頁；柯林（G. S. Colin）：「巴魯得（Bārūd）」，《伊斯蘭百科全書》第 1 卷，萊頓 1986 年版，第 1055 — 1056 頁。

仿造這種使用火藥的新武器。到 13 世紀末，馬木路克使用的火炮有通稱「火器」的馬達發（midfa'an-naft，簡稱 midfa'），還有「火炮」馬卡拉（mukhulat an-naft，簡稱 mukhula 或 naft）。烏瑪里還在 1340 年時提到，馬木路克人使用了類似宋代突火槍的一種焰硝炮（makāhil al-bārūd），它已是一種比較成熟的管形火器了。由於阿拉伯人的傳遞，差不多同時，火藥、火器都在歐洲戰場上得到了應用，世界軍事上射遠火器的時代由此正式揭開了帷幕。納夫達（naft）至晚在 1360 年代就已不再是石油機（naph-tha），而是道地的火炮（makāhil an-naft）了。

　　阿拉伯玻璃製造技術優於中國，宋元以來對中國玻璃業有所推動。新疆出土宋元時期的一些玻璃殘片，經鑑定係鈉鈣玻璃，按照器型、紋飾，曾被推測是當地製作的仿伊斯蘭玻璃器。《宋會要輯稿》曾多次記述阿拉伯使者從海上進獻玻璃器，阿拉伯特產香水、千年棗、白砂糖也常裝在琉璃瓶（玻璃瓶）中一起進獻。如咸平二年（西元 999 年）閏三月，蒲押提黎的獻物中有千年棗、白砂糖、葡萄各一琉璃瓶，另有薔薇水四十瓶，當然都裝在玻璃瓶內。大中祥符四年（西元 1011 年）陁婆離進獻方物中有碧白琉璃酒器（《玉海》稱琉璃鐘）。熙寧三年（西元 1070 年）十二月大食使者貢物中的水晶琉璃器，和熙寧五年（西元 1072 年）二月勿巡國（蘇哈爾）辛毗陀羅進奉的琉璃水精器，是同一類型的、最精巧的透明玻璃器。《諸蕃志》卷下琉璃條評述大食玻璃「最耐寒暑，宿水不壞，以此貴重於中國」。中國玻璃不耐高溫，虛脆不貞，因此玻璃器皿的製作技術長期停滯不進。這種情況到 15 世紀初仍未見改善。永樂年間，鄭和、王景弘出使西洋，引進燒製玻璃人才來華，實際解決鈉鹽的合理配方，燒出有氣眼而質輕的玻璃，減少玻璃的進口量，才使中國玻璃價格下降（《事物原會》卷二八引《正字通》）。

四、金工

託名查比爾的《物性匯覽》中列舉借鑑的中國技藝，有煉鐵為鋼（fūlādh）的各種方法，炒鋼、灌鋼等先進技術已為阿拉伯所傳揚。灌鋼技術在 5 世紀陶弘景的《古今刀劍錄》中有確切的紀錄，辦法是將生鐵和糅熟鐵摻雜，由此煉製的鋼堅韌耐用。生鐵煉鋼是中國人的獨創，久已引起阿拉伯人的注意。在查比爾為數眾多的著作中，有一本名為《論中國鐵》（Kītab al-Khārsinī），專門論述中國人發明的銅鎳合金，亦即中國人所稱的鋈（白銅），Khār 這個字好像就是「鋈」的音譯。阿拉伯人認為用這種金屬製作箭鏃可以置人於死地，製作魚鉤可以使海中的魚難以掙脫，做銅鏡可以避邪，做銅鈴則聲音鏗鏘，久久迴盪。

對於阿拉伯製作的腰刀，由於它鋒利而形如新月，用於騎兵作戰時能發揮殲敵的效力，中國人給以很高的評價。唐代荊南兵馬使趙公有大食刀，詩人杜甫為之作〈荊南兵馬使太常卿趙公大食刀歌〉（《全唐詩》卷二二二）：「太常樓船聲嗷嘈，問兵刮寇趨下牢。牧出令奔飛百艘，猛蛟突獸紛騰逃。白帝寒城駐錦袍，玄冬示我胡國刀。……荊岑彈丸心未已，賊臣惡子休干紀。魑魅魍魎徒為耳，妖腰亂領敢欣喜。用之不高亦不庳，不似長劍須天倚。籲嗟光祿英雄弭，大食寶刀聊可比。丹青宛轉麒麟裡，光芒六合無泥滓。」

大食寶刀在中國享有很高的聲譽，歷宋、元不衰，到明代因日本刀大量進口，才讓位於日本刀。西元 1327 年，伊兒汗不賽因向北京饋贈的禮物中有西馬、佩刀和珠寶，這種佩刀也就是著名的敘利亞鋼刀。馬歡《瀛涯勝覽》記述中國使者到達亞丁後，阿丹國王饋贈禮物，有金廂寶帶二條，金絲珍珠寶石金冠一頂，並雅姑等各色寶石，蛇角二枚，修金葉表文等物，稱當地是金銀鑲嵌工藝的製作中心，「打造入細金銀生活，絕勝

天下」。正德十三年（西元 1518 年）麥加王寫亦把剌克向明廷贈送的禮物中，有一種名為魚牙刀的寶刀。

　　阿拉伯各國製造的掐絲琺瑯以工細聞名。在銅胎上黏焊細銅絲組成的圖案，再填滿琺瑯，經烘燒、磨光、鍍金而製成。元初傳入中國後被稱作「大食窯」。明代以景泰（西元 1450 － 1457 年）年間製作的最精，並有年款，清代才以景泰藍相稱，流傳至今。

五、珠寶

　　在唐代，阿拉伯商人和波斯商人一樣以販運珠寶著稱。《太平廣記》中有許多胡人、胡僧挾寶以返的故事，明確講是大食國人的，有卷三十四「崔煒」條。崔煒在外地返歸廣州，將所得巨珠出售，有老胡一人，見到這稀世之珍便匍匐膜拜，出價十萬緡購進，然後搭船回到大食。同書卷四〇二「水珠」條引《紀聞》，有大食國胡人，見珠行頂戴禮，大食國人出價四千萬貫買珠。還有大食國人埋珠於地引發泉水等記事。這些故事說明阿拉伯商人善於識別珠寶，並有足夠的資金可以操縱珠寶市場。

溫宿出土瑪瑙蝕花串珠

12世紀初，在廣州以阿拉伯穆斯林為主體的蕃人都有帶寶石戒指的風氣，「其人手指皆帶寶石，嵌以金錫。視其貧富，謂之指環子。交趾人尤重之，一環直百金。最上者號貓兒眼睛，乃玉石也，光焰動灼，正如活者」（《萍洲可談》卷二）。這種追求財富的風氣也傳給了中國商民。

《諸蕃志》卷下「珠子」條：「真珠出大食國之海島上。」又說廣西、湖北雖亦產珠，但不及大食、監篦（蘇門答臘西北岸）所出的明淨。趙汝適記錄了伊德里西《旅遊證聞》中巴林產珠場的實際操作情況，指出這種採珠業屬於官辦性質，取得的珍珠和採珠者均分。「珠大率以圓潔明淨者為上，圓者置諸盤中，終日不停。番商多置夾襦內及傘柄中，規免抽解。」由於珠寶大多由入境者偷運，所以實況難明。《諸蕃志》列舉阿曼沿海出真珠，出口貨「惟買馬與真珠及千年棗」；卡伊斯島是重要口岸，「土產真珠、好馬」和白銅、水銀、生銀等阿拉伯產品，同時運銷世界各地。

《皇明世法錄》卷八十一以默德那（麥地那）為回回祖國，評論：「其人善鑑識，每於買胡海市中廉得奇琛，故稱識寶曰回回。」將阿拉伯人當作鑑識珠寶的民族。

元代阿拉伯商人常以珠寶玉石和官府交易。至元三十年（西元1293年），「回回孛可（Bakr）、馬合謀沙（Muhmud Shah）等獻大珠，邀價鈔數萬錠」（《元史》卷一七）。至大元年（西元1308年），「泉州大商馬合馬丹的（Muhammad al-Tāmm）進珍異及寶帶、西域馬」（《元史》卷二二）[212]。皇慶二年（西元1313年）又有「回回以寶、玉鬻於官」（《元史》卷二四）的記事。回回進寶與回回識寶，是元、明時代社會上的常事。

---

[212] 這位泉州客商「馬合馬丹的」名字和什葉派中伊司馬儀派所擁護的伊司馬儀的兒子穆罕默德‧塔木相同。但「的」這個字也可能譯自伊司馬儀派中的傳道師（dā ‘i）。總之，這位客商是什葉派信徒。

　　元末陶宗儀《輟耕錄》卷七錄有各種阿拉伯寶石，總稱回回石頭，稱價格因種類而異。「大德間（西元 1297 － 1307 年），本土鉅賈中賣紅刺一塊於官，重一兩三錢，估直中統鈔一十四萬，定用嵌帽頂上。自後累朝皇帝相承寶重，凡正旦及天壽節大朝賀時，則服用之，呼曰刺（lal），亦方言也。」「刺」譯自阿拉伯語，在紅石頭四種中名列榜首，明代以紅玉相稱。14 － 15 世紀，亞丁是印度洋最大的玉石市場，出產貓睛、珊瑚、金珀、大珠和五色雅姑。1421 年，中國從亞丁進口重二錢許的貓睛，高二尺的珊瑚。嘉靖年間，製方丘、朝日壇玉爵所需紅黃玉也在亞丁購進。

六、星曆

　　中國傳統星曆知識根基雄厚。西元 1220 年 5 月，蒙古軍進駐撒馬爾罕，精通漢學的契丹人耶律楚材首次獲得與穆斯林天文學家合作觀察天象的機會。回回天文學在元初已深受重視。1271 年，元政府在原有的漢兒司天臺之外，正式在大都（北京）設立回回司天臺。1276 年任用可馬剌丁為司天少監，隸屬於祕書監之下，由可馬剌丁襄助波斯人扎馬剌丁編制回回曆書。終元一代，回回司天監與中國傳統的曆法機構同時存在。

　　在 1273 年漢兒、回回兩個司天臺合併時，可馬剌丁曾隨侍駐守陝甘的安西王忙哥剌。忙哥剌在京兆府（今西安）設立的天象臺實際上是北京司天臺的分部，在六名臺官中有三名歸屬忙哥剌。忙哥剌的兒子阿難答是個虔誠的穆斯林，精通阿拉伯文字，從事阿拉伯曆法的推算。1957 年在西安東北三公里的安西王府遺址進行發掘，出土了藏在石函內，鑄在正方形鐵板上的五塊阿拉伯數字的幻方，數字分六面澆鑄，大約出於王府的工匠之手[213]。據元《祕書監志》，可馬剌丁在 1278 年曾為安西王推算曆法，

---

[213]　夏鼐：〈元安西王府址和阿拉伯數碼幻方〉，《考古學和科技史》，科學出版社 1979 年版，第 63 － 68 頁。

奉旨寫進回回曆。阿拉伯幻方當屬運算工具，同時又是穆斯林壓勝和避邪的靈符。1980 年，上海浦東陸家嘴也出土過一枚玉質佩掛幻方，所鑄阿拉伯數字與西安出土物類同。

精通星曆、醫術的愛薛與在馬拉格天文臺工作過、歷史上稱作阿布‧舍克爾的天文學家似乎是同一人。他和敘利亞的博物學家阿布林‧法拉傑相處甚為融洽。阿布林‧法拉傑常去馬拉格從事研究，1272 － 1273 年在那裡講解托勒密，阿布‧舍克爾為他選編了托勒密的《行星體系萃編》（Khulāsat al-mijistī），希臘－阿拉伯天文學因此得以東傳。

回回曆推測天象極精，五星緯度尤為中國所無。耶律楚材早認為「西域曆五星密於中國」（宋子貞：〈元故領中書省耶律公神道碑〉，《元文類》卷五十七，《四部叢刊初編本》）。明末徐光啟總結漢代以來曆法家有 70 多家，而五星法不過一卷。以之推步，常有誤差。日月有交食可驗，而五星則無可查證，因此要借鑑回曆，「回回曆則有緯度，有凌犯，稍為詳密」（徐光啟主纂：《新法算書》卷二，緣起，影印文淵閣四庫全書本）。所以明代仍極重視回回曆法。洪武元年（西元 1368 年），明政府在設置司天監時同時又設回回司天監，命回回司天監黑的兒、阿都剌等 14 人修曆。1369 年，特將元代回回曆官鄭阿里等 11 人召到京師（南京），負責回回司天監的工作 [214]。1370 年司天監改為欽天監，回回司天監改稱回回欽天監，並在欽天監下專設回回曆一科。洪武十五年（西元 1382 年）秋，朱元璋命令翰林李翀、吳伯宗會和回回大師馬沙亦黑將元代使用的回回曆譯成中文，後來傳世的《明譯天文書》便是他們的成果 [215]。但這項成果不能切合中國傳統曆法，所以又根據南京的地理緯度計算了「晝夜宮度

---

[214]　谷應泰：《明史紀事本末》卷七二，《明神宗實錄》卷五三六。
[215]　吳伯宗，馬沙亦黑：《明譯天文書》，涵芬樓秘笈本，1927 年。

立成」、「經緯加減立成」，在洪武十八年編成了《回回曆法》[216]。馬沙亦黑、馬哈麻和漢人元統都曾參與這項中阿曆法的融通與調整工作。《明史》卷三七、三八、三九曾詳加著錄。1398 年，回回欽天監被撤銷，但欽天監下仍設有回回曆科，負責編寫星曆，與大統曆參用了 270 多年。這中間最重要的是宣德、正統年間的劉信和成化年間的貝琳。劉信編纂了「約而精、簡而盡」的《西域曆書》，並撰寫了《凌犯曆捷要》[217]，貝琳撰了《七政推步》。清初仍採用大統曆和回回曆。直到 1669 年清政府決定採用西洋新曆，回回曆才被廢去。

七、醫藥

香藥是亞丁灣兩岸對外輸出的大宗貨物，對中國的醫藥具有十分重要的借鑑作用。阿拉伯香藥以乳香、蘇合香、龍涎香、阿拉伯膠、訶黎勒、石硫黃、沒石子、阿魏、金線礬、押不蘆、阿芙蓉、梔子花、薔薇水等享名中國，在中國醫方中廣泛應用。

乳香，一名薰陸（Boswellia carteri），阿拉伯名 mastaki。薰陸取名於阿拉伯香岸（Shihr Lūbān）[218]，香岸以產乳香蜚聲世界，因此初入中國即以產地相稱。《別國洞冥記》稱元封年間（西元前 110 － 前 105 年）外國進贈沉光香，出在塗魂國（佐法爾），燒之有光，是最好的照明材料，便是乳香。唐、宋時代，以薰陸的別名大量輸送中國。8 世紀中葉，海南島萬安州馮若芳用海上截取的乳香做燈燭，一燒 100 多斤。宋代大量從廣州進口，並製成各種丸、散、丹藥，供吞服或外敷。《政和證類本草》所

---

[216] 陳久金：〈馬德魯丁父子和回回天文學〉，《自然科學史研究》1989 年第 1 期。

[217] 陳占山：〈明欽天監夏官正劉信事蹟考述〉，《自然科學史研究》2009 年第 2 期。

[218] 夏德、柔克義英譯本《諸蕃志譯注》（F. Hirth & W. Rockhill, *Chau Ju-kua*，聖彼德堡 1911 年）以為出於 Kundur。

收乳香丸有八種，乳香散三種，乳香丹一種，為進口藥物中最為常見的。

　　蘇合香（*Styrax officinalis*），係金縷梅科野茉莉屬落葉喬木脂液煉成的香脂，具有開竅醒腦功效，被廣泛應用。蘇合香也是上等的防腐劑，可以防止屍體腐爛。漢代元封年間已進入長安宮廷，譯稱塗魂香。唐代〈大秦景教流行中國碑〉中別稱返魂香。蘇合因產在阿拉伯南部的蘇合國（al-Shihr）而得名，今地名席赫爾，宋代《諸蕃志》譯作施曷。3 世紀的《廣志》已知蘇合有香膏、香油之別，由於能救治昏厥，傳為起死回生的妙藥。晉泰康（西元 280 － 289 年）時曾發掘襄陽城外劉表墓，時離劉表死時已有 80 多年，但屍體顏色不變，就如平生。據說墓中香氣還傳三四里，經久不散，原因是劉表的兒子劉琮曾採辦各地珍貴香料數十石放入劉表棺中，其中最重要的是蘇合、消疫之香 [219]。消疫香的主藥是沒藥。古埃及用沒藥消炎、防腐，第二十王朝已知用沒藥製作木乃伊 [220]。里特爾對西元前後的六個木乃伊標本分析的結果，已知用了沒藥、蘇合香、砂糖、瀝青、麥加香膏等物 [221]。沒藥產在東非的衣索比亞，南阿拉伯也有出產。至晚在3 世紀時，中國醫藥界已知道引進了。唐代進口的蘇合以「紫赤色，與紫真檀相似，堅實極芳香，惟重如石，燒之灰白者好」（《本草綱目》引《新修本草》）。唐、宋時以敘利亞所產為上，運到中國常有以阿丁楓香樹膏製品相代的。劉禹錫《傳信方》有蘇合香；《廣濟方》、《外臺祕要》、《千金翼方》、《蘇沈良方》有蘇合香丸。宋真宗（西元 997 － 1022 年在位）曾以蘇合香酒、蘇合香丸賜近臣，當作養生與急救的特效藥。

---

[219]　酈道元：《水經注》卷二十八〈沔水〉；盧弼：《三國志集解‧魏書‧劉表傳》引《從征記》。

[220]　奧斯本：《埃及木乃伊》（W. Osburn, *An Account of an Egyptian Mummy*），里茲哲學與文學協會（the Leeds Philosophical and Literary Society）1828 年版，第 6 頁。

[221]　羅卡斯：《古埃及工礦》（A. Lucas, *Ancient Egyptian Materials and Industries*），倫敦 1948 年版，第 366 － 367 頁。

　　胡麻，又稱脂麻（今作芝麻），廣產於地中海東部和伊朗高原。普林尼說羅馬法定藥物中常用脂麻油和籽。中藥自 1 世紀前後採用脂麻，一定參照過埃及、敘利亞的製藥法。《神農本草經》以胡麻主傷中、虛羸，補五內，益氣力，長肌肉，填髓腦，久服輕身不老。陶弘景《名醫別錄》說，用胡麻可堅筋骨，療金瘡，止痛，治療寒溫瘧、大吐後虛熱羸困；明耳目，耐飢渴，延年益壽。又說脂麻油利大腸、胞衣不落，可以摩瘡腫，生禿髮。葛洪《抱朴子》亦說，以脂麻餌服，不老，耐風溼。

　　阿拉伯膠（*Acacia senegal*），係豆科金合歡屬常綠喬木阿拉伯膠樹的脂液。阿拉伯半島西岸的阿西爾是主要產地，故稱阿拉伯膠（samgh‘Arabee）。《魏略》以黑膠相稱。在 15 世紀初，朱橚、滕碩等的《普濟方》中譯作李子樹膠，更早的《回回藥方》音譯成「三亦」、「三額」、「三額阿刺必」，以阿拉伯語「樹膠」（samgh）相稱，在阿拉伯已成「阿拉伯樹膠」的專名。配伍使用可治眼睛的炎症。

　　訶黎勒，本產在伊朗、伊拉克，但巴格達的基督徒艾卜・阿里（卒於西元 1080 年）的《方劑》（*Kitāb minhāj al-bayān*）已記有四種訶子，在喀布爾訶子、黑訶子、黃訶子之外並有中國訶子。《廣異記》說高仙芝在大食國得到長三寸的訶黎勒，抹於肚腹，大痢十餘次，惡物俱出，一切病消，因以為寶。

　　押不蘆（Yabruh，Abruh），宋人《志雅堂雜鈔》卷上記，回回國之西數千里，產一種極毒而似人形的植物，叫押不蘆。製成藥後，以少許磨酒飲入，就會全身麻痹而死，雖加以刀斧而毫無知覺。但經三日，別以少藥投之即活。宋代御藥院中有二枚，被稱作神藥。後世稱作曼陀羅華，是理想的麻醉藥。宋元以後，使用這種藥劑的漸多，阿拉伯是它的原產地。

　　阿芙蓉，元代寫作阿肥榮、阿夫榮，譯自阿拉伯語 Afyoon、波斯語

Apyoon。明代以阿片、阿芙蓉稱呼，《普劑方》譯作阿飛勇，俗名鴉片。由罌粟（khashkhāsh）果內乳汁經乾燥而成。王璽《醫林類證集要》說出在天方國，「紅罌粟花，不令水淹頭。七八月花謝後，刺青皮取之」。李時珍評述鴉片前代罕聞，近方有用者。明、清時以之入藥。

阿勃參，阿拉伯文 Afursama，敘利亞文 Apursama，亞美尼亞文 Aprsam，本產於麥加、麥地那，後來移植巴勒斯坦。段成式《酉陽雜組》卷一八以為「出拂林國。長一丈餘，皮色青白。葉細，兩兩相對。花如蔓青，正黃。子似胡椒，赤色。斫其枝，汁如油，以塗疥癬，無不瘥者。其油極貴，價重於金」。西方傳教士依希臘名稱譯作拔爾撒摩、巴爾酥麻香（balsam，balsamo）。

栀子花、薔薇水是阿拉伯著名的香花、香水。栀子花出產在大食啞巴閑（伊斯法罕）、囉施美（希米雅爾）國，晒乾後使用。俗稱西域蔶葡花。蕃栀子（*Miichelia champaca*）與栀子花不同，產在阿拉伯各國。《嶺外代答》卷七介紹：「蕃栀子出大食國，佛書所謂蔶葡花是也。海蕃乾之，似染家之紅花也。今廣州龍涎所以能香者，以用蕃栀故也。」這種蕃栀子有點像中國的紅花，色澤淺紫，香味清越，晒乾後用琉璃瓶（玻璃瓶）裝好，可以保持花的香味與色澤。12世紀時廣州人用這種蕃栀子和香，能使龍涎香獲得清越的香味。薔薇水出在波斯灣和阿拉伯半島，中世紀向世界各地出口，從中國到歐洲都使用這種香水。宋代大食使者常將薔薇水裝在琉璃瓶中進獻朝廷。灑過薔薇水的衣服，鬱烈的香氣經久不消。

阿拉伯醫學自9世紀後名家輩出，製取藥物也別創新法，可以久儲。宋代以後，中國藥學界仿效阿拉伯醫藥，大量推廣丸、散、膏、丹。阿維森納（西元 980 － 1037 年）被推崇為用金銀箔包裹藥丸的創始者。宋代《太平惠民和劑局方》也有金銀箔作丸衣的，並且採用朱砂、青黛等製備

丸衣。龔昱《中吳紀聞》卷五記蘇州有郭姓藥商以出售朱砂丸致富，他的朱砂丸包治百病。後來真方被人竊出，方知朱砂不過是外加的丸衣而已。這是 13 世紀中成藥學習阿拉伯方法後的新成就。

　　中國醫生與阿拉伯醫師之間在元代結有深情厚誼。敘利亞的景教徒愛薛（西元 1227 － 1308 年）精通多種語言，長於星曆、醫藥，1246 年來華。他在 1270 年設立京師醫藥院，在開平負責配製宮廷使用的回回藥物，治療患病的衛士和色目人。這所醫院的建置可能仿照大馬士革的穆斯林醫院，韋立德和努爾丁（Nur ad-Din）（西元 1147 － 1174 年）曾相繼在大馬士革創建了第一所和第二所醫院，努爾丁建立的那所努爾醫院可說是當時世界上最好的醫院了。愛薛主持的這所醫院，比蓋拉溫在 1284 年落成的開羅曼蘇爾醫院還要早些，在 1273 年被改稱廣惠司，主要職官有 20 多人。1292 年又分別在大都北京和上都開平建立回回藥物院，到 1322 年將兩處歸併到廣惠司機構之下。在元代已經編成的《回回藥方》，雖用中文寫成，但引用了許多阿拉伯和伊朗的醫書。該書刊於明初，共三十六卷。現在北京圖書館善本部收藏的僅有四冊，第一冊目錄卷之下列有卷十九至卷三十六的目錄，第二冊卷之十二為中風門，第三冊卷之三十為雜證門之下，第四冊卷之三十四為金瘡門、折傷門、針灸門、湯火門、棒瘡門、治人齒所傷門。殘本共 243 頁。從殘本已見到，藥方採用的阿拉伯醫書有：阿維森納《醫典》，伊本·貝塔爾《醫方彙編》，穆罕默德·本·宰凱里雅·拉齊的《醫學集成》（簡稱 al-Hāwī）阿里·本·阿拔斯·麥朱西的名著《醫學全書》。在這些阿拉伯醫學的里程碑式的經典中，中國的伊斯蘭醫師將各種藥方加以彙編，並臨床應用，最後匯總成《回回藥方》這部巨著，這是對世界藥學的一大貢獻，也是中國和阿拉伯醫學交流的結晶。從此，中國醫學的伊斯蘭學派正式宣告誕生。

八、園藝

阿拉伯出產的瓜果、蔬菜、花木、香藥、香油，品類繁多，久為中國所欽慕。其中的一些阿拉伯、敘利亞、伊拉克園藝作物移植到中土，對豐富中國的飲食文化和栽培技術具有深遠的意義。

乳香，和近代藥用的薰陸香（*Pistacia lentiscus*）不同。據《廣志》，3 世紀左右已在當時屬於吳、晉的交州（越南北部）移植。到 11 世紀，海南島也有栽種（《夢溪筆談》卷二二），稱乳頭香。清代又稱水乳香，出在雲南怒江東南的鎮康，是梅迪樹的衍生種。

亞麻，原產地中海東部，是地中海居民製作衣服的主要紡織原料。在裏海以西和伊朗高原間，亞麻長期是野生的。漢代經中亞細亞的大宛傳入中國，和脂麻合用一個名稱：胡麻。亞麻籽和脂麻的種子都可榨油入藥。山西汾水流域是最初適合性喜涼爽的亞麻栽培地，《淮南子》已有記載。陶弘景《別錄》稱亞麻初生上黨川澤，有山西胡麻之稱。《廣雅》以藤弘為亞麻別稱。內蒙古、山西、湖北、四川都有栽培，在湖北、四川又叫山脂。現在東北各地栽培尤多。

芝麻，野生熱帶非洲。希羅多德說巴比倫的食用油全靠芝麻籽榨出的油。那時伊朗高原已種植芝麻。此後不久，阿拉伯人也以芝麻為油料作物。《本草經》以為芝麻由張騫從大宛傳入，因稱胡麻。3 — 4 世紀後有方莖、巨勝等別名，巨勝一名譯自波斯語 Kurijut。《廣志》已知「服之不老」。唐代《新修本草》以為八稜的叫巨勝，芝麻籽只有黑、白兩色，而以烏黑的為良。黃河以南普遍栽種。到明代，種子已有黑、白、紅三種顏色，可供食用、榨油、入藥。

椰棗（*Phoenix daetylifera*），分布在大西洋東部和印度河流域間。阿拉伯的海得拉毛是三大主產區之一。希羅多德已知巴比倫的椰棗可供食

用，也就是現在中國進口的伊拉克蜜棗。希伯來語稱作 tamar，來源很古。3 世紀時，《南方草木狀》首先稱揚海棗味極甘美，勝過安邑御棗。284 年由越南中部的林邑使者向洛陽進獻百枚，當時這種樹已生長在林邑海邊了。4 世紀左右徐衷的《南方記》又稱海棗是夫漏樹，子稱夫漏子，後來寫作無漏，音譯出了埃及柯柏特語 bunnu（棗）這個詞。8 世紀以後又稱波斯棗、千年棗，宋代又稱萬歲棗、千年棗，有時稱大食棗、番棗。如紹興二十六年十二月二十五日（西元 1157 年初）三佛齊使者帶來大食棗十六琉璃瓶（《宋會要輯稿·蕃夷七》）。

咖啡，原產地在衣索比亞高原。近代咖啡經阿拉伯人推廣享名世界，19 世紀以來已成為世界三大飲料作物之一，與茶、可可相並列。阿拉伯品種的繁衍，使小果咖啡（*Coffea arabica*）獲得了阿拉伯咖啡的美名。17 世紀起，紅海東岸的阿西爾和葉門的高原以盛產咖啡吸引西方國家的船隊前去販運。中國到 19 世紀末才在雲南、廣東等地種植咖啡。

九、地圖

元代來華製作地球儀的扎馬魯丁（Jamal ad-Din Bukhari）曾參與編纂《大元一統志》。編纂這部包括亞洲境內蒙古王公統轄區的巨型地志，需要收集海外各種圖書。西元 1285 年此議剛剛提出，扎馬魯丁就提出一個地理奏文，聲稱阿拉伯文字的地理書已收藏四五十冊，並有回回圖子，然而要重新搜集資料，才能另繪一幅總圖，總圖要包括西亞各地在內。兩年之後的 1287 年，祕書監又下令福建省通知來華海船上的阿拉伯穆斯林，「有知海道回回文字刺那麻，具呈中書省行下合屬取索者」（元《祕書監志》卷四）。「刺那麻」是阿拉伯語的航海地圖，當初曾由元政府廣為搜求，入藏內府。《大元一統志》雖已佚失，但後來編纂的《經世大典》尚

有地圖一幅，地域廣及西亞各地，或者就是據《大元一統志》中世界地圖改繪的。原圖錄入《永樂大典》元字韻，清代魏源《海國圖志》又加以轉載，得以流傳至今 [222]。

　　阿拉伯航海地圖和各種地志流入中國，推動中國的航海地圖和域外地圖向更加精密的方向發展。臺僧清濬在 1360 年所作〈廣輪疆里圖〉，內容廣及夷夏，明代景泰三年（西元 1452 年）有嚴節重摹〈混一疆里圖〉[223]。李澤民在 1330 年代繪成〈聲教廣被圖〉。李澤民和清濬的地圖在 1399 年被高麗使團的金士衡帶回朝鮮，在 1402 年由李薈和權近據以編製〈混一疆理歷代國都之圖〉，現約有 1,500 本影印本保存在日本京都 [224]。圖中繪出了非洲、歐洲和亞洲。儘管顯得不合比例，但地圖列出許多歐洲和非洲地名，歐洲標出的地名近 100 處，非洲列出的地名有 35 處，埃及的亞歷山大里亞繪上一個燈塔，以示它獨特的世界聲響。尤其突出的是，非洲的總體圖像繪成倒三角形，尖端指向南方，糾正了 13 － 14 世紀伊朗科學家穆罕默德‧卡茲維尼（Kazwini）、納速剌丁‧杜西和歐洲地理學家馬黎諾‧塞納托所作的地圖將非洲呈東南向伸向蘇門答臘的錯誤。現在能見到的絹本彩繪〈大明混一圖〉，據故宮博物院專家研究，是完成在洪武二十二年（西元 1389 年）六至九月間的絹本地圖 [225]，在 2002 年 11 月 12 日南非開普敦舉辦的「南非國民議會千年項目地圖展」上展出過，著實使世人刮目相看。這是參與印度洋航業的中國航海家和地理學家對阿拉伯地圖學的一項具有重大歷史意義的貢獻。

---

[222]　朱傑勤：〈元史地理志西北地名考釋〉，《中外關體系史論文集》，河南人民出版社 1984 年版。

[223]　葉盛：《水東日記摘抄》卷四。

[224]　中村拓：〈朝鮮藏中國古舊世界地圖〉（Hiroshi Nakamura, *Old Chinese World Maps Presered by the Koreans*），《古地圖年鑑》（*Yearbook of Early Cartography*）1947 年第 4 卷，第 3 頁以下，圖 1。

[225]　汪前進，胡啟松，劉若芳：〈絹本彩繪大明混一圖研究〉，《中國古代地圖集（明代）》，曹婉如等編，文物出版社 1995 年版，第 12 頁。

十、眼鏡

　　用來遮陰和保護眼睛的眼鏡據說在孔子時代便已誕生。唐代確已有了保護眼鏡，吐魯番阿斯塔那 363 號墓曾出土有鋁片製作的眼罩，大約用來防禦風沙。元代中亞、西亞各地普遍使用薄玻璃製作窗戶，以透光亮。中國與沿海也有用魚腦骨製作透明或半透明的燈罩和眼罩的，這種魚腦骨稱枕，或作魷。元代北京便有少數顯宦使用這種魷嵌在眼睛上，作成「鬼眼睛」，用青皂帛繫在頭上，當防護眼鏡用（熊夢祥《析津志》）。

　　阿拉伯素以眼科醫治和玻璃製造為長技，光學玻璃製造的眼鏡便由阿拉伯傳到中國，初稱「靉靆」，譯自阿拉伯文 al-unwaināt，異譯有「僾逮」、「優逮」、「靉逮」、「矮納」等多種。這種光學眼鏡在明初鄭和下西洋時初傳中國。清初學者趙翼《甌北詩鈔》中錄有〈初用眼鏡〉一詩說：「相傳宣德年，來自番舶駕。」是宣德（西元 1426 － 1435 年）年間那些出海貿易的船帶到中國的。到嘉靖（西元 1522 － 1566 年）、萬曆（西元 1573 － 1620 年）時仍然是罕見之物。

　　明代眼鏡已有實物出土。萬曆以前的明代典籍中有五處提及眼鏡。最早的眼鏡都是老花鏡，適用於中老年人讀書寫字。明人張寧《方洲雜言》說，胡宗伯得到的一副老花眼鏡是「宣廟賜物」，係宣宗朱瞻基所賜。如果以鄭和最後一次統率的寶船歸來時間為此物從阿拉伯進口之年，那麼第一副眼鏡應在西元 1433 年夏天正式傳到中國。這種眼鏡片像銅錢大小，色澤像雲母石，有金屬鑲邊，係折疊式。《方洲雜言》又記孫景章透過馬匹交易，「以良馬易得於西域賈胡」，弄到一副老花眼鏡。這是從西北陸路，以一匹良馬的代價購進的。由於價格昂貴，運輸不便，全憑境外運進，所以眼鏡在明代始終是一種珍貴的異國奇物。

　　郎瑛《續七修類稿》卷六提到的老花眼鏡，是「甘肅番人貢至而得者」，也是透過來自撒馬爾罕或天方的商隊輾轉相傳入境的。據明人田藝蘅《留青日札摘抄》，萬曆初，林大春也擁有一副眼鏡，是從「南海賈胡」那裡獲得的。吳寬所獲眼鏡是明代文獻中唯一明確提到的近視眼鏡。他在《匏翁家藏集》卷二十三中有一首詩，表白屠滽（西元 1441 － 1512 年）贈他眼鏡，使他這個有讀書癖而苦於無法讀書的人（「予生抱書淫，視短苦目疾」）「一朝忽得此，舊疾覺頓失」。屠滽是成化（西元 1465 － 1487 年）進士，官至南直隸御史、吏部尚書、太子太傅，1486 年為調停占城國和安南國的紛爭曾親往廣東。他所獲眼鏡似乎來自南海穆斯林商人。大致到 16 世紀，阿拉伯眼鏡已分別從海上和陸上透過穆斯林商人作為珍貨向中國人出售。

　　即使在 16 世紀末，眼鏡仍價格昂貴，與馬價相等，十分稀見。田藝蘅以親身經歷評論眼鏡之為珍異，以致「人皆不識，舉以問余，余曰此靉靆也」（《留青日札摘抄》）。明末光學儀器從西歐傳入，眼鏡似乎也漸被上層官紳所了解。但中國正式製作眼鏡的時間已到清初。北京、廣州、蘇州這些最早製造玻璃、鐘錶的地方，在光學製品的生產上居於全國的前列。國產製品上市後，「眼鏡」一名便通行起來，不再稱作「靉靆」。康熙時，一副眼鏡一般「三五分可得」（孫承澤《研山齋雜記・眼鏡》），只有墨色水晶鏡，每副仍貴到七八兩銀子。乾隆（西元 1736 － 1796 年）時眼鏡在北京已有專門的商號，讀書人以戴眼鏡為時尚，當時楊米人在《都門竹枝詞》中有詩句「眼鏡戴來裝近視，學他名士老先生」。嘉慶年間（西元 1796 － 1820 年）張子秋《續都門竹枝詞》明白指出：「近視人人戴眼鏡，鋪中深淺制分明。」此時廣州太平門外眼鏡街的產品已風行國內，眼鏡已因國產而逐漸普及，成為都市商業中的一個新行當了。

■第七節
藝術與民俗文化交流

一、美術

　　新疆拜城克孜爾千佛洞保存著眾多的犍陀羅式美術，其中畫師洞中有一幅畫師臨壁繪圖的自畫像，畫著一位垂髮披肩、上衣敞口、翻領右衵、腰佩短劍、右手夾中國式畫筆、左手持顏料杯的畫師。銘文中題名米特拉旦達（Mitradatta），是個希臘名字，從姓氏到裝束均說明畫家係拜占庭人。大約在 6 世紀初，因拜占庭和薩珊波斯的戰爭，畫家被迫流落他鄉。但按杜環的說法，這些在異國生活的拜占庭人仍「死守不改鄉風」，一直保持著固有的民族傳統。米特拉旦達成了第一個留下姓氏的來華敘利亞畫家。中國新疆地區因此早就有敘利亞或小亞細亞畫家帶來的拜占庭藝術了。

　　伊斯蘭教興起後，由於教規嚴禁繪畫人物，教義學家一致主張表現人類和動物是真主獨享的特權，因此在清真寺中絕無人像，只有在少數宮殿和書籍插圖中見到。因此，當自稱穆罕默德聖門後裔的伊本・瓦哈卜在西元 871 年後來到廣州並被僖宗接見，竟在宮廷藏畫中見到諾亞、耶穌和騎在駱駝上由教友簇擁著的先知穆罕默德像時，他該是如何的驚訝和感動了！在穆罕默德去世後的兩個半世紀內，第一幅關於他的畫像就是中國宮廷畫家所作的，或者說在熱心的中國皇帝所收藏的世界名畫中，穆罕默德已是個不可或缺的人物了。

　　伊斯蘭藝術中的裝飾風格，以變幻無窮的花卉和幾何圖案形成的「阿拉伯式」（Arabesque）著稱於世。這些式樣在元明時代分布在中國各地的

清真寺建築的窗櫺和廳堂，壁龕上也有大量的移植。在華瓷的圖樣上，特別是元明時代大量生產的青花瓷的紋飾上，阿拉伯文字和三角形、回紋、旋渦紋邊飾的經常出現，是阿拉伯式裝飾風格在中國流行的另一種表現。1980 年，河北邢臺地區徵集一件明初青花無擋尊[226]，器身書有「萬物非主」、「唯有真主」等兩組阿拉伯文，器高 17 公分，外徑 17 公分。廣西容縣博物館在 1989 年徵集一件宋代白瓷碗印模，模柄有兩組「元祐七年三月日莫」款陰刻文字，頂心月華式菊花紋，即是阿拉伯式樣。

以讚頌「安拉」（Allah，真主）的圖案式樣裝飾於外銷中東的陶瓷，起始於長沙銅官窯的彩釉器物。1980 年，揚州城北蜀岡出土一件青釉綠彩背水扁瓷壺，正面以曲線對稱展開阿拉伯文 Allah[227]，同樣的遺物又見於泰國南部素叻府猜耶縣萊福（Laem Pho）。還有 1989 年出土的長沙銅官窯瓷碗正面底部，都是華瓷以阿拉伯文作為裝飾圖案構成外銷產品的物證。到了明代，這種文字裝飾手法已和繁縟的花卉圖案交疊成一體。邢臺地區徵集的青花無擋尊上，腹部三層圖紋均有釉色濃重而整體展開的阿拉伯文字筆畫，使文字與圖案融合無間。這種裝飾手法，正是當時中文「福祿」、「富貴」等字樣與纏枝花相交織風格的一種異域情調的演變而已。

二、建築

阿拉伯建築在中國最早的遺存是廣州懷聖寺的光塔。這座尖塔（Mi'dhanah，米宰納）是這座古寺唯一留存的阿拉伯式建築。敘利亞是米宰納的故鄉，在奧瑪亞時代逐步推廣於各地興建的清真寺，最初由基督教大教堂中的望樓所改建。廣州光塔是前來經商的伊斯蘭教徒集資興建的，

---

[226] 同一器形的青花瓷又稱蓋罐。參見中國矽酸鹽學會：《中國陶瓷史》，文物出版社 1982 年版，第 402 頁，圖 5。

[227] 朱江：〈揚州出土的唐代阿拉伯文背水瓷壺〉，《文物》1983 年第 2 期，第 95 頁，圖 1，圖 2。

唐代稱懷聖塔，外表作圓柱形，高 36.3 公尺，頂上立有金雞，隨風南北。每年五六月西南季風到來時，伊斯蘭教徒便在黎明前登塔祈風，以利航海，因此米宰納在中國一開始便與航海經商連結在一起。古代在晚間於塔頂燃燈，指示珠江船隻。此塔歷經修建，現仍聳立在廣州光塔路。

宋代白瓷碗印模頂部旋波式菊紋

泉州聖友寺（清淨寺）是伊斯蘭建築中現存最古的寺院門樓，屬敘利亞、埃及建築風格。

13 世紀以後，阿拉伯式樣的伊斯蘭建築以清真寺和陵墓的形式在中國西北邊區的新疆如雨後春筍般出現。在建築風格上，大多屬於波斯混合式或突厥斯坦混合式，以普遍使用尖券和軸線對稱的四合院式布局為通常的式樣。另外，1363 年在伊犁境內建成的察合臺後王吐虎魯克・鐵木爾汗（西元 1346 － 1363 年在位）的麻札，是新疆最早的磚砌方底穹頂無量殿。

更重要的是，從 13 世紀起，在伊斯蘭建築中出現了中阿混合式的建築。這種建築以漢式清真寺或回族漢式清真寺為基本式樣，混合了其他地區的阿拉伯式樣。元、明以後，清真寺建築中不可或缺的磚砌穹頂無量殿，在內地漢式建築和儒家文化模式影響下，逐漸向木構的窯殿（穹頂後殿）轉化，成為列柱前殿和穹頂後殿組成的禮拜殿。西安鼓樓西北化覺巷清真寺便是一例。

　　元初阿拉伯人亦黑迭兒丁（Yeheidie'erding）和他
的兒子馬合馬沙都相繼推行阿拉伯帳幕建築，並注意
和漢式建築相融合。忽必烈登位後，亦黑迭兒丁管理
茶迭兒（廬帳）局，官正三品。1266 年後，亦黑迭
兒丁便和張公柔、段天祐同時分管工部，負責擴建新
都，在遼、金故城東北規劃宏偉壯麗的大都。亦黑迭
兒丁按阿拉伯的工程技術要求，根據中華文化的精神
理念，對宮城的布局、建築、苑囿作了具體的規劃，
為今天北京北海附近的景觀奠定了基礎。他的兒子馬
哈馬沙繼承父業，掌管工部，為北京城的建設作了無
微不至的規劃 [228]。1271 年宮城建成，忽必烈正式定
國號為元。1272 年又將金代中都改為大都，正式以今
北京作為首都。元代大都城自 1267 年 4 月興建宮城開
始，到 1285 年 2 月建築竣工，歷時 18 年。城的設計
按《周禮‧考工記》的模式，方九里，旁三門。大都
北面二門，其餘三面都是三門。殿內布置仍具蒙古氈
帳色彩，「內寢屏障，重覆帷幄，而裹以銀鼠，席地皆
編細簟，上加紅黃厚氈，重覆茸單」（《故宮遺錄》）。
並有多座維吾爾殿、盝頂殿和棕毛殿，殿內雕刻和裝
飾紋樣也吸收了伊斯蘭建築藝術的手法。這些布置便
是當初主管茶迭兒局的亦黑迭兒丁的專長了。

元代火不思

---

[228]　歐陽玄：〈追封趙國公諡忠靖馬合馬沙碑〉，《圭齋文集》卷九，明成化刊本。

三、回回樂舞

　　元明時代從波斯、中亞和伊拉克引進阿拉伯樂舞，泛稱回回樂舞。阿拉伯流行的樂器不但在民間穆斯林社會中出現，而且也逐漸為內地漢民族所使用。火不思、胡琴、揚琴、冬不拉等阿拉伯樂器在元代中國邊區已經是家喻戶曉的樂器，為宴飲、喜慶節日所不可或缺。火不思（qubuz）在唐代已見於回鶻語佛典中，形狀像波斯的巴爾布德和阿拉伯的烏德（'ud）。烏德是奧瑪亞時期將巴爾布德和阿拉伯自古已有的米茲哈爾（二弦）融合後誕生的阿拉伯四弦木製樂器，類似吉他。《元史·禮樂志五》說它像琵琶，直頸，無品（柱），小槽，圓腹，面上張皮，掛四弦。宋元時又稱渾不似、胡潑四、胡不四，譯名兼有音義。吐魯番西邊招哈和屯出土的 9 世紀古畫上有火不思前身的圖像。楊瑀《山居新語》稱回回國有鑌鐵胡不四，為宮廷樂器。火不思在元代受到統治集團的重視，逐漸替代琵琶的地位。後來漢族樂器中出現的三弦，是對火不思的仿作。

　　另一種拉弓絃樂器胡琴，形似火不思，卷頸，龍首，使二弦，用馬尾作弦，以弓擦弦演奏。今日中國胡琴已在各地方戲劇、舞蹈中成為一種重要絃樂器，有二胡、四胡等。這種樂器起源於阿拉伯本土的拉巴卜（rebāb）[229]，原先是在一個縱剖半卵形共鳴體上裝一個長柄的拉弓樂器，通常作二弦。古奈韋《突厥文－阿拉伯文辭典》（西元 1245 年）指出，回鶻語 yiqil，在阿拉伯語中譯作 al-rabāb，源出阿拉伯拉弓樂器，亦即提琴。這種樂器在伊朗並不通行，在土耳其流行的是卡曼恰（kamanja，kēmantcheh）。拉巴蔔在中世紀傳入歐洲，叫列比克（rebec），為小提琴的前身，而在中國則以胡琴的名字在樂界、戲劇界大顯身手。

---

[229] 拉巴卜和古代波斯絃樂器魯巴卜（rubāb，阿拉伯語 rābab）的名字很近似，但魯巴卜用木或骨製彈片彈撥琴弦發音，類似中國的三弦。土耳其人普遍使用這種魯巴卜。

　　元代宮廷宴樂 22 種樂器中，除火不思和胡琴外還有琵琶、箜篌等波斯樂器，同時還使用了由阿拉伯引進的兩種管風琴：興隆笙和殿庭笙。興隆笙是中統時（西元 1260 － 1264 年）回回國進獻的，形如夾屏，用楠木製成，兩側音櫃上一端立有閉式紫竹管 90 支，櫃外另有 15 支小管。櫃前有二皮風口。奏樂時一人鼓風囊，一人按小管，各管竹簧隨之奏鳴。由鄭秀考正音律後加以改造，列入宴樂大器。殿庭笙，據興隆笙仿製，列在大明殿上。列管 90 支，排成 15 行，每行縱列 6 支管，中有簧管，用樂工三人演奏。延祐（西元 1314 － 1320 年）時增設 10 具。在宴會時，殿庭笙先鳴，於是眾樂隨和，笙止則曲終。演奏者一定是那些擅長管風琴的阿拉伯琴師。

　　揚琴，起源於阿拉伯的一種似瑟的樂器卡龍（qānun），在波斯和伊拉克稱桑圖爾。在類似梯形的共鳴箱上並列張著金屬弦，以三弦調一音，共 24 個音，72 根弦。1259 年，郭侃從巴格達帶回一張 72 弦琵琶，大約就是這種卡龍 [230]。新疆現在使用 36 弦的卡龍。中國的揚琴呈等腰梯形，立有弦馬，用它兩側調成兩個音，以細竹棍敲奏，近似桑圖爾。粵琴用柔軟而有彈性的鋼絲敲擊，原理也相仿。

　　元代宮廷中有回回樂隊，專演阿拉伯風格的音樂，自以伊拉克風格為準。1316 年改隸常和署，署令、署丞之下還有管勾、教師、提控，專門培養相關人員。到明代，回回樂舞仍是一種時興而又美妙的藝術種類。清代回部音樂中也有喇巴卜、達卜等樂器，就是當今新疆維吾爾族常用的熱瓦甫、達甫（手鼓）等。

---

[230] 現代埃及也有七十二弦卡龍，見薩爾瓦多－但尼爾：《阿拉伯音樂與樂器》（F. Salvador-Danie, *The Music and Musical Instruments of the Arab*），倫敦 1914 年版，第 222 頁。另有七十五弦，合二十五音的，見薩爾瓦多－但尼爾：《阿拉伯音樂》（F. Salvador-Daniel, *Le Musique Arabe*），阿爾及爾 1863 年版。

四、雙陸

雙陸是一種透過投擲兩枚骰子開彩的博戲，據說起源於印度的波羅塞戲（prasaka），在曼蘇地的《黃金草原》中有這樣的記載。曹魏黃初（西元 220 － 226 年）時傳入中國，民間說是曹植的發明。中世紀時，雙陸（nard）因使用棋盤，在阿拉伯世界大為流行，也被唐代宮廷作為娛樂方式廣泛傳播。

北宋人摹唐代雙陸仕女圖

雙陸布陣以六為限，左右各十二路，號曰梁。白黑各十五馬，白馬從右歸左，黑馬從左歸右。走法，每次可行一馬或二馬，或移或疊。雙陸在中國南北各地流行，布局各有千秋，於是有北雙陸、廣州雙陸和南番、東夷雙陸之別 [231]。北雙陸有五種布局，在唐初通行的便是。廣州雙陸用

---

[231]　洪遵：《譜雙》，南宋紹興辛未年（西元 1151 年）刻本。

板，不用盤。南番、東夷雙陸有四架八雙陸、南皮（南印度）雙陸、大食雙陸。另有日本雙陸，是一種由中國做媒傳遍亞洲的阿拉伯博戲。

　　武則天也是雙陸的一名愛好者。她曾叫宰相狄仁傑和她的男寵張昌宗打雙陸，以張昌宗擁有的南海郡進奉的進口貨集翠裘為賭注，結果狄仁傑贏得了這件裘衣。但他一出門便賜給了家奴，以示輕蔑（《集異記》）。唐中宗也是雙陸迷，他讓韋皇后和武三思下雙陸，自己在旁邊點籌碼。雙陸以北雙陸盤最精巧，刻出兩門二十四路，用象牙實之，或以花石砌飾。現存日本奈良正倉院的紫檀木畫雙陸局兩件，尚可見到唐代實物。其中一件長 543 公厘，寬 310 公厘，高 167 公厘，另一件長 546 公厘，寬 306 公厘，高 180 公厘 [232]。新疆吐魯番阿斯塔那唐墓在 1973 年出土一件嵌螺鈿木雙陸局，長 280 公厘，高 78 公厘，為中國現存最早的雙陸盤實物。南方的雙陸比較簡易，番禺人以板為局，或以紙或畫地為之，隨時都可進行。「大食國以毯織成局」。日本則以白木為盤，方式與中國北雙陸類似，而簡陋得多。

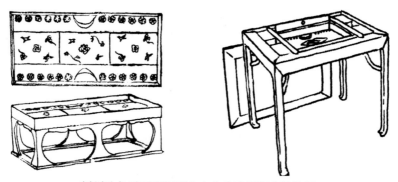

新疆吐魯番阿斯塔那出土唐代嵌螺鈿木雙陸局

明代黃花梨木雙陸桌

[232]　正倉院事務所：《正倉院的寶物》，日本朝日新聞社 1965 年版；陳增弼：〈雙陸〉，《文物》
　　　　1982 年第 4 期，第 78 － 79 頁。

　　1974 年在遼寧法庫葉茂台遼墓曾出土雙陸盤殘板，長 528 公厘，寬 254 公厘，尺寸與日本正倉院收藏的近似。元代宮廷和民間也多好雙陸，奸相哈麻是個能歌善舞、會吟詩、擅雙陸的人。《事林廣記》刊有雙陸木刻圖。明代小說《金瓶梅》、《警世通言・玉堂春落難逢夫》也都提到雙陸。下棋與打雙陸都是常見的娛樂方式。現存明代黃花梨木雙陸桌，形制精美，是件高 845 公厘、寬 699 公厘、長 978 公厘的大型雙陸桌，現為美國費城藝術博物館所藏。北京故宮博物院也藏有明末紫檀雙陸局，但高僅 130 公厘；殘存雙陸子二十二枚，黑馬十枚為紫檀木，白馬十二枚為黃楊木，製作十分精細。

　　雙陸雖在中國盛行上千年之久，但到清初已呈衰勢，終至於消亡了。

五、飲食

　　西亞和中亞流行的胡餅，是一種用脂麻焙製的麵餅，在 2 世紀時已成長安上層集團的主食。《太平御覽》卷八六〇引《續漢書》說：「靈帝好胡餅，京師皆食胡餅。」北方麵食以餅為主，相沿成習。油煎餅，稱䴺𪌘，譯名來自波斯語，《齊民要術》中有詳細製法，也是一種西亞食譜中不可或缺的麵食。煎熟的餅，一面白，一面赤，周邊也呈赤色，軟而可愛，放久了也不變硬，道理在於和麵時添加了油脂。原係西亞民食的燒餅、饆饠（畢羅，餡餅），到唐代已流行在長安和黃河流域各大城市。

　　胡餅在 8 − 9 世紀的長安是僧俗共用的主食，連皇帝也愛吃。安史之亂中，楊國忠曾在市場買了胡餅去討好顛沛流離的玄宗。長安城裡的輔興坊是專門製作胡麻餅的場所。白居易也是胡餅的愛好者。他由江州（今江西九江）司馬升任忠州（今重慶忠縣）刺史時，親自做了胡餅贈給萬州（今重慶萬州區）刺史楊敬之，隨附絕句一首：「胡麻餅樣學京都，麵脆油

香新出爐。寄與飢饞楊大使，嘗看得似輔興無。」這些久享長安胡食的官員，雖身處長江峽地，仍不忘京師生活，因此總得有麵脆油香可以久儲的胡餅相伴。這種胡餅在十六國時期因石勒避諱而改稱麻餅，又可叫爐餅，中間還可有不同的餡料，和現在的麻餅相仿。長安的東市和長興裡還有專做另一種胡餅的畢羅店，餅中置蒜，是一種帶餡的蒸餅。

廣州城外蕃坊（今廣州光塔街以南，珠江以北）是引進阿拉伯、伊朗飲食文化的另一處基地。最早記錄這種異域風味飲食的，是太和（西元 827 － 835 年）中任高州（今廣東高州市）刺史的房千里。他在《投荒雜錄》中追憶：「頃年在廣州番坊，獻食多用糖蜜、腦麝，有魚俎，雖甘香而腥臭自若也。」乾魚、糖蜜，再加上香料，是頗有南阿拉伯風格的進食方式。

宋元時代，伊斯蘭教在西北地方深入流傳，東南沿海阿拉伯、波斯移民的習俗在廣州、泉州、寧波等地廣為擴散，促進了清真菜系在中國邊區和內地的形成。中國東南沿海首先將阿拉伯風味的烹調術引入食譜的，是《南方記》著錄的椰棗豬肉雞鴨羹：「夫漏樹，野生，三月華，五、六月成子。如術有煮，著豬肉雞鴨羹中好，可食，亦中鹽藏」（《太平御覽》卷九六〇）。夫漏樹，即柯柏特語的棗樹，夫漏子指椰棗，是南阿拉伯人民的重要食品，晒乾後可作乾糧。劉恂《嶺表錄異》記唐昭宗（西元 888 － 904 年）時，劉恂在廣州番坊阿拉伯番長家中親食皮肉軟爛的椰棗，「疑是蒸熟也」，所以其核種而不活。

岳珂《桯史》卷十一記番禺蒲姓宴飲，刻劃出一幅 1192 年廣州阿拉伯豪商日常生活的圖景：

他日，郡以歲事勞宴之，迎導甚設。家人帷觀，餘亦在。見其揮金如糞土，輿皂無遺。珠璣香貝，狼藉坐上，以示侈。帷人曰：「此其常也。」後三日以合薦酒，饌燒羊，以謝大僚，曰：「如例。」龍麝撲鼻，奇味不

209

可名，皆可食，迥無同槽故態。羊亦珍，皮色如黃金。酒醇而甘，幾與崖蜜無辨。獨好作河魚疾，以腦多而性寒故也。

東南沿海的阿拉伯移民和商人給當地帶來了富有西亞風采的飲食文化和薰香習俗，推動著當地香藥消費的成長和崇尚奢侈風氣的形成。到元代，由於阿拉伯移民的增多，西北沿線、東南瀕海盛行此風的地方更為廣泛。喜食冰果子露、蜜糕和各種甜食，燒烤、清燉食物，漸成民間風習。1331 年忽思慧編纂的元代皇室食譜《飲膳正要》列有許多回回食物，最終為清真菜系進入中華飲食文化的殿堂奠定了基礎。到明清時代，由於回族的形成和東南沿海阿拉伯移民風俗習慣的擴散，以牛羊菜為主的清真菜系得以茁壯成長。更因回族人數的增加和回族軍人散居黃河流域及雲南等地，各大城鎮逐漸出現清真館、清真糕點鋪、伊斯蘭飲食攤，阿拉伯式飲食逐漸成為大眾文化。

■第八節
語言與文字

一、文字的借鑑

佉盧文是來源於波斯亞蘭文的古文字，在西元前後通行於中亞和中國新疆南部。于闐、若羌等地出土大量佉盧文書簡牘，為了解漢代該地民族文化、語言、歷史與宗教信仰、經濟活動提供了豐富的資料。中亞粟特文也是根據亞蘭文字改制而成的，回鶻文又據粟特文字母而形成。13 世紀蒙古族興起後，又仿照回鶻文創制了回鶻式蒙古文，成為最早在蒙古草原上通行的蒙文，後來又在這一基礎上不斷改進，成為現在的蒙古文和托忒蒙

文。1981 年，在內蒙古達爾罕茂旗敖倫蘇木曾陸續發現汪古部舊地墓群中的景教徒墓碑，碑文用古敘利亞文（亞蘭文）字母拼寫的突厥語言刻寫。古突厥語也是使用亞蘭字母製作的文字，充當媒介者大約正是那些來自西亞的景教徒。

隨著伊斯蘭教的傳入，阿拉伯文字逐漸在新疆地區成為通行的文字。蒙古興起以後，察合臺汗國使用了以阿拉伯字母為基礎的察合臺文，此後又演化成現在通用的維吾爾文、哈薩克文和柯爾克孜文。

二、阿拉伯語在中國

阿拉伯語在中國的實際應用，源於唐代大食使者頻頻出入長安宮廷。漢地推行阿拉伯語教育以培養有關人才的地方，以 11 世紀下半葉的廣州為最早。當時伊拉克、阿曼和葉門商人紛紛來華，阿拉伯語成了僅次於波斯語、粟特語的重要語種。《中吳紀聞》卷三說，程師孟在北宋熙寧（西元 1068 － 1077 年）間出任廣州知府時，「大修學校，日引諸生講解，負笈而來者相踵，諸蕃子弟皆願入學」。在蕃坊中也修學校，於是各國僑民子弟也都有入學就讀的，這種學校勢必涉及蕃語。但蕃學的興起時間，還在大觀（西元 1107 － 1110 年）、政和（西元 1111 － 1118 年）之間，當時「四夷向風，廣州、泉南請建番學」（《鐵圍山叢談》卷二）。在蕃學中，阿拉伯語是必修的語種，《可蘭經》是學子崇奉的經典。《程史》卷十一描述「堂中有碑，高袤數丈，上皆刻異書，如篆籀，是為像主，拜者皆向之」。立碑誦經禮拜，是蕃學的校規。

在元代色目人中，阿拉伯語是通行的外國語。當時官方的國際通用語是亦思替非文字，亦即波斯語。阿拉伯語只在僑民和伊斯蘭教徒中使用。各地清真寺的興建與回回飲食的推廣，促使阿拉伯語在一定程度上有所

擴散。例如，12 世紀初，朱彧在廣州見以菩薩蠻（Muslimānt）稱蕃婦為奇，以為是樂府中的名詞，不知是伊斯蘭教信徒的通稱。元代已普遍使用「沒速魯蠻」、「謀速魯蠻」、「木速兒蠻」、「木速蠻」、「鋪速滿」稱呼穆斯林。又稱伊斯蘭學者為「大石馬」、「答失蠻」、「達失蠻」、「達識蠻」。用「回回」稱呼阿拉伯人，或阿拉伯化的穆斯林。福建泉州先後徵集的 56 方伊斯蘭教徒墓碑石刻中，有年代可考的只有 2 方是南宋碑石，且都非阿拉伯人，其餘 54 方都是元代的碑刻（其中一方是卒於明洪武四年的艾密爾・吐葛遜的墓碑）。這些碑刻中刻有名字的 37 方，佚名的 19 方；刻有名字的只有 2 方是波斯人和祖籍亞美尼亞人，其餘 35 方都是阿拉伯人。碑文所用文字，全用阿拉伯文的 48 方，阿拉伯文、波斯文並用的 3 方，阿拉伯文、漢文並用的 4 方，阿拉伯文、波斯文、漢文雜用的 1 方 [233]。在阿拉伯文之外雜有其他文字的碑刻中，也總以阿拉伯文為主體，這是按照阿拉伯國家的傳統習俗，即在不同民族、使用不同文字的地區中，阿拉伯文始終是居於第一位的國文，伊斯蘭教也總是高於其他宗教的國教。

　　元代阿拉伯語不但是商業語言和宗教語言，而且也是一種學術語言，為研究星曆、醫藥、數學、煉丹、鑑定珠寶的參考書籍所必備。西元 1273 年 10 月，北司天臺（回回司天臺）申報本臺合用經書 195 部，加上提點官札馬魯丁家內諸般合使用文書 47 部，總共收藏阿拉伯文、波斯文典籍 242 部。這些典籍是政府保存的學術著作，其中有些是 1270 － 1273 年第二次出訪馬拉格的愛薛回國時帶回的，交給了當年成立的祕書監 [234]。王士點、商企翁《祕書監志》列出的相關書目如下：

---

[233]　吳文良：《泉州宗教石刻》，科學出版社 2005 年版；陳達生：《泉州伊斯蘭教石刻》，福建人民出版社 1984 年版。

[234]　沈福偉：〈元代愛薛事蹟新論〉，《中外關係史論叢》第 2 輯，世界知識出版社 1987 年版，第 90 － 109 頁。

（1）兀忽列的四擘演算法段數 15 部

兀忽列的（Uqlidi）是希臘數學家歐幾里德，田阪興道考證是伊朗天文學家納速剌丁・杜西校訂本的歐幾里德《幾何原本》（*Tahrīru Kitab-i Uqlidīsi fī al-Handasati*）[235]。此外，一定還有麥海丁・馬格里布編訂的歐幾里德《幾何原本》。

（2）罕里連窟允解演算法段目 3 部

原名誤作罕里速窟。該書是哈桑・馬拉喀什的《始終歸元論》（*Jāmiʿal-mabādī wa-l-ghāyat*）。

（3）撒唯那罕答昔牙諸般演算法段目並儀式 17 部

罕答昔牙為幾何學，此書定為幾何或三角的名著。具體書名待考。

（4）麥者思的造司天儀式 15 部

指埃及的希臘天文學家托勒密的《行星體系》，此本是麥海丁・馬格里布編選的《行星體系萃編》（*Khulās at al-Mijistī*）。

（5）阿堪訣斷諸般災福（部數不明）

指麥海丁・馬格里布的《天體積年指斷》（*Kaifīyat al-hukmʼalā ta hwīl sinī-l-ʼ ālam*）。阿堪（al-hukm）意為指斷。

（6）藍木立占卜法度（部數不明）

藍木立（Rammālī）是沙卜，開羅至今有以貝殼投沙占卜的習俗[236]。

---

[235]　田阪興道：《中國回教的傳入及其弘通》（下），東京 1964 年。
[236]　馬堅：〈元祕書監志《回回書籍》釋義〉，《光明日報》1955 年 7 月 7 日。

（7）麻塔合立災福正義（部數不明）

麥海丁・馬格里布的《實用陰騭入門》（*Kitāb al-madkhal al-mufīd fīhukm al-mawālid*）。

（8）海牙剔窮曆法段數 7 部

比魯尼的《天文學和占星學原理》（*al-Bīrūni al-Qānūn al-Mas'ūdi fi al-Hay'ah wa'l-Nujūm*）。

（9）呵些必牙諸般演算法 8 部

Hisibiya 本指算學，此處當係穆罕默德・伊本・穆薩・花拉子密（西元 780 — 850 年）的《代數學法》（*Hisāb al-Jabr wa'l-muqābalah*），為中古最偉大的代數著作。原本已佚，12 世紀有賈拉爾的拉丁譯本。

（10）積尺諸家曆 48 部

積尺（al-Zīj）是天文表。諸家曆中首先是西元 1272 年由馬拉格天文臺的納速拉丁・杜西主編完成的《伊兒汗天文表》（*al-Zīj al-īlkānī*），書分四卷，合編希臘、阿拉伯、波斯、中國曆法。

（11）速瓦里可瓦乞必星纂 4 部

麥海丁・馬格里布的《十二宮行星會合考》（*Kitāb al-hukm'alā qirānāt al-Kawākib fi-l-burūj al-ithnā'ashar*），簡稱《十二宮行星》（*Kitāb'ashar al-Kawākib*），音譯「速瓦里可瓦乞必」。

（12）撒那的阿剌忒造渾儀香漏 8 部

撒那的阿剌忒即「渾儀」（San'al'alāt）。

（13）撒非那設（諸）般法度纂要 12 部

待考。

（14）亦乞昔兒燒丹爐火 8 部

亦乞昔兒（al-iksīr）即是「金丹」。燒丹爐火著作中，首先應有查比爾或託名查比爾的書。還有 13 世紀下半葉伊拉克人阿布林·凱西木的著名論文《種金術知識》（*Kitab al-'Ilm al-Muktasab fī Zirā 'at al-Dhahab*）。

（15）忒畢醫經 13 部

醫經（Tibb），首推伊本·西納（阿維森納）《醫典》（*al-Qānūn fi al-Tibb*）。此外，也應有伊本·貝塔爾《醫方彙編》、埃及猶太藥學家庫欽·阿塔爾（al-Kūhīn al-'Attār）編訂，在穆斯林東方流行的《官藥手冊和貴人寶鑑》（*Minhāj al-Dukkān wa-Dustūr al-A'yān*）等。

（16）艾竭馬答論說有無源流 12 部

伊朗卡茲維尼（Kazwini）的《動物奇觀》（*'Adjāib al-makhlūkāt wa-Gharā 'ib al-Mawjūdāt*）等。

（17）帖里黑總年號國名 3 部

塔巴里的《歷代先知和帝王史》（*Ta'rīkh al-Rusul wa'l-Mulūk*），阿布林·法拉吉《各國史綱》（*Ta'rīkn Mukhtasar al-Duwal*）等。

（18）密阿辨認風水 2 部

《幽玄寶鑑》（*Mir'āt al-ghaib*）等 [237]。

---

[237]　馬堅：〈元祕書監志《回回書籍》釋義〉，《光明日報》1955 年 7 月 7 日。

（19）福剌散相書 1 部

Firāsat 是相術，中譯福剌散。

（20）者瓦希剌別認寶具 5 部

以埃及人希哈卜丁・帖法希的《寶石審美》（*Azhār al-Afkār fi Jawāhir al-'Ahjār*）為最流行。

（21）黑牙里造香漏並諸般機巧 2 部

敘利亞天文學家烏爾迪（'Urdī al-Dimishqī）有《天文觀察的藝術和理論與實踐知識》（*Risāla fi Kaifīya al-arsād*），列舉馬拉格天文臺各項儀器的製作方法。

（22）蛇艾立詩 1 部

蛇艾立（shā'irī）是詩。可能是波斯最偉大的蘇菲詩人賈拉丁（Jalāl al-dīn Muhammad al-Rūmī）的詩。他在西元 1273 年完成了高達 26,000 多行的哲理詩。

這批阿拉伯文和波斯文書籍彙集了希臘科學界和阿拉伯、敘利亞、伊朗科學家有關天文、數理、醫學、礦物、動物、星占與歷史、詩歌等各方面的著作，可以說是在中國境內第一次大規模收藏的阿拉伯學術著作，對於中國與西亞體系的學術交流具有劃時代意義。

明代為適應頻繁的外事活動，在永樂五年（西元 1407 年）三月設立四夷館，培養翻譯人才。明人王宗載《四夷館考》共列十館，上卷收韃靼館、回回館、西番館。回回館規模最大，附土魯番、天方、撒馬兒罕、占城、日本、真臘、爪哇、滿剌加。回回文字當以波斯語為主，但既附有

「天方」，可知阿拉伯語也是重要語種。館中譯字生負責翻譯誥諭、來文和雜字，課本叫《華夷譯語》，1382 年由火原潔等編譯。德國柏林圖書館收藏的一種本子內容最多，共分 24 編。到 1566 年，回回館雖仍有教師一兩人，但已無子弟入學。清初，四夷館改名四譯館，隸屬翰林院。1748 年改稱會同四譯館，直到 1862 年京師同文館設立後才撤銷。

明代社會交流中的一些阿拉伯術語已逐漸通用，並流傳至今。如虎兒班節，明人許進《平番始末》卷下已見錄用，今譯庫爾班、古爾邦，原文是 Kurban（宰牲）。速檀，或譯速魯檀、素勒坦（《獻徵錄》）、鎖魯檀（《明英宗實錄》）、算端，原文 Sultan，意思是君主，今譯蘇丹。哈只，今譯哈吉，通用哈只，是參加過麥加朝聖的朝覲者（Hājj）。舍黑，原文 Shaikh，意思是「長老」，又寫作舍赫、篩海、夏依赫。火者 'hōja，又譯霍加，是對教師的尊稱，意為師長。滿剌，manlā，是對穆斯林學者的尊稱，又稱滿拉，今新疆通稱毛喇、毛拉。麻札，mazār，是聖地、聖徒墓。拱北，Kubba，是圓屋頂建築，今陝、甘、寧、青蘇菲派穆斯林廣泛使用，專指門宦教主墓地或教主修道處，是門宦活動中心。

明末穆斯林宗教學識貧乏。胡登洲（西元 1522 － 1597 年）在陝西咸陽宣導經堂教育，於是有學者、經師大批湧現。經堂授課所用課本，到清末才逐漸完備，總計各地所用有 14 門課程，阿拉伯文課程有 8 門：《連五本》、《遭五》、《滿倆》，都是文法書；《自亞尼》是波斯賽爾頓丁所作修辭學；《偉戛業》是教法書；《者倆來尼》是埃及學者者倆丁的經注學；《戛尊》也是經注學；《客倆目》是認主學。另有《虎托布》等 6 門波斯文課程。

清初，一些伊斯蘭經師在授課並用漢文著書之外，還開始翻譯阿拉伯文經籍，撰寫阿拉伯文語法著作。蘇州人張中（約西元 1584 － 1662 年）

於 1653 年在揚州將《率蘇理》（*Fasl*）由阿拉伯文譯成中文，改名《四篇要道補注便蒙淺說》，刊印成書。繼張中之後，上元（今南京）人劉智（約西元 1664 － 1730 年）編譯了傳世的三部著作：《天方性理》、《天方典禮》和《天方至聖實錄》。他另有許多譯著印本流傳，《天方字母解義》、《天方三字經》等可以列入最早的阿拉伯文典之中。劉智又曾用阿拉伯文翻譯清朝典禮，但稿已失傳。18 世紀下半葉，為便於學子研讀，經堂教學使用的阿拉伯文課本出現了用漢文拼讀阿拉伯文經文的《漢字赫聽》、《赫聽真經》，並有漢阿對音的譯注本，如《經漢注解赫聽》，使初學者得以逐步深入阿拉伯文字的堂奧。

中國穆斯林著述最富的馬德新（西元 1794 － 1874 年）是元雲南首任平章政事賽典赤·贍思丁的二十一世孫[238]。他一生用漢文、阿拉伯文寫作的著作有 35 種，其中有些同時用兩種文本刊印[239]。他曾校補劉智《天方字母釋義》一卷，同治二年（西元 1863 年）刊印；並有阿拉伯文本《算來夫》（*Alsarf al-Muttasia*）一卷，漢文與阿拉伯文本《天方曆源》一卷，都屬研究阿拉伯文法、天文學的專著。雲南新興（今玉溪）人馬聯元（西元 1841 － 1903 年）是繼馬德新之後周遊各國，並且主張學經可以中阿兩種語言並授，在新興大營用漢文從事經堂教育的第一人。一生著譯 20 多種，有用阿拉伯文、波斯文寫作的。講阿拉伯文法、修辭的有《米府他哈》（*Miftāh*），《哈哇遂來》（*Hawāsil*），《擺夭乃》（*Bayān al-Mutta-siq*），多在雲南木刻刊印，成為一套講授阿拉伯詞法、語法、修辭學基礎的教材，後來為各地清真寺教學所採用。

在今天維吾爾語中，許多詞語直接來自阿拉伯語。伊斯蘭曆 12 個月

---

[238]　馬安禮：《滇南回回總掌教馬公墓志》。
[239]　白壽彝：《白壽彝民族宗教論集》，北京師範大學出版社 1992 年版，第 426 － 428 頁。

分的阿拉伯語原名仍是維吾爾語的通用語。在通用漢語的回族中，夾雜了許多阿拉伯語匯、波斯語彙。伊斯蘭教每天的五次禮拜，雖各有漢名，但回族仍喜使用阿拉伯、波斯語稱呼。用阿拉伯語稱呼伊斯蘭曆 12 個月是回族的習慣，以便按宗教信仰的習俗核算齋月、朝覲月、開齋節和古爾邦節的確切日期。在日常生活用語中，阿拉伯語匯也是回族經常借用的，例如，稱「孤兒」為「雅梯目」（yim），「貧民」為「法格勒」（fagin），「長者」為「晒衣赫」（sayid），「疾病」為「比嗎勒」（bimar），「朋友」為「朵斯梯」（dasti），「食品」為「塔阿目」（ta'am），「筆」叫「蓋來目」（galam），「書」叫「克塔布」（kitāb），漢文書籍稱「漢克塔布」[240]。

[240]　林松等：《回回歷史與伊斯蘭文化》，今日中國出版社 1992 年版，第 102 － 103 頁。

第三章
中國和土耳其文化交流

■第一節
中土兩國的歷史關係

現今的土耳其國位於亞洲最西端的小亞細亞。自西元 1453 年土耳其人占領拜占庭帝國的首都君士坦丁堡，改名伊斯坦堡，建立起地跨亞、歐、非三大洲的鄂圖曼帝國起，土耳其民族便散居在小亞細亞和巴爾幹各地。

土耳其，中國古譯突厥。突厥人在 6 世紀上半葉崛起於阿爾泰山地區，不久取代柔然汗國，在北亞和中亞建立了突厥汗國，583 年分裂為東突厥汗國和西突厥汗國，和中國的隋唐兩朝關係極為密切。突厥移民在唐宋時代曾成批進入河套和河西地區，突厥名馬如骨利干馬、葛邏祿馬等也曾在內地繁殖。西突厥汗國在統治區內鑄造貨幣。19 世紀在熱海（伊塞克湖）北岸凡諾依出土西突厥貨幣，上面鑄有突厥文，有的是漢文和突厥文同時刻鑄，在政治上表示西突厥汗國是唐朝的一部分。10 世紀後，塞爾柱土耳其人曾在中亞、伊朗和伊拉克建立政權。12 世紀初，塞爾柱蘇丹馬蘇德一世（Mesud I）（西元 1116 － 1156 年在位）占領了小亞細亞的科尼亞。科尼亞和開塞利之間的肥沃平原和希臘居民給塞爾柱人提供了建立伊斯蘭國家的根據地。他們的國家仍然被穆斯林當作拜占庭帝國，被稱作羅姆（Rum，Rumi）。但在基利傑・艾爾斯蘭二世（Kilij Arslan II）（西元 1156 － 1192 年在位）去世後，這個塞爾柱國家又陷入動盪。

和拜占庭鬥爭並最終取得成功的不是塞爾柱人，而是鄂圖曼人。鄂圖曼王朝的創始人是鄂圖曼一世（Osman I）（西元 1258 － 1326 年）。他在 1289 年迫使塞爾柱蘇丹承認他占領的土地為封地，並繼續從小亞細亞卡拉蘇流域的索古德向南擴展。他的兒子奧爾汗一世（Orhan）（西元 1326 －

1359 年在位）從科尼亞的毛拉維教派的領袖那裡獲得蘇丹的稱號。1326年，奧爾汗征服了奧林匹斯山腳下的布魯薩，作為鄂圖曼王朝的都城。但此時的鄂圖曼仍是科尼亞的藩臣。在穆罕默德二世（Mehmed II）（西元1451 － 1481 年在位）時，他結束了對卡拉曼的戰爭，在 1453 年 5 月 29日攻入君士坦丁堡，拜占庭帝國就此傾覆。1517 年，埃及被併入鄂圖曼帝國，蘇丹塞利姆（Selim I）（西元 1512 － 1520 年在位）正式接管了流亡在開羅的阿拔斯哈里發的職權。塞利姆的兒子蘇萊曼（Suleiman I）（西元1520 － 1566 年在位）時代，帝國進入了極盛時期。

　　中國和小亞細亞最早接觸是在羅馬時代。羅馬皇帝君士坦丁一世（Constantine I）（西元 306 － 337 年在位）在 312 年皈依基督教，從羅馬遷都拜占庭，大興土木，將這座城市建成一座固若金湯的城堡，以致中國以為是「安都」，意思是安全的都城。過去有學者認為是音譯名字，考作「安條克」，已被證實是不正確的。君士坦丁在 330 年 5 月 11 日正式啟用他的新都，將它提升到帝國首都的地位，號為新羅馬，取名君士坦丁堡，此後便成為帝國政治、經濟、軍事和文化中心，長達千年之久。城堡的希臘單字為 polis（polin），單獨使用時可當作「首都」，中國最初音譯成「拂菻」。晉湣帝建興元年（西元 313 年），張軌執政的前涼占據河西走廊，當時「西胡致金胡瓶，皆拂菻作，奇狀，並人高，二枚」（《太平御覽》卷七五八引《前涼錄》）。接著，雙方便有使節往還。晉穆帝（西元 344 － 361 年在位）時，羅馬使者確已到達東晉都城建康（今南京），長江下游的中國人將拂菻譯作「蒲林」，更加符合希臘名稱，不如北方那樣得從波斯語、亞蘭語中轉譯。363 年，東晉哀帝司馬丕表示答禮，派出使者假道河西走廊前往君士坦丁堡。《晉起居注》說：「興寧元年閏月，蒲林王國新開通，前所奉表詣先帝，今遣到其國慰諭。」（《太平御覽》卷

七八七）當時基督教教會不同派別紛爭，朱里安（Julianus）代表異教登上帝位，僅僅三年（西元 361 － 363 年）便在與波斯人的戰爭中受傷陣亡。狂熱的基督徒皇帝約維安（Jovian）（西元 363 － 364 年在位）與波斯簽訂和約，放棄了對亞美尼亞和大部分美索不達米亞地區的主權，以便全力對付南侵的游牧民族的襲擊。中國使節抵達拜占庭的時間已是在瓦倫提尼安（Valentinian，西元 364 － 375 年在位）時期了。這是中羅雙方透過西亞陸路，經小亞細亞建立外交關係的最早紀錄。

　　中國和土耳其東部亞美尼亞的關係在 2 － 3 世紀時頗為密切。埃德塞人巴爾塔用希臘文寫成的《中國史》中，已提到亞美尼亞王聖格里哥萊的弟弟索倫曾逃亡到中國。中國移民在亞美尼亞王梯格雷六世（西元 142 － 178 年在位）時已定居庫爾德斯坦與亞美尼亞邊疆。亞美尼亞著名的馬米公族（Mamigonians）的先祖即在 3 世紀中葉流徙入境，或即高貴鄉公曹髦（西元 254 － 260 年在位）的後裔。

　　5 世紀初，柔然興起於歐亞草原，拜占庭透過這些草原民族取得中國的絲貨。北魏時代，北魏和拜占庭同樣開始了外交往來。史稱拜占庭為普嵐（Purum，Porom），是經嚈噠人之口從突厥語中譯出的。397 年，東西羅馬分裂，羅馬和東方的海上貿易停滯，和中國加強陸上貿易便有了新的意義。456 年，嚈噠、普嵐國同時派使者到平城（今大同），465 年又有普嵐國獻寶劍。北魏遷都洛陽後，又出現了從波斯語轉譯的伏盧尼（Fromī）。從「蒲林」到「普嵐」、「伏盧尼」的譯音可以看出，拜占庭在這一時期一直努力在繞越波斯，從黑海透過希臘、突厥之間的草原路取得中國的絲貨。拜占庭十分熱衷於從歐亞草原路和北魏政權建立友好關係。《魏書・西域傳》因此記述大秦國「都安都城，從條支（Antioch）西渡海曲一萬里，去代三萬九千四百里」。又說「地方六千里，居兩海之間。其

地平正，人居星布」，指出這裡處在黑海與愛琴海之間，人口密布。《魏書》指出還有一條路：「從安息西界循海曲，亦至大秦，四萬餘里。」這是由波斯灣通往紅海的一條路，所以要有 40,000 多里。羅馬玻璃器也透過這條交通線東運中國北方。在中國已發現的東羅馬三枚金幣中，最早的是利奧一世（Leo I）（西元 457 － 474 年在位）時所鑄的，出土於內蒙古土默特右旗畢克鎮東北水磨溝口水庫工地，屬幣制改革後的金幣「索里特」。另有咸陽底張灣隋墓出土查士丁尼二世（Justinian II）金幣[241]。它們是中羅雙方商業往來的佐證。

隋代中西交通三道，北道經突厥可汗庭到拂菻國，走的是黑海。「拂菻」這一波斯語譯名再度用於中國北方，而且為後世所傳習。唐代來華的拜占庭使者，自西元 643 － 742 年共有七次之多。其中三次透過基督教教會與唐政府進行官方的磋商。拜占庭一代雄主希拉克略（Heraclius）（西元 610 － 641 年在位）死後，所屬敘利亞、美索不達米亞相繼落入阿拉伯人之手。拜占庭軍隊在 642 年 9 月自動撤離埃及，迫於形勢，只得以大教長（Patriarch）的名義向中國求援。「波多力」是拜占庭大教長特有的封號，與羅馬教廷不相統屬。使者穿過阿拉伯人的封鎖，抵達長安，當時正是唐太宗貞觀十七年（西元 643 年），「拂菻王波多力（Papas Theodorus）遣使獻赤玻璃、綠金精等物，太宗降璽書答慰，賜以綾綺焉」（《舊唐書·拂菻傳》）。這次由教會出面充當國使的外交活動，旨在求得解除阿拉伯入侵的危機。使者帶來的禮物中有譯作赤玻璃的紅寶石，當時「玻璃」是「頗黎」的另一種寫法，專指剛玉類寶石，尚非人工製造的玻璃。綠金精則是青金石或金綠玉之類的奇石。667 年拂菻王又遣使贈奇藥底也

---

[241]　另一枚出土於西安土門的一座高宗或武則天時的墓中，為 7 世紀中葉中亞仿鑄的希拉克略型的鑄幣。

伽。701 年和 712 年，拜占庭有使者到長安 [242]。719 年正月，拜占庭又透過吐火羅大首領獻獅子、羚羊各二。該年又派大德僧（景教僧正）來華。到 742 年 5 月，大德僧再次抵達中國。拜占庭所受阿拉伯人的威脅仍未解除。直到 782 年，哈里發麥海迪（al-Mahdi）的兒子哈倫對君士坦丁堡發起最後一次圍攻，拜占庭攝政愛利尼皇后（Irene of Athens）被迫乞和，答應每年向哈里發納貢，從此邊境無事。《舊唐書》將此事放在拜占庭第一次使節來華之後，「自大食強盛，漸凌諸國，乃遣大將軍摩栧伐其都城，因約為和好，請每歲輸之金帛，遂臣屬大食焉」。然後又敘述其餘各次使節，易於產生年代上的誤會。阿拉伯軍隊四次對拜占庭遠征，有兩次包圍了這座希臘文明的中心城市，其中一次是 717 年麥斯萊麥（Maslama ibn Abd al-Malik）統率的大軍所為。這時牧人出身的阿納托利亞軍區將軍利奧三世（Leo III）（西元 717 － 741 年在位）登上了拜占庭的皇位。717 年 9 月，阿拉伯艦隊兵臨君士坦丁堡城下，被拜占庭軍隊用希臘火擊退。利奧三世借助保加爾人的支持，打敗了阿拉伯人，718 年 8 月 15 日解除了君士坦丁堡的第三次被圍。《舊唐書》中的大將軍摩栧是麥斯萊麥 [243]。

　　《舊唐書・拂菻傳》記述的拜占庭全是當時實情。它介紹：「拂菻國一名大秦，在西海之上，東南與波斯接。地方萬餘里，列城四百，邑居連屬。其宮宇柱櫳，多以水精瑠璃為之。有貴臣十二人共治國政。」描述都城宏莊富麗，石砌城牆，尤絕高峻。「自外至王室，凡有大門三重，列異寶雕飾。第二門之樓中，懸一大金秤，以金丸十二枚屬於衡端，以候日之

---

[242]　這 712 年的一次，在《冊府元龜》卷九七〇記載為景雲二年（西元 711 年）十二月「拂菻國獻方物」。按西曆計算，已在 712 年 1 月。

[243]　齊思和《中國和拜占庭帝國的關係》（上海人民出版社 1956 年版，第 16 頁）研究《舊唐書》相關文獻甚詳，他將摩栧釋作奧瑪亞王朝的建立者穆阿維葉（摩亞美亞），因此以為和事實頗有出入。

十二時焉。為一金人，其大如人，立於側，每至一時，其金丸輒落，鏗然發聲，引唱以紀日時，毫釐無失。其殿以瑟瑟為柱，黃金為地，象牙為門扇，香木為棟梁。」在唐人心目中，希臘文明的光華仍照耀在拜占庭的土地上，它是一種僅次於昔日波斯文明的文化體系。

拜占庭使者來華，大約要經過在奧瑪亞王朝時仍保持獨立的陀拔斯單。到 8 世紀中葉，陀拔斯單喪失獨立地位，拜占庭只好與唐朝停止官方接觸。

在拜占庭與中國隔絕三個世紀之後，拂菻使節在宋元豐四年（西元 1081 年）十月重又經過西大食（敘利亞）、于闐、回紇、青唐抵達宋都汴梁（今開封）。《宋史》卷四九○稱這個拂菻國「東南至滅力沙（Malik Shah），北至海，皆四十程。西至海三十程」。又說：「歷代未嘗朝貢。元豐四年十月，其王滅力伊靈改撒（Malik-i-Rum Kaisar）始遣大首領你廝都令廝孟判來獻鞍馬、刀、劍、真珠。言其國地甚寒，土屋無瓦。產金、銀、珠、西錦、牛、羊、馬、獨峰駝、梨、杏、千年棗、巴欖、粟、麥……王服紅黃衣，以金線織絲布纏頭。」元祐六年（西元 1091 年），使者又兩次來華，宋朝回贈其玉帛二百匹、白金瓶、襲衣、金束帶。此後雙方未見再有使節往還。

進入 10 世紀，塞爾柱人在西亞建立起龐雜的帝國。1064 年，塞爾柱蘇丹艾勒卜·艾爾斯蘭（Alp Arslan）（西元 1063 － 1072 年在位）向安納托利亞發動了進攻，在托羅斯山區和西里西亞出現了許多獨立的亞美尼亞小國，和希臘政權之間不斷爭戰。艾勒卜·艾爾斯蘭的兒子馬里克沙（西元 1072 － 1092 年在位）繼位後，為了懲罰同族的背叛者庫特盧米什（Qutalmish），將他的兒子蘇萊曼和許多盜匪一起放逐到小亞細亞。蘇萊曼對安納托利亞西北部發動進攻，並於 1081 年一度占據尼加亞這個與拜

占庭鄰近的地方。來自小亞細亞的拂菻使者正是蘇萊曼所派，使者你廝都令廝孟判是聶思托利派的僧正。蘇萊曼的根據地在庫爾德斯坦西部的馬拉提亞。1084 年，蘇萊曼奪取了安條克，希望在地中海東部建立政權。與他東南鄰接的便是馬里克沙的領地。1086 年蘇萊曼死後，他的兒子基利傑·艾爾斯蘭（Kilij Arslan I）（西元 1086 － 1107 年在位）連年與達尼什曼德（Danishmend Gazi）作戰。1106 年，達尼什曼德在與拜占庭人和十字軍的作戰中死去，基利傑·艾爾斯蘭才獲得馬拉提亞，定都馬亞發雷根 [244]。接著他的兒子馬蘇德占領了科尼亞，建立了一個穩固的塞爾柱政權。1091 年來華的使團就是基利傑·艾爾斯蘭所派的。使團顯然企圖從中國那裡獲得共同對付塞爾柱的馬里克沙政權的某種支持，並開展長途的商隊貿易。宋代拂菻使者來華，是中國首次和小亞細亞的政權建立外交關係，所以史稱「歷代未嘗朝貢」。

　　蒙古西征時，土耳其東南部小亞美尼亞王海敦一世（Hethum I）（西元 1226 － 1269 年在位）歸降蒙古軍。貴由汗登位時，海敦派胞弟辛柏德（Sempad）前往哈拉和林朝賀，1248 年出發，1250 年與羅姆國蘇丹凱霍斯魯二世（Kaykhusraw II）的兒子一同歸國。建都科尼亞的塞爾柱人羅姆國於 1243 年卡伊豪斯勞二世時被蒙古人擊敗，依靠巨額貢金，在蒙古勢力下保持著獨立地位。凱霍斯魯死後，他的長子凱考斯二世（Kaykaus II）為了爭奪王位，傾向於和馬木路克人結成聯盟，最後遭到伊兒汗阿八哈的懲罰，使羅姆國失去了獨立地位。夾於羅姆國和蒙古汗國之間的小亞美尼亞不得不向蒙古人屈服。蒙哥登位後，海敦一世在 1254 年奉拔都之命前往伏爾加河，繼至哈拉和林朝賀。回國時在塔拉斯城見到了整裝待發的旭

---

[244]　卡爾·布羅克爾曼：《伊斯蘭教各民族與國家史》，孫碩人等譯，商務印書館 1985 年版，第301 － 303 頁。夏德、白鳥庫吉均考訂拂菻使節來自科尼亞，但年代上至少有二三十年之差。

烈兀，1255 年 7 月底重返西里西亞的西斯城。1331 年虞集《經世大典地理圖》中有一個地名「丹牙」，是位於地中海沿海梅爾辛灣的城市阿達納（Adana），這是《經世大典地理圖》中距離中國本部最遠的地名之一，位置與圖中譯作「迷思耳」的埃及相對應：前者在地中海北的土耳其境內，後者在地中海南的埃及。

明帝國建立後，小亞細亞政治形勢大變，昔日偏居一隅的鄂圖曼已經壯大成一強國。西元 1402 年，撒馬爾罕的帖木兒西征，將鄂圖曼蘇丹巴耶濟德（Bayezid I）（西元 1389－1402 年在位）的大軍擊敗。1403 年 3 月巴耶濟德死後，帖木兒便班師東歸。此後巴耶濟德的幾個兒子紛紛起而爭奪地盤，最後穆罕默德戰勝了他的反對者，重新統一了小亞細亞。1416 年，穆罕默德在士麥那（伊茲密爾）以西的卡拉布隆岬將反對他的信仰神祕主義教義的叛亂者鎮壓下去。隨後，在 1419 年，他派出的使團到達北京。這就是明代阿速和中國的第一次交流。《咸賓錄》卷四說：「阿速，西海中為稍大國也。永樂中遣使百十二人朝貢。其地多撒馬兒罕、天方諸國人。」《明史》卷三三二記阿速：「阿速，近天方、撒馬兒罕，幅員甚廣。城倚山面川，川南流入海。有魚鹽之利，土宜耕牧。敬佛畏神，好施惡鬥。物產富，寒暄適節。人無飢寒，夜鮮寇盜，雅稱樂土。永樂十七年（西元 1419 年），其酋牙忽沙遣使貢馬及方物，宴賚如制。以地遠不能常貢。天順七年（西元 1463 年）命都指揮白全等使其國，竟不復再貢。」這裡指出阿速是地中海、愛琴海中比較重要的國家，已雅有樂土之稱，位置在撒馬爾罕和天方兩地互通的商隊貿易線上。酋長牙忽沙即穆罕默德·本·巴耶濟德蘇丹，阿速是鄂圖曼家族最初的譯名。1419 年 3 月，伊朗的設拉子、伊斯法罕也有使團來華，5 月使團辭歸，明朝派中官魯安、葉先率使團隨往設拉子（《明太宗實錄》卷二一〇、二一二）。阿速使團一定

也夥同伊斯法罕使團來華，這時正是中國和撒馬爾罕、伊斯法罕積極開展官方貿易之時。1421 年，穆罕默德在亞德里安諾堡去世後，長途商隊貿易便告中斷。1463 年 2 月，明廷再度決定派都指揮僉事白全、百戶白暹使阿速，同行的還有都指揮同知海榮、指揮使馬金使哈烈，指揮使詹昇、葛春使撒馬兒罕（《明英宗實錄》卷三四九）。使團抵達目的地時，鄂圖曼人早已占領了君士坦丁堡。從 1462 年秋天開始，鄂圖曼蘇丹穆罕默德捲入了和希臘領土上唯一可以和他抗衡的威尼斯的戰爭之中，因此和遙遠中國的貿易未能繼續下去。中國使團一定帶去了許多名貴的瓷器和錦緞，充實了在 1464 年興建的薩萊伊宮（現為托普卡匹皇宮博物館）。

　　塞爾柱人的羅姆國在蒙古時代曾出現在哈拉和林接待的使團中。在明朝，直到嘉靖三年（西元 1524 年）才再有商隊取道赫拉特、吐魯番經甘肅到北京，史稱魯迷「去中國絕遠」（《明史》卷三三二），或說「魯迷不詳所始，或云地屬哈烈」（《皇明世法錄》卷八一）。「地屬哈烈」顯然是誤會，是因來使一定要經過哈烈（赫拉特）之故。魯迷使團從甘肅入貢獅子二、西牛一，北京還是受了禮。於是嘉靖五年冬（西元 1527 年 1 月）又有使者以獅、牛入貢，並嫌回賜物不足抵償所費 22,000 餘金，要求加賜。路上花費七年，據說是本國王子差往瓦剌賣獅子、西牛的，要求有更多的絹匹抵值。入境後一切費用都由中國官方負擔，所以明廷規定五年一貢，每次限十多人。使者的貢物有玉石、珊瑚、珠、金剛鑽、花帳子、舍列孫皮、花瓷湯壺、羚羊角、鎖服。1543 年、1548 年和 1554 年，魯迷使團繼續來華。1543 年的一次，魯迷使團和天方、撒馬爾罕等國商隊一同結伴而行。1544 年貢使回國時，在甘州協助明軍抵禦入侵的蒙古人，死了 9 人，明廷為之震動。這次使團多達 90 多人（《明世宗實錄》卷二八二），大約使用了鄂圖曼鐵火銃。到麥加朝聖是這些使團連年奔波的主要目的，

同時也透過麥加的聯絡，他們又遠赴中華大地。1554 年是魯迷使團赴華的最後一次。這五次使團，都是在鄂圖曼帝國吞併埃及、攻占大不里士和巴格達之後，在一代雄主蘇萊曼一世執政期間所進行的。於是伊斯坦堡宮廷中珍藏的成千上萬件名貴華瓷的來源，也就有了比較可信的解釋，因為它們不全是蘇丹從大不里士獲得的戰利品，還有很多是透過和中國建立的經濟連繫直接取得的。當然，塞利姆蘇丹確曾派軍在 1514 年 9 月 5 日到 9 月 13 日將大不里士的八樂園大批珍品特藏搜刮一空，其中便有一批明瓷在內。蘇萊曼一世也在 1534 年、1548 年、1553 年三度入侵波斯，一度占領大不里士，當然也把當地收藏的華瓷當作了戰利品。

在清代，中土之間的官方接觸已很少見，但民間的，特別是間接的經濟往來仍維繫不斷。1901 年土耳其末代蘇丹阿卜杜勒・哈米德二世（Abdul Hamid II）（西元 1876 — 1909 年在位）慶祝登基 25 週年時，光緒皇帝特派員贈以精美的工藝品，上有純金鑲嵌的亭臺、金銀雕鏤的人物和用珊瑚串聯的林木。至今，這些禮品還陳列在伊斯坦堡的托普卡匹皇宮博物館中，象徵著 1,000 多年連綿不絕的中土民族友誼。

西元 13 世紀地中海東部各國政治形勢示意圖

塞爾維亞

多　瑙　河

特爾沃諾

瓦爾納

塞爾迪卡

邁森不里亞

保加利亞王國

第拉修姆

君士坦丁堡

拉丁帝國

伊拉克略亞

塞薩洛尼基王國

薩馬特拉克島

加里墨

尼西亞帝

伊庇魯斯

括利薩

利姆諾斯島

科孚島

萊斯伯斯島

萊夫卡斯島

尤伯埃亞

雅典公國

修斯島

凱法利尼亞島

撒莫斯島

扎金索斯島

帕特拉

科林斯

雅典

阿爾哥斯

阿切亞公國

莫頓

科隆

麥納

羅德島

地

克羅特島

中

西元1214年的拉丁帝國　　　威尼斯控制區　　　　約翰

西元1230年保加利亞王國　　　西元1214年的尼西亞帝國　　　西元

塞奧多利安宜利（西元1215－1230年）

海

羅姆蘇丹國

亞美尼亞王國

塞浦路斯島

（西元1222－1254年）

庇魯斯

■第二節
物產和知識的交流

一、羅馬時期

《魏略》列舉羅馬出產的亞麻織物中，有出在弗利基亞的緋持渠布、由奧朗特河命名的阿羅得布。在 3 — 4 世紀馳名中國南北的大秦織物氍毹，以羊毛為主，和各種獸毛混紡，其中也有小亞細亞的產物。呂底亞、薩迪斯、弗利基亞和西里西亞都織造羊毛，遠銷東方。

小亞細亞擁有發達的羊毛紡織與染色工業。在羅馬世界中，可與之相匹敵的唯有敘利亞。在遙遠民族的眼中，這種神奇的羊毛紡織業具有神祕的傳說色彩。羅馬東部毛織業所用的羊毛，中國人以為出在水中，有水羊毳的傳說。小亞細亞的毛織業分布在寒冷的北方，於是有地生羊的傳說。最早記述地生羊傳說的是杜佑《通典》卷一九三「大秦」條：

> 北附庸小邑有羊羔，自然生於土中，候其欲萌，築牆院之，恐為獸所食也。其臍與地連，割之絕，則死。擊物驚之，乃驚鳴，遂絕。逐水草，無群。

比杜佑晚一個世紀的段公路在《北戶錄》也有類似的說法，卻指明地點在拂菻。「拂菻國有羊羔生於土中，其國人候其欲萌，乃築牆以院之，防外獸所食。然其臍與地連，割之則死。唯人著甲走馬擊鼓駭之，其羔驚鳴而臍絕，便逐水草。」這地生羊的故事，在中世紀晚期竟變成了斯基泰地區地生棉花的故事 [245]。這故事和羅馬人長期設想中國的蠶絲產在樹

---

[245] 英國亨利·李在所著《植物羊》（Henry Lee, *The Vegetable Lamb of Tartary*，倫敦 1887 年版）中，以為自希臘多德至齊奧夫拉斯托都說印度樹上生羊毛，後來又變成了地生羊的故事，這植物羊便是棉花。但亨利·李沒有注意到東西方之間對於遠國物產都具有的那種好奇，使得這種傳說在不同時代具有了不同的內涵。

上一樣，都具有幻想的色彩。然而在《山海經》同樣可以發現這故事的來源。在《山海經・大荒西經》中，已有歐亞草原生長雒棠樹的傳聞，雒棠樹正是亞洲棉（樹棉）的一種民族語言。

拜占庭醫藥在唐代已著稱於中國。段成式《酉陽雜俎》前集卷十八記述許多波斯香藥、花木，列舉波斯名稱之後，常附有拂菻名稱，或供藥用，或作食用，或以壓油。如婆那娑，出波斯，亦出拂菻，稱為阿蔀䴥樹；槃砮穡，出波斯，亦出拂菻，呼為群漢樹；齊暾，出波斯，亦出拂菻，呼為齊虙；醼齊，出波斯，拂菻呼為頳勃梨咃（xelbanita）；波斯皂莢，波斯稱忽野簷默（xaryadzambax），拂菻呼為阿梨去伐；沒樹（murd，芭樂樹），出波斯，拂菻呼為阿縒；阿驛（無花果），波斯稱阿馹，拂菻呼為底珍。段成式可說是第一個將波斯藥用植物和敘利亞、小亞細亞、亞美尼亞藥用植物加以對照，並註明用途的中國專家。比段成式早一個世紀的鄭虔《胡本草》或許已有這種紀錄，但書已佚失。

唐代還知道拂菻出產的阿勒勃（山扁豆），狀似皂莢而圓長，味甘好吃。沒食子，不但波斯出產，而且也盛產於亞美尼亞、小亞細亞和敘利亞。狀如紅藍的鬱金香，四五月採花，《魏略》說產在大秦，楊孚《異物志》以為出在罽賓（喀什米爾至喀布爾河流域），《周書》以為是波斯產品，而小亞細亞其實才是鬱金香故鄉。16世紀荷蘭人在土耳其發現後加以引進，以土耳其名字tulpen（土耳其花）相稱，再轉成tulipe（鬱金香）。迷迭香（*Rosmarinus officinalis*），屬唇形科常綠小灌木，《廣志》說出於西海，見於地中海東部。曹植、應瑒各有賦讚頌，至晚3世紀初已移栽於黃河中游。野悉蜜（耶悉茗、耶悉弭）花（*Jasminum grandiflorum*），又稱素馨花，段成式說出拂菻國，亦出波斯國。這種花葉似梅葉，四時敷榮，花五出，白色，不結子，西亞地區常採花壓油，製成芳香滑潤油。栲袛，

阿拉伯文 narjis，亞美尼亞文 nages，今稱水仙。段成式說出拂菻國，莖端有花六出，花色紅白，可以壓油，塗身除風氣。據說拂菻國王和國內貴人都用這種油。水仙在新春佳節開花，被看作新歲的瑞兆，為民間所喜愛的吉祥之花。《花史》記載唐玄宗賜虢國夫人紅水仙十二盆，此種風氣一定受到拜占庭的催發。明清以來，水仙以產在嘉定、蘇州、漳州等地的水仙頭最為有名。浙江、福建、臺灣等地的中國水仙（*Narcissus tazetta* var. Chinensis）正是南歐水仙的一個變種，是拜占庭文明在東方傳遞的一個花種，也是 1987 年在上海評選出的中國十大名花中唯一自海外傳入後又經精心培育的名花。

拜占庭有一種被稱為萬能解毒劑的底也伽（theriaca），在西元 667 年被使者帶到長安，獻給唐高宗。這種藥初見於前 3 世紀科洛豐的尼卡特，用來治療各種動物咬傷引起的中毒。後來本都國王米特里達梯（Mithridates VI Eupator）（西元前 121 －前 63 年在位）將它變成一種萬能解毒藥。普林尼和蓋倫都使用過這種藥，配方多到 600 種，後來增入蛇膽、鴉片。中國人最初接觸鴉片，便是由於用了出產在小亞細亞的這種含有阿飛勇（鴉片）的底也伽藥丸。拜占庭醫生善治眼病，「能開腦出蟲以癒目眚」。740 年，康國使者向長安進贈水精眼藥瓶子，大約也是拜占庭製品。明初編印的《回回藥方》卷三十目錄雜證門中，尚有「福祿你牙亦魯迷方」（Fulūniyā-i-Rūmī），亦即魯迷藥方。明初周定王朱橚等編《普劑方》中有眼科方，也用了鴉片：「用可鐵刺（西域黃耆）一錢，阿飛勇（鴉片）一錢，李子樹膠（阿拉伯膠）四錢，白雪粉（錫粉）八錢為末，雞子白調作錠，每以乳女兒汗磨點之。」（《本草綱目》卷十一引）

拜占庭文明對中國影響最大的是景教的傳入。景教是基督教的一支，由聶斯脫里（Nestorius）創立。西元 428 年出任君士坦丁堡大主教的聶斯

脫里由於教義上的分歧，不承認基督的神性，431 年被以弗所宗教會議斥為異端。聶斯脫里被迫出走波斯，教徒紛紛往中亞和中國布道。景教徒初期都能治病，如景崇一度為唐玄宗長兄李憲治病，手到病除。

建築工程知識的東傳可能也與景教僧侶有關。拜占庭的涼亭在唐代宮廷中曾有仿造的史跡。「至於盛暑之節，人厭囂熱，乃引水潛流，上遍於屋宇。機制巧密，人莫之知。觀者惟聞屋上泉鳴。俄見四簷飛溜，懸波如瀑，激氣成涼風，其巧如此」（《舊唐書・西戎傳》）。這種建築技巧曾被唐玄宗的宮廷建築師所仿效。玄宗造了一所涼殿，召拾遺陳知節詢問國事，時當酷暑，「上在涼殿，座後水激扇車，風獵衣襟。知節至，賜坐石榻，陰靄沉吟，仰不見日，四隅積水成簾飛灑，座內含凍，復賜冰屑麻節飲」（《唐語林》卷四）。自從安祿山在長安親仁坊獲賜巨宅以後，王公貴族競相爭勝，京兆尹王鉷也大事營建，後來當上御史大夫，獲罪賜死。當局查驗他太平坊的邸宅，宅中有自雨亭子，「簷上飛流四注，當夏處之，凜若高秋」（《唐語林》卷五）。龍骨車本是中國所造，而利用龍骨車引水設計的人工瀑布卻是拜占庭的新發明，它啟發中國的建築師去設計一種新穎的屋宇。

中國的機械工程給予拜占庭同行十分強烈的印象。李約瑟寧肯相信卡丹掛環的創造者絕非卡丹，發明這種遊動常平吊環的是 2 世紀的中國技師丁緩。後來阿拉伯人將這種發明纂入 3 世紀拜占庭費隆（Phlon）的《氣體力學》（*Pneumatica*）中了。但實際上要到 10 世紀才由猶太人介紹到歐洲去 [246]。

桃和杏這兩種果樹都是中國人最早栽培的，先傳到波斯，西元前後再

[246] 李約瑟：〈中國與西方在科學史上的交往〉，《李約瑟文集》，遼寧科學技術出版社 1986 年版，第 142 – 144 頁。

傳到亞美尼亞，1 世紀時在希臘、羅馬生長。普林尼將桃和杏分別稱作波斯果和亞美尼亞果子。杏的學名 *Armeniaca vulgaris* 就這樣定下了。

　　對拜占庭人來說，從中華文化獲得的最重大的影響是養蠶、織絲技術的引進。在查士丁尼（西元 526 － 565 年在位）時代，拜占庭和波斯在紅海和陸上貿易的競爭激烈，拜占庭又和信奉猶太教的希米雅爾國王發生衝突，從中國進口的絲帛大受阻撓。531 年後，查士丁尼派使者要求紅海西岸的阿克森姆確保紅海商業利益，然而絲綢運輸仍無契機。552 年，一些來自賽林達國（中國新疆）的印度僧侶抵達君士坦丁堡，向皇帝介紹了育蠶的知識，並獲准前往印度取蠶種。不久之後，他們從賽林達取得了相當數量的蠶卵，從此拜占庭開始了自己的養蠶業。在拜占庭統治下的那些原來仰賴進口中國縑素重新加工紡織的地中海東部城市也開始擺脫波斯的阻撓，得以重振舊業。查士丁尼在 542 年就宣布由國家專營絲織工業，然而要到引進蠶種、解決絲業原料後，拜占庭絲織業才有新的起色。

　　由於拜占庭受到阿拉伯勢力的侵擾，透過裏海和黑海取得中國絲貨具有了比過去任何時代更加迫切的需求。分布在天山和裏海間的鐵勒（敕勒）民族，和從中國西遷的可薩突厥，充當了中國和拜占庭之間絲綢貿易的仲介商。高加索是中國絲絹和拜占庭錦緞、粟特錦的集散地。北高加索西部基斯洛沃茨克附近的哈薩烏德自西元 1885 年以來時有古代絲絹出土，1967 年更出土 8 － 9 世紀絲織物殘片 65 件，粟特錦以外，也有拜占庭錦和唐絹、波斯錦。哈薩烏特以西大拉巴河的支流巴勒卡在 20 世紀初發掘莫賽瓦亞‧巴勒卡（Moshchevaja Balka）墓葬，出土絲織品有 143 件之多，除粟特產品占半數外，中國和拜占庭製品各占 20% 左右 [247]，粟特

---

[247]　A. A. 雅魯莎李姆斯卡婭：〈論中世紀早期北高加索的絲綢之路〉，《蘇聯考古學》1967 年第 2 期。

產品中恐怕也不乏新疆的仿製品在內。同墓還見有殘存文字三行的漢文帳冊 [248]。

二、土耳其時期

西元 1081 年，位於今土耳其境內的拂菻使者來華，展開了土耳其時期中土關係的序幕。此後，雙方便有人士來往。現在可以查考到的，有祖籍亞美尼亞的侯賽因·本·穆罕默德，在南宋乾道七年（西元 1171 年）卒於泉州，泉州保存有此人墓碑。在哥倫布到達美洲以前，中世紀地中海世界普遍使用的洋紅染料有生於橡樹的 *Kermes insect*，和高加索種的 *Porphyrophora kammelii*，後者是來自亞拉拉特山麓的一種染料，著名的亞美尼亞紅就取自這種植物。元代進口的用於宮廷氍毹的「茜紅」，成分已很複雜，不限於茜草。當時宮廷地毯染紅所用茜根有哈剌章、西番、陝西、回回之別，回回茜根即有來自亞美尼亞的，經撒馬爾罕轉運來華 [249]。亞美尼亞又是中世紀出口藍靛的中心 [250]。中國進口藍靛，除伊朗、印度外當也有來自亞美尼亞的。

在元代有河西甸子，其紋理粗於納沙布林的回回甸子，稱乞里馬泥，是中國所熟知的綠松石。乞里馬泥，恐非伊朗的克爾曼（Kirmān），而是塞爾柱的根據地卡拉曼（Karaman），在賽普勒斯島以北的小亞細亞。乞里馬泥，又是土耳其綠松石的別稱，近代歐洲人常稱綠松石為土耳其玉（Turquiose）。

在中世紀，小亞細亞一直是明礬的主要產地。中國很早就從波斯、

---

[248]　A. A. 雅魯莎李姆斯卡婭：《絲路上的阿蘭世界》，埃爾米塔什博物館 1978 年版。

[249]　〈大元氈罽工物記〉，《廣倉學宭叢書》甲類二集，上海倉聖明智大學 1916 年排印本。

[250]　海特：《古代利凡特商業史》（W. Heyd, *Histoire du Commerce du Levant au Moyen-Ages*），萊比錫 1923 年版，第 2 卷，第 75 頁，第 83 頁。

埃及進口明礬。普林尼記述明礬產在埃及、西班牙、亞美尼亞（小亞細亞東南部）、馬其頓、本都和阿非利加（突尼斯），波斯因轉運明礬被唐代人誤認作產地。10 世紀李珣《海藥本草》說：「波斯、大秦所出白礬，色白而瑩淨，內有束針文，入丹灶家，功力逾於河西石門者。」這種白礬大多來自西亞和地中海，被煉丹家當作上品。宋元時代，明礬也從小亞細亞通過于闐運入內地，可供煉丹，可以做礬絹，可充清潔劑以淨水。水銀（汞）也是小亞細亞的重要礦產。陳霆《兩山墨談》記有拂菻國水銀：「拂菻國當日沒之處，地有水銀海，周圍四五十里。國人取之，近海十里許，掘坑井數十，乃使健夫駿馬皆貼金箔，行近海處。日照金光晃耀，則水銀滾沸如潮而來。其勢若黏裹，其人即回馬疾馳，水銀隨趕。若行緩，則人馬俱撲滅也。人馬行速，則水銀勢遠力微，遇坑塹而溜積於中。然後取之，用香草同煎，則成花銀。此與中國所產不同。」（《本草綱目》卷九引）

　　還有一種寶狗，《通典》卷一九三已有記載：「寶出西海，有養者，似狗，多力獷惡。」這種狗又叫拂菻狗。唐代武德七年（西元 624 年），高昌使者獻雌雄狗各一，高六寸，長尺餘，「性甚慧，能曳馬銜燭，云本出拂菻國。中國有拂菻狗，自此始也」（《舊唐書·高昌傳》）。到了明代，生長在吐蕃的西番狗（西藏狗）也被輸送到土耳其。16 世紀初訪問中國的阿里·阿克巴爾·契達伊（Seid Ali Akbar Khatai）在《中國志》中提到中國皇宮中有一種身材高大長毛的動物，牠們像獅子一樣勇猛，土耳其蘇丹也豢養著一群這種狗，民間習稱「薩姆松狗」（Samani）。薩姆松一詞出自喀斯塔姆拉省的鄂圖曼人村莊 Samsun[251]，當地出產長毛的高地動物。

---

[251] 《阿拔斯王朝史集》（巴黎國立圖書館科技部第 744 號），見阿里·馬扎海里：《絲綢之路——中國波斯文化交流史》，耿昇譯，中華書局 1993 年版，第 220 頁注 14。

這種狗其實是一種西藏狗，俗稱藏獒，善於追捕麞、麂等獵物，西藏也向北京進貢這種動物。後來這些狗又成了土耳其皇室的寵物。

元代自拜占庭傳入中國的工藝有拂郎嵌。拂郎嵌是一種鏨胎琺瑯，花紋與大食窯這種掐絲琺瑯相仿，從黎凡特、小亞細亞東傳，元人因此稱作拂郎嵌。元代的金錦、金線加工技術十分發達，毛織物加金叫毛緞子，風氣和西亞相仿佛。當時西起拜占庭，東至中國沿海，達官貴紳盛行金織衣帽與帷帳，而紡織圖樣又富球路對鳥、獅團等西方格調。新疆阿拉爾出土的北宋時靈鷲球路紋錦富有裝飾意味，最具拜占庭風格。元代金錦有十樣錦，圖案又多承襲宋代。西亞裝飾風已成絲織、毛織物中不可離析的因素。

元代，由於蒙古軍隊的普遍使用，中國發明的馬鐙已成西亞馬具中不可或缺的套件。馬具用玉裝飾也在土耳其社會中逐漸形成風氣。

源出中國的各種火器更裝備了土耳其軍隊，使它所向披靡。在征服埃及最終摧垮馬木路克王朝時，裝有活動輪子的鄂圖曼炮隊輕而易舉地制服了堅持信賴騎兵優勢的馬木路克軍隊。後來「大炮」（top）這個詞已成土耳其的詞語。鄂圖曼製造的火銃也曾從陸路運到中國。西元 1540 年代，嚕密（魯密）人朵思麻帶著嚕密銃（魯密銃）度嶺涉水，經八年到達北京。明廷任命他為錦衣衛指揮，但對他所獻神器卻不感興趣。這種魯密銃與西洋銃一樣，也屬鳥銃，比倭銃長而重，射程與威力都大於倭銃，然而使用不便，製造無方，因此「都中人士罕有一問之者」[252]，促成了兩國交換軍事技術的一段趣聞[253]。

中國製造的精美瓷器更是嚮往奢侈生活而雄心勃勃的鄂圖曼君主苦心

---

[252]　趙士楨：〈神器譜奏議‧萬曆二十六年恭進神器疏〉，《神器譜》，日本清水正德 1807 年校刊本。
[253]　和田博多：〈明代鐵炮由來與鄂圖曼帝國〉，《史學》1961 年第 31 卷第 1－4 號，第 692－719 頁。

追求的財富。1514 年，鄂圖曼蘇丹塞利姆從大不里士八樂園（Heshtebe-sht）運回君士坦丁堡的精美華瓷有 57 件，其中有大盤 10 件（含白瓷 2 件，褐釉 4 件）、小盤 17 件（含白瓷 4 件，各色瓷 13 件）。當年檔案尚存塞拉里奧宮。該宮位於伊斯坦堡東南，為歷代 25 位蘇丹國王的宮室，現已闢為托普卡匹皇宮博物館（Topkapu Sarayi Müzesi），意思是「大炮門宮」（勝利門宮）。蘇萊曼一世在宮中廚房專門闢有收藏華瓷的一間「中國廚房」，但毀於 1574 年的大火。現在博物館所列瓷器來自宮中的廚房、庫房和地窖，在約 10,000 件瓷器中，華瓷大約有 8,000 件，包括南宋末、元、明時期青瓷 1,300 件，元、明青花瓷約 2,600 件，清代瓷器 4,000 件。土耳其的塞爾柱舊都科尼亞也有博物館收藏的華瓷，並且不乏精品。關於托普卡匹皇宮的兩件鑄有「大明正德年造」的瓷瓶，在伊斯坦堡至今有著動聽的傳說。據稱，正德皇帝（西元 1505 － 1521 年在位）向塞利姆一世（西元 1511 － 1519 年在位）贈送了兩件帶有阿拉伯紋飾的瓷器[254]，很可能在 1524 年魯迷使團抵達中國之前，中國商隊已去過伊斯坦堡。

　　在中西醫學溝通上，土耳其也曾產生重要的作用。塞爾柱政權在科尼亞建立以後，即設置經學院，研究醫學、法學、數學、幾何學、建築學。後來鄂圖曼政權建都君士坦丁堡，該地一時又成東方文化的中心之一，地位不下於開羅和巴格達。

　　在牛痘發明以前，土耳其將中國兒科醫生早已使用的人痘法傳播到英國。廣泛流行世界各地、危害極為嚴重的烈性傳染病天花，曾是醫學史上一種難以治療的疾病。2 世紀時，天花由北方邊外傳入內地，人稱「虜

---

[254] J. 波普：《托普卡匹皇宮博物館藏 14 世紀中國青花瓷》（John Pope, *Fourteenth-Century Blue-and-White: A Group of Chinese Porcelains in the Topkapu Sarayi Müzesi*），華盛頓 1952 年版，第 13 頁。波普以為這件事見於阿里·阿克巴爾的《中國志》（Ali Akbar, *Khitay-nama*），是個誤會。

瘡」。晉代葛洪《肘後備急方》已記述，天花發作，劇烈的會致命，倖存者也會在皮膚上留下許多瘢痕。中國在 11 世紀末已發明抗原接種的人痘，預防天花。明代因天花流行，醫家紛紛研究醫治辦法。隆慶年間（西元 1567 － 1572 年），皖南太平縣首先推廣這種人痘接種祕方，後來不斷改進。康熙帝在 1681 年從江西招聘痘醫朱純嘏到北京，先後在皇室及內蒙古、外蒙古推廣人痘法。1742 年清政府頒布《醫宗金鑑》，就詳細記錄了人痘接種術。俄國聞訊，在 1688 年派員到中國學痘醫。土耳其透過中亞細亞和俄國學到了人痘接種技術，被英國駐土耳其公使蒙塔古（M. L. Montague）的夫人學會後，在 1718 年帶回英國，迅速傳遍歐陸。不久，美洲也施行了這種新的醫術，以預防天花。英國人痘醫生貞納（E. Jenner，西元 1746 － 1823 年）累積了接種人痘的經驗，在人痘的啟發下，以牛為苗體，在 1796 年用牛痘接種成功。此法比人痘更為優越，療效更為明顯，從此被歐洲醫界採用。

■第三節
阿里・阿克巴爾的《中國志》

14 世紀以後，土耳其時有來到中國的商旅，也到中國來傳教的，其中不少人移居中國。主持南京淨覺寺長達一個世紀之久的，即從洪武初建到弘治五年（西元 1492 年），便是魯迷人可馬魯丁和他的子孫。他們中有人用文字將在中國的所見所聞所思留了下來。當時有關中國的最重要的著作，要推賽義德・阿里・阿克巴爾・契達伊（Seid Ali Akbar Khatai）的《中國志》（*Khatāy-nāmih，Khitay-nama*）。這部用波斯文寫成的書共分二十章，長期以來只是一部手稿，書中聲稱作者在回曆 922 年勒必拉費勒

月（3月）末（西元 1516 年 5 月初）完成於君士坦丁堡。君士坦丁堡的阿希爾·阿凡提圖書館藏有該書兩種波斯文抄本，卷首有作者獻給魯迷國王蘇萊曼一世的頌詞。1582 年，穆拉德三世（Murad III）蘇丹統治期間，該書由赫扎爾芬譯成土耳其文，以之奉獻蘇丹，書名改成了《中國和契丹的法典》。很明顯，《中國志》由於花費大量篇幅介紹明朝的法律和禮儀，以及軍隊的建制和社會秩序的穩定，引起了號稱「立法者」的蘇萊曼一世和繼承者穆拉德三世（西元 1574 － 1595 年在位）的注意。但這部《中國志》直到 1853 年才在伊斯坦堡刊出了第一個石印本。1883 年法國的伊斯蘭學者謝費首先發現了該書的波斯文抄本，並進行研究、整理和翻譯。1988 年在北京出版了張至善等編譯的《中國紀行》，根據英譯本和新波斯文版譯校了全部文稿 [255]，並編集了各國學者研究、介紹該書的文章，使《中國志》這本開啟土耳其人了解中國文化鎖鑰的著作也為中國讀者所分享。

賽義德·阿里·阿克巴爾之所以取契達伊（中國人）為姓，是因為按照當時波斯人移居他地的習慣，移成者要將僑居地作為姓氏。有人甚至推測他的父親是聖門後裔，故稱賽義德，而母親則是一個中國人 [256]。《中國志》講到了西元 1450 年（回曆 854 年）英宗被也先俘虜，後來由憲宗成化（實際為景宗景泰帝）繼位，以後英宗復位的歷史。他記錄的時間跨度在半個世紀以上，而對這段歷史混淆了許多事實，如將景泰（西元 1450 － 1457 年）和正德（西元 1506 － 1521 年）兩位皇帝都寫作 Kin Tai，並誤稱他寫《中國志》時，是成化汗的兒子景泰汗當政。對一個僑居中國的外國穆斯林來說，這種錯誤是難免的。

---

[255]　波斯文本根據伊朗學者伊拉志·阿夫沙爾編輯的本子（1978 年版），原稿為開羅抄本的波斯文、鄂圖曼文本，由張至善、張鐵偉、岳家明合譯，三聯書店 1988 年出版。全書共二十一章，第十八章〈中國的天房〉係自第十七章〈中國的農業〉中析出。

[256]　阿里·阿克巴爾：《中國紀行》，張至善等譯，三聯書店 1988 年版，第 307 － 308 頁。

　　阿里‧阿克巴爾遍述中國後，在第四章中得出了這樣的結論：「在世界上除了中國以外，誰也不會表現出那樣一種井井有條的秩序來。毫無疑問，穆斯林如果能恪守他們的教規，雖則兩者間並無共同之處，他們一定會按真主的良願成為聖賢。」阿里‧阿克巴爾相信當時的中國皇帝正德是皈依了伊斯蘭教的，只不過礙於習慣勢力不能公開宣布罷了。所以他對穆斯林採取的保護措施非常得力。這一說法和中國民間長期流傳的傳說十分吻合。阿里‧阿克巴爾描述了皇宮的慶典，軍隊的建置和布防，倉儲，監獄，12 個省區，宴會和禮儀，妓女，奇妙的手藝，立法者和守法精神，學堂，農業，錢幣和紙鈔。既有歷史的真實，又有類似天方夜譚式的穆斯林傳說中的中國習俗與現實。書中描述的妓女大多是犯罪人的後裔，被罰作妓女，在旱情嚴重時被政府驅使去祈雨，如祈雨不果則只有等待處死。總之，《中國志》是一部西亞穆斯林眼中的中國總覽，它以穆斯林的觀念描述了中國統治集團的治國方針和中國各地的社會實況。此書大大勝過了在它以前兩百年的《伊本‧巴圖塔遊記》。

■第四節
中國穆斯林在伊斯坦堡

　　在 16 世紀伊斯坦堡成為伊斯蘭世界的智慧和文化中心以前，塞爾柱王朝的首都科尼亞曾以裝飾華麗的清真寺和神學院著稱於世，它吸引了穆斯林世界的各地學生，其中便有來自中國新疆的信徒。庫車蘇菲主義教派中的依襌派相傳起源於宋代理宗年間。有一位阿富汗人額西丁曾在科尼亞神學院學習，結業後到庫車傳教，不久便成為該地依襌派領袖，最後死在庫車，迄今陵墓仍在。

　　19 世紀時，中國穆斯林常在朝覲之後奔赴土耳其首都遊歷、深造。雲南著名經師馬德新便是其中之一。1841 年，馬德新偕同弟子馬安禮、馬開科等人前往麥加朝覲。出國五年之後，他在 1845 年正月初由亞歷山大里亞乘船到了伊斯坦堡，一直住到七月才赴耶路撒冷。土耳其蘇丹阿布杜拉·麥吉德（Abdulmejid I）（西元 1839 － 1861 年在位）親自接見了這位遠方來客。此時正值蘇丹的王姊結婚，在伊斯坦堡隔海相望的於斯屈達爾舉行盛大的宮廷宴會，馬德新亦躬與其盛。宴會結束，由宮廷官員陪同馬德新遊覽伊斯坦堡全城，並參觀了土耳其皇家太醫院，瞻仰了各處名勝古蹟。馬對這個穆斯林帝國印象十分深刻，回國後將自己的感受用阿拉伯文寫進了《朝覲途記》中。

　　馬德新的伊斯坦堡見聞推動著以後的朝覲者分途前往帝國的中心，一瞻盛世華彩。雲南馬聯元在 20 歲左右已精通漢文和阿拉伯文。杜文秀在大理起義後，馬聯元便跟著舅舅前往麥加朝覲，順道往赴埃及、伊拉克、土耳其。在土耳其，他跟從二不都哈米德（'Abd al-Hamīd）學習《奈格施邦定記刻爾》。後又赴埃及，從二不都浪賓來素禮（'Abd Al lāhbin al-Rasūl）學習可蘭讀法，並轉赴印度學習，學業大進，直到 1874 年才回到雲南。1900 年，60 歲的馬聯元因杜文秀刻印的《可蘭經》版本告絕，再度倡刻《可蘭經》，由高足田家培一手寫成版樣。刻版至今留存，印本則遍布雲南各地。20 世紀的王寬追跡馬德新、馬聯元前往土耳其考察，使中國穆斯林瞻仰當代最大的伊斯蘭帝國首都的風氣大盛。

第四章
20 世紀中國和西亞文化交流

■ 第一節
中國伊斯蘭教學者與伊斯蘭各國

　　進入 20 世紀，中國伊斯蘭教學者前往麥加朝覲的有所增加。作為伊斯蘭各國宗教和政治的中心，土耳其的伊斯坦堡為中國伊斯蘭學者和穆斯林所仰慕，成為朝覲和出國巡禮的終點。中國穆斯林還派出留學生赴埃及、土耳其學習，交流學術文化。

　　王寬是 20 世紀中國伊斯蘭新式學校的興辦者。王寬（西元 1848 － 1919 年），字浩然，北京人，回名哈志阿布杜拉合曼，行五，人稱「王五阿洪」，是世代主持牛街禮拜寺的王崇名的姪孫。學成後，先後在外地和北京牛街寺講學。為拯救積弱已久的中國回民，他在 1905 年 9 月帶領弟子馬德寶一起赴麥加朝覲，歷遊埃及、土耳其等地；在伊斯坦堡受到鄂圖曼蘇丹阿卜杜勒‧哈米德二世的接見，受贈經書 1,000 多卷。1907 年由土耳其經師哈夫足哈三、阿里雷塔陪同，一起東渡回國。土耳其經師在華講學，傳授可蘭經讀法。這時土耳其已從布魯薩修起了通往巴格達和麥加的鐵路，青年土耳其黨人根據他們和蘇丹締結的協議，在 1908 年 7 月公布了新憲法，在年底召開了土耳其議會。王寬受到土耳其復興運動的鼓舞，回國後以培養新型知識人才為第一大事，提倡興學。1908 年，他在北京和王友三、達浦生等創立回教師範學堂，地點就在牛街禮拜寺，在宗教課程外，又增設各項學科。翌年，又創辦京師公立清真第一兩等小學堂，開創了回教新式學校。1914 年更創立中國穆斯林協會「中國回教俱進會」，任副會長。他在《中國回教俱進會本部通告》序中追述土耳其的改革對他的影響之深：

　　余遊土耳其歸國後，始知世界大勢非注重教育不足以圖存。遂即提倡

興學。未幾，而清真學堂以立。……

　　寬猶有言者：土耳其與吾，同種之國也。該國人士對於中華物產最為歡迎。果能中、土結約，互通商旅，將見莊嚴民國稱霸亞洲，而雄飛世界矣。

　　王寬曾翹首期待中國和土耳其締約，發展經濟關係，以為這是振興中華、拓展國際商務的大好機遇。

　　中國穆斯林為拓展學術，增進國際間的接觸而發起的出國研究，赴埃及、土耳其留學的風潮，始自甘肅馬氏。繼而哈國楨於 1913 年前往麥加、開羅，周子賓也曾赴埃及學習，此後有天津王靜齋及其弟子馬宏道留學開羅、伊斯坦堡，王曾善自費留學土耳其，於是回民出國深造，漸成風氣。王靜齋、馬宏道在 1922 年 3 月離開天津，經上海、香港、孟買前往埃及，考入愛資哈爾大學，從此展開留學生涯，在艱窘的環境下刻苦學習。1924 年在參加麥加朝覲後，王、馬兩人又乘火車直赴伊斯坦堡，並前往土耳其新都安卡拉遊歷。時值土耳其經濟蕭條，百業待興，因此王靜齋打消了在土耳其留學的念頭，仍回愛資哈爾大學留學，擔任該校中國學生部部長，為以後中國學生留學該校做了準備。馬宏道則決意進入伊斯坦堡大學學習，多年後學成返國，是現代中國最早留學土耳其的學子。王靜齋自埃及歸國後，致力於講學、譯經，編印字典。1928 年他的《中亞字典》正式出版，風行海內。此書與北京馬德寶所編《中阿字典》同為中國伊斯蘭學者和穆斯林學習阿拉伯文的基本用書。1931 年，王靜齋又將《英阿雙解新字典》譯成《中阿新字典》出版。王靜齋曾三次出版《可蘭經譯解》，即 1932 年北平回教俱進會文言體本，1942 年寧夏石印經堂語本，1946 年上海永祥印書館白話文本。此書與楊仲明文言體《可蘭經大義》（1947 年北平伊斯蘭出版公司）同為 20 世紀中葉通行的《可蘭經》譯本。

　　1930 年代赴埃及的留學生是由中國伊斯蘭學校正式資派的，經中國政

府與駐在國當局協議享受公費學習待遇。自 1931 年起至 1935 年，中國向埃及愛資哈爾大學派遣五屆留學生，共 23 人。愛資哈爾大學中國學生部在 1933 年正式成立，由雲南明德中學訓育主任沙國珍出任部長。1931 年派出的第一屆留學生共 4 名，其中有上海伊斯蘭回文師範學校的馬堅、雲南明德中學的納忠等。1932 年第二屆赴埃及留學生由北平成達師範學校選送 5 名。1934 年由雲南明德中學派出 3 人，為第三屆赴埃及留學生；同年，上海伊斯蘭回文師範學校派出 5 人，為第四屆赴埃及留學生。留學印度德里來克勞大學院的海維瓊也在 1934 年轉入愛資哈爾大學。第五屆留學生 5 人在 1935 年由北平成達師範學校選派。

首屆赴埃及留學生中的馬堅，在學習期間曾以阿拉伯文做過關於中國伊斯蘭教現狀的專題報告，並在開羅刊物上發表。此外還致力於介紹中國文學和典籍。第二屆赴埃及留學生，由北平成達師範學校代校長馬松亭親自率領，受到埃及蘇丹福德一世（Fuad I）的接見。福德一世同意盡量招收中國學生，允許派遣兩名埃及教授到北平成達師範學校任教。福德一世親贈罕見的上千冊阿拉伯文經典，由該校專闢福德圖書館加以庋藏。該校還翻印了不少阿拉伯文小冊子作為課本，尤以影印歐斯曼本《可蘭經》為最珍貴。北平、上海、南京、鎮江、昆明、成都和四川萬縣（今重慶萬州區）也都先後刊印阿拉伯文、中文的伊斯蘭教經書。

民國以來，阿拉伯原文典籍由上海協興公司、上海中國回教書局、北平成達師範出版部從國外運進不少，同時進行影印，以供各方需要。上海協興公司由南鄭哈國楨在 1914 年發起。任職上海浙江路禮拜寺的哈國楨精通阿拉伯文、波斯文、烏爾都文和英文，1919 年出任協興公司駐斯里蘭卡和埃及的經理。1924 年回到上海。1925 年與伍特公、沙善余等成立中國回教學會，出任浙江路禮拜寺教長。1928 年在上海創辦伊斯蘭回文師

範學校。他熱衷於資選留學生出國深造，致力於從孟買、德里、開羅以及土耳其、敘利亞等地輸入原版典籍，在上海銷售。上海中國回教書局除經銷阿拉伯文版書籍外，更以發行影印本為主要業務，《教律經》、《喀最經注》、《門志德字典》等巨著鴻篇均經影印發行，方便學人。

■第二節
典籍翻譯與交流

中國對阿拉伯文典籍的翻譯史，可以追溯到南京劉智（約西元1664－1730年）在康熙年間所編《纂譯天方性理》（簡稱《天方性理》），這是一部有經有傳的伊斯蘭教典籍譯著。康熙末年，遨遊全國各地的劉智在河南朱仙鎮賽家找到了一部用西文（波斯文）敘述穆罕默德生平的《至聖錄》，決心加以翻譯，到雍正甲辰年（西元1724年）脫稿，取名《天方至聖實錄》，但到1776年才正式出版（南京袁國祚付梓）。全書二十卷，前三卷是宗譜、圖表。四至十六卷是正文，記穆罕默德一生事蹟。最後四卷是附錄，為劉智所輯。此書的出版，開阿拉伯典籍漢譯之風，20世紀時又引起英、俄、日等國學者注意。1921年英國基督教傳教士伊薩克·梅遜的英譯本分別在倫敦、紐約問世。繼而俄國艾哈曼德·勃列瓦涅夫據英文譯成俄文，題名《俄語實錄擇要》。法國學者又據俄文譯成法文。1941年日本田中逸平從劉智原本譯成日文。

19世紀末，中國出版了中世紀阿拉伯詩人蒲綏里（Sharif AI-Din Muhammd Bin Sayid Busyir）（西元1213－1297年）頌讚穆罕默德生平的長詩《蓋綏迪·布林德》（《先知的斗篷》）。雲南經師馬德新在1848年歸國時帶回了這部詩集和注文。此詩流傳阿拉伯世界，在民間甚至被奉為足

251

以逢凶化吉的聖詩。馬德新在講課之餘開始口譯，由弟子馬安禮筆錄潤色。馬德新死後，馬安禮又與馬學海合作，採用海爾布梯和巴珠里二氏的注釋，仿照《詩經》的風韻，以四言、六言、八言詩句，拍合「雅」、「頌」正聲，完成譯本，題名《天方詩經》，一名《袞衣頌》，1896 年在成都刻成木版問世，阿拉伯文原詩刊於上端，阿漢對照，開啟了中國翻譯阿拉伯詩的歷史。試舉詩人頌讚穆罕默德的詩句：

　　如鮮花其光潤

　　如圓月其高明

　　如大海其仁慈

　　如光陰其恆長

　　蒲綏里的這一傑作是傳誦最廣的阿拉伯語詩篇之一，除譯成波斯語、土耳其語、漢語外，還被譯成德語、法語、英語和義大利語等西方語種。漢譯本與巴塞的法譯本（西元 1894 年）、格卜賴里的義大利文譯本（西元 1901 年）幾乎同時問世。1956 年人民文學出版社出版了漢譯本的影印本，以資紀念。

　　中國對阿拉伯文學的翻譯，從《天方詩經》開始到 1949 年大約出版了十種，從 1950 年到 1993 年間則出版了 160 種。

　　阿拉伯文學中流傳最廣、影響最大的作品是《一千零一夜》，它彙集了波斯、印度、阿拉伯和埃及的許多傳說和故事，成為中世紀伊斯蘭各國家喻戶曉的知識寶庫。這部故事集原題作《一千夜》。埃及法蒂瑪王朝艾迪德（AI-Adid）哈里發時期（西元 1148 — 1171 年）的一位文學史家改成《一千零一夜》。這部故事集現存最早的兩頁抄本是 9 世紀之物。整個故事集大約直到 16 世紀才由埃及文人編訂成定本。阿拉伯文原本於 1814 — 1818 年在加爾各答刊出初版本，但所錄故事僅兩百夜。英譯本大多取名

《阿拉伯的夜晚》，因此最早的中文選譯的篇目也都取名《天方夜譚》。中國開始翻譯介紹這部名著的時間是 1900 年，譯者周桂笙在《新庵諧譯》上卷（上海清華書局）中，從英文版轉譯了《一千零一夜》部分故事。1903 年，錢楷重選譯《辛巴達航海故事》，譯自英國史谷德的英譯本，書名改題《海上述奇》。1904 年，周作人用文言從英文版轉譯《阿里巴巴和四十大盜的故事》，改題《俠女奴》，刊於蘇州《女子世界》，後由上海女子世界社出單行本。1903 － 1906 年，由上海商務印書館發行的早期小說雜誌《繡像小說》上也有選譯的《天方夜譚》。1906 年，商務印書館出版了奚若由英文版轉譯的《天方夜譚》四冊。此後各種譯本漸多，但大多從英、日文轉譯，或用文言，或用白話，多屬選譯或節譯。1930 年汪原放出版了從英文版轉譯的選本，開始採用《一千零一夜》的原名。1956 年蕭波倫從英文版轉譯《天方夜譚》節本（通俗文藝出版社）。從阿拉伯文版翻譯這部名著的是納訓，他從留學開羅時就開始這項工作，在 1947 年返國前由上海商務印書館出版五冊；1957 － 1958 年又出版了三卷選譯本（人民文學出版社）。他翻譯的六卷全譯本在 1982 － 1984 年由人民文學出版社出版。

　　《一千零一夜》中的許多故事都與阿拉伯商人足跡所至的中國有關。名篇「阿拉丁和神燈的故事」中，最先占卜得知稀世寶物神燈埋藏在中國地下的便是一位非洲魔法師，他被告知，要得到這奇寶必須依靠膽大機靈的孩子阿拉丁。「辛巴達航海故事」中的腳夫辛巴達經過七次遠航，到過印度、中國、馬來群島、非洲和歐洲，中國是他到過的最遠的地方了。巴格達設有中國市場，港口有來自中國的船隻，這些歷史上的繁華景象也都在這部巨著中被描繪得栩栩如生，令人回味無窮。

　　暢銷不衰的《一千零一夜》（納訓譯）和 1988 年諾貝爾文學獎獲得者

埃及作家納吉布·邁哈富茲（Naguib Mahfouz）的小說《三部曲》獲得了 1991 年「第一屆全國優秀外國文學圖書獎」。這兩部作品是在中國已經問世的一百多種阿拉伯文學作品的傑出代表，它們的獲獎是一個世紀來中國人對阿拉伯文學的讚賞和頌揚。

在 1958 年，謳歌民族獨立和革命鬥爭的阿拉伯各國的詩歌，翻譯成中文的就有《明天的世界》等 11 部之多。不過譯本直接譯自阿拉伯文的很少，大多從其他文種轉譯。

1981 － 1986 年，中國翻譯出版的阿拉伯文學作品有 46 種。納吉布的《三部曲》、《平民史詩》、《尼羅河畔的悲劇》、《梅達格胡同》、《宮間街》、《思官街》、《甘露街》，伊赫桑·阿卜杜·庫杜斯（Ihsan Abdual-Gudus）的《罪惡的心》、《難中英傑》（原名《我家有個男子漢》）都在這時出版。還出現了三本暢銷書：一本是《東方舞姬》（原名《萊婭麗》），作者並無多大名聲，卻在中國兩年中銷出 30 萬餘冊。一本是黎巴嫩作家陶菲格·尤素福·阿瓦德的名作《白衣女俠》（原名《麵包》），一次印刷 10 萬餘冊。第三本是尤素福·西巴伊的浪漫主義代表作《廢墟之間》，三次印刷 10 萬冊。在 1991 年，阿拉伯文學譯本出版的便有 10 種。這些阿拉伯文學作品多半是埃及作家創作的。

埃及作家納吉布·邁哈富茲是在中國出版譯作最多的阿拉伯作家之一，除上述作品外，更有《納吉布短篇小說選萃》、《兩宮之間》、《世代尋夢記》、《新開羅》等相繼出版。以「復活的先知」著稱的紀伯倫·哈里勒·紀伯倫（Kahlil Gibran）（西元 1883 － 1931 年）是在國外特別著名的黎巴嫩作家、詩人和畫家。1920 年，紀伯倫發起了海外文學團體「筆會」，並擔任會長。他在中國擁有的讀者數僅次於納吉布。散文詩集《先知》被公認是他的頂峰之作，以哲理和豐富的想像見長，謝冰心在 1931

年將它譯成了中文。1957 年、1987 年《先知》又被重印，他的《淚與笑》、《折斷的翅膀》、《主之音》、《先知的使命》、《紀伯倫抒情詩八十首》等也都先後出版。1993 年正值紀氏誕生 110 週年，《紀伯倫散文全集》以及集紀氏阿文、英文作品和書信於一書的《紀伯倫全集》相繼出版。

　　納吉布在《三部曲》中譯本出版時寫了序言。他說：「埃及和中國都是世界上最古老的國家，差不多在同一時期各自建立了自己的文明，而兩者之間的對話卻在數千年之後。埃及與中國相比，猶如一個小村之於一個大洲。《三部曲》譯成中文，為促進思想交流與提高鑑賞力提供了良好機會。」納吉布不了解中國和埃及之間悠久的歷史連繫，這段歷史需要進一步宣揚。同時他也期待中埃文化交流持續不斷，也希望中國當代文學在埃及圖書館中占有席位，以便相互了解，這無疑也是中國文化人士的共同願望。納吉布本人早就念過兩本中國書，一本是從英譯本轉譯的老舍《駱駝祥子》，納吉布回憶說是講一個人力車夫的故事；另一本是留學開羅的馬堅翻譯的《論語》，1935 年由開羅古籍出版社刊印。這是由中文直接譯成阿拉伯文的第一部中國古代典籍。在此以前，馬堅已將中國文學作品《茶神》、《河伯娶妻》、《中國格言》等譯成阿拉伯文，在開羅發表。出版《論語》的發行人穆希布丁・赫蒂卜在該書序言中熱情讚揚孔子的思想和馬堅的翻譯是對阿拉伯文庫的重大貢獻。他說：「中國孔子的哲學思想至今使人感到親切，就像昨天剛剛說過似的。他的語言簡練，通俗易懂，含義深刻。孔子尤其重視弟子的培養，提高他們的理性認識，陶冶他們的心靈，考察他們的行為和表現。」馬堅對中國文學和典籍的翻譯、介紹，在中國和埃及以至整個阿拉伯世界之間架起了文化的橋梁，使得彼此有了共同的語言。

　　同樣在 1930 年代初，詩人和英語文學研究者朱湘在編輯翻譯外國詩集《芭樂集》時，已留意選譯古埃及的《死書》（《亡靈書》）、波斯詩人

薩迪的《薔薇園》以及波斯詩人哈菲茲、費爾杜西的詩歌。另一位波斯詩人、天文學家奧瑪·開儼（西元 1048 － 1124 年）以充滿哲理的四行詩見稱於世，詩人郭沫若在 1928 年根據 1859 年英國費茲傑羅（Edward FitzGerald）的著名英譯版將他的作品轉譯為中文，取名《魯拜集》，在上海光華書店出版，後來又收入他的《沫若譯詩集》中。薩迪的《薔薇園》是清代以來中國穆斯林必修的波斯語讀本，1947 年回族學者王敬齋將它譯成中文，由北平牛街清真書報社出版，取散文形式，題名《真境花園》。1958 年為紀念這位世界文化名人，中國出版了從英文本轉譯的《薔薇園》（水建馥譯，北京人民文學出版社）。1957 年兩部古埃及文學巨著譯成中文，一部是包括 140 章的宗教詩歌總集《亡靈書》（吉林人民出版社），另一部是倪羅譯的《古埃及故事》（作家出版社）。它們使中國讀書界加深了解古代埃及人的生活與思想。巴比倫古代史詩《吉爾伽美什》也在 1981 年出版，譯者趙樂甡從日文本譯出，由遼寧人民出版社刊印，使這部稱得上是世界史詩之源的巨著也有了中文譯本。

1999 年譯林出版社重新刊印《吉爾伽美什 —— 巴比倫史詩與神話》，又收進蘇美的創世神話《思努馬·艾利希》。

中國典籍譯成阿拉伯文本除了開羅出版的《論語》以外還有很多。在伊斯蘭國家中致力於移譯中國文獻的，是 1935 年成立的土耳其安卡拉大學漢學院。這裡是中東地區規模最大、歷史最久的漢學研究中心。1984 年，中國向該校贈送了 670 冊中文圖書，豐富了該校的藏書。由漢學院翻譯成土耳其語的中國文獻，有《論語》、《孟子》、《老子》、《史記》、《漢書》、《孫子兵法》；古典文學作品有《詩經》、《李白白居易詩集》；現代文學作品有《狂人日記》、《阿 Q 正傳》、《茶館》、《雷雨》；另有反映絲綢之路歷史和出土文物的《絲綢之路》和《新疆歷史文物》等大型圖冊。

這些譯作的問世，對溝通中國和西亞文化交流、加強中國和土耳其的相互了解和民族友誼有著重要作用。

■第三節
以《瀛寰志略》為起始的西亞研究

　　進入 19 世紀以來，西方列強勢力席捲全球所引起的世界性變化促使中國邊疆史的研究風氣日盛，了解與探究國際形勢發展成為中國人當務之急。最早便和美國基督教傳教士雅裨理（David Abeel）打過交道，急切要求了解世界各國情勢的山西五臺人徐繼畬（西元 1795 － 1873 年），在魏源編寫的《海國圖志》第一次出版後的下一年即 1843 年，也開始從不同的視野編撰名為《瀛寰考略》的一本地圖集。1843 年，當時已升任福建布政使的徐繼畬借助辦理福州、廈門兩處口岸通商事宜的職使，在這兩地訪問洋人，先後獲得三冊最新出版的世界地圖，於是自己動手用墨線勾勒 20 多幅地圖，後又不斷修訂文字，增加圖幅，最後在 1849 年初正式出版了名為《瀛寰志略》的地圖集。這本書摒棄了以往來華外國傳教士編寫的《職方外紀》《坤輿圖說》等介紹海外地理只重各地奇風異物的做法，而參照西方以投影法繪製的地圖，用墨線繪製 42 幅地圖，分洲、分國介紹世界地理，以簡潔的文字介紹世界各大區域的民族、國家、政治、經濟和地理，顯得主題分明，重點突出，是一本圖文並茂的國際知識手冊。卷首列出東半球圖、西半球圖，之後分亞細亞、歐羅巴、阿非利加、亞墨利加四大部分。書中對已經工業化或正在工業化的西方強國俄羅斯、意大里亞（義大利）、荷蘭、佛朗西（法國）、英吉利、西班牙、葡萄牙、米利堅（美利堅）都有專圖和長篇說明，在全書中占有突出的地位。

因其超出國人的世界知識與見識，徐繼畬博得西方人士的讚譽。他對英國的君主立憲和美國的民主共和政體表示共鳴，以致成為他的政敵日後攻訐他的口實。他在書中敘述波斯、土耳其、非洲各國，比《海國圖志》詳細，是中國最早深入探討西亞、非洲源流的專著。他在卷三「亞細亞印度以西回部四國」中列出阿富汗、俾路芝、波斯（廣東稱大白頭）、阿剌伯，在卷六「歐羅巴土耳其國」詳細討論回部大國土耳其，地分西、中、東三土，西土在歐羅巴界內，中土、東土在亞細亞境內。他對土耳其的地理和歷史作了掃描：

> 土耳其（土耳嘰、土耳基亞、都耳基、多爾其、都魯機、特爾濟、杜爾格、控噶爾、屙多馬諾、阿多曼），回部大國也，地分西、中、東三土，西土在歐羅巴界內，中土、東土在亞細亞界內，三土合計縱橫約四五千里。古時皆羅馬東境（即大秦國），後羅馬分東西，三土為東羅馬地。唐初阿剌伯回部方強，取東、中兩土建為藩部。土耳其者，本韃靼種，舊游牧蔥嶺之東（即今伊犁一帶），奉回回教，輾轉西徙入買諾（即土耳其中土），居於加拉馬尼亞，為亞剌伯回部所驅，逃避山穴，其後種族漸繁。元成宗五年，頭人阿多曼（一作屙多馬諾）招集種人，攻奪買諾回國，即名其國曰阿多曼，至孫默拉德日益強盛，東土之猶太、敘里諸部（即土耳其東土）以次蠶食，疆土愈廣。

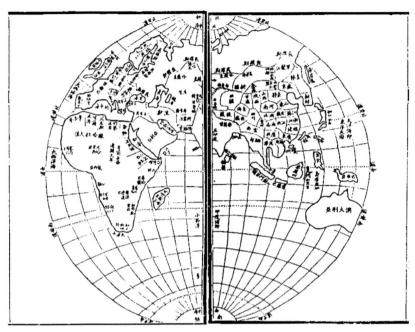

《瀛寰志略》東半球圖

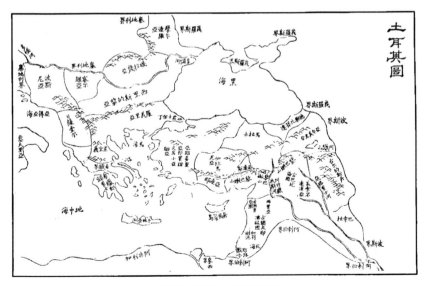

《瀛寰志略》土耳其地圖

土耳其國

土耳其、土耳磯○土耳基亞○都耳基○多爾其○都會機○國特爾濟○杜爾格○墊噶爾○疴多馬諾○阿多曼部大國也地分西中東三土西土在歐羅巴界內中土東土在亞細亞界內三土合計縱橫約四五千里古特皆羅馬東境卽大秦羅馬分東西三土為東羅馬地唐初阿剌伯回部方強取東中兩土建為藩部土耳其者本韃靼種舊遊牧蔥嶺之東卽今伊犁一帶為回敎展轉西徙入買諾其中土居於加拉馬尼亞為亞剌伯回部所驅逃避山穴其後種族漸繁元成宗五年頭人阿多曼一作疴多馬諾招集種人攻奪買諾回國卽名其國曰阿多曼至孫默拉德日益強盛東土之猶太敘里諸部其東土以次蠶食彊土愈廣佛郎西

瀛寰志略　卷六　土耳其國　三

《瀛寰志略》1849 年刻本

　　徐繼畬將土耳其中部（今日的土耳其）地區小亞細亞（Asia Minor）簡譯成買諾，稱這裡三面環海，「縱約千里，橫約二千餘里，南北峻嶺嵯峨，中多腴壤，土耳其起於此土，韃靼種人散布雜居，故土雖中衰，尚無分裂」。介紹買諾地分六部：

　　亞那多里亞（一作士麥拿），又名小亞細亞，三面界海，與西土之羅美里隔一海峽。會城居民十萬，勤於懋遷，西國商賈雲集，每年出入貨價，不下數百萬金。域內街衢街汙穢，每瘟疫盛行，傳染殆遍。所屬大城曰補撒，居民六萬。大邑曰加士他，曰年尼，多回回廟宇。

　　加拉馬尼亞，在亞那多里亞之東，土耳其人初來時，寄居於此。會城曰可尼，土之舊都也。

　　亞達那（一作安俄剌）在加拉馬尼亞之西南，跨山臨海。其山之羊，毛細如絲，用以織布極溫軟。

　　西威斯（一作西瓦），在加拉馬尼亞之東，南臨海，山出銅礦，居民善造銅器。

　　馬拉士（一作古地亞，又作路彌阿），東接東土之亞爾美尼亞，西連加拉馬尼亞、亞那多里亞兩部，北距黑海。

　　德勒比孫達（一作德比遜），在馬拉士之東北隅，南界亞爾美尼亞，北距黑海，其埠頭為土耳其與俄羅斯通商之地。

　　《瀛寰志略》接著介紹土耳其東土，在買諾以東，「北枕黑海，東北隅接俄羅斯，東界波斯，南連亞剌伯麥西，西抵地中海，縱約二千餘里，橫約千餘里」。當地居民分四大部族。處在海岸、海島的，「皆額力西種（即希臘），謂之上等人」。居住在西里亞、美索不達迷（米）亞各部的，屬半阿丹種（即阿剌伯），長於經商。居住東北山中的，屬戈達曼種，游牧為生。居住黎巴嫩山中的，有馬羅奈底士、特魯西士、黑爾西等，皆回民。

按照地理，土耳其東土共分五部：西里亞（今敘利亞）、美索不達迷（米）亞、古爾的斯丹（今庫爾迪斯坦）、亞爾美尼亞（今亞美尼亞）、巴索拉（今巴斯拉）。最後終結稱，「按土耳其三土，古大秦國之東境（即義大利之羅馬），為西域自古著名之地。東土創闢最早，巴比倫建國於前，西里亞代興於後」。全書對西亞的東部地區以波斯相論，西部地區劃入土耳其的東土和中土，簡明地介紹了該地的歷史、地理和民族。此書一出，西元1860 年代以後成為外事人員必備參考書，1867 年京師同文館採作地理讀本，並東傳日本。此書與《海國圖志》中的「夷夏有別」主旨不同，開始向「政以養民」的新思路邁開步伐，因此從這本書開始，有清一代的知識份子開始擺脫孔教與當政者的思想約束，向工業化的世界張開雙手，宣告中國思想界已進入一個新的時代、新的紀元！

　　20 世紀中國對西亞的研究，發軔於中西交通史這門學科的誕生。西方漢學家布萊特史耐德（Emil Bretschneider）、夏德、勞費爾的著作和日本學者白鳥庫吉、桑原隲藏、藤田豐八關於西域史地的研究推動了中國學者投身於中西交通史的研究，努力發掘與搜求古代中國與西亞的文化、經濟與歷史關係的史料。特別是斯坦因、伯希和、勒柯克、赫爾曼在 20 世紀初相繼到中國西北地方探查與掠奪文物的活動，更加激勵了中國學術界、教育界關注敦煌學、絲綢之路學的研究，從而揭開了中國對西亞進行專門研究的帷幕。

　　最先注意到明初鄭和下西洋的是梁啟超。1904 年他在《新民叢報》第 21 號上發表〈祖國偉大航海家鄭和傳〉，探討鄭和船隊在阿拉伯和非洲的活動。此後相當一段時期中，中國伊斯蘭教學者致力於《可蘭經》的翻譯、注釋與伊斯蘭教教義及歷史的研究。直到 1930 年張星烺編注《中西交通史料彙編》（計六冊，輔仁大學出版），中國對西亞的研究才有了

系統的進展。此書第一編至第六編分述古代中國與歐洲、非洲、阿拉伯、亞美尼亞、猶太、伊蘭之交通，計三冊，將上起漢代下至 17 世紀中國與西亞、非洲的史料彙集在一起，對一些地名、物名作了考訂。差不多同時，向達寫了《唐代長安與西域文明》（1933 年，燕京學報專刊）、《中西交通史》（1934 年，上海中華書局），後者對 15 世紀以前的中西交通的敘述占一半篇幅，偏重於中國與歐洲的關係。中國伊斯蘭教學者馬堅曾致力於介紹伊斯蘭文化，譯有《回教哲學》、《伊斯蘭哲學史》、《伊斯蘭教育史》、《回曆綱要》、《阿拉伯通史》等著作。土耳其在凱末爾領導下革命成功，一批土耳其建國史、革命史相繼出版。陳捷著有《回教各國民族運動史》，探討伊斯蘭國家的獨立運動。柳克述著《新土耳其》（1927 年，上海商務印書館），以土耳其的現代化和「西化」相提並論。何鳳山著《土耳其農村經濟的發展》（1937 年，上海商務印書館），研究土耳其農村經濟由殖民地時代到獨立後的轉變歷程。最有成就的是留學愛資哈爾大學的納忠，在博採眾書之後，寫出一部系統而又不偏頗的《回教諸國文化史》。全書 40 萬言，分八篇，敘述阿拉伯文化的起源與伊斯蘭教興起後阿拉伯世界的文化，這本書可說是中國學者在 1950 年代以前研究阿拉伯文化極富功力和最具眼識的代表著作。

在培養專業人才方面，北京大學走在前列。1946 年該校成立東方語言文學系，設有阿拉伯語文系，是培養阿拉伯語和研究西亞與非洲的文化、語言、歷史、社會的人才基地。1950 年代後，南京東方語言專科學校併入北京大學。北京大學東方語文系在 1980 年代擴建成東方文化系，繼而更名東方學系，阿拉伯學、伊朗學成為東方學系中的重要組成部分，先後組建專門的研究所。此外，北京外國語學院（今北京外國語大學）、中央民族學院（今中央民族大學）、上海外國語學院（今上海外國語大學）均設

有阿拉伯語學系。中國伊斯蘭教經學院從宗教角度研究伊斯蘭文化，培養專業人才，也是傳揚西亞文化的一個據點。

1962 年，中國亞非學會在北京成立，開始推動當代亞非問題的研究。成立於 1963 年的西亞非洲研究所，中間一度停頓，1978 年恢復，開始有計畫地系統研究，成為研究該地區政治、經濟、國際關係問題，以及歷史、文化思潮等問題的專門機構。自 1980 年起，該所編輯《西亞非洲》雙月刊。1964 年建立的北京大學亞非研究所，在 1979 年創辦了《亞非問題研究》，1991 年起改出《亞非研究》，每年一輯，專門刊載亞非問題的研究論文，其中西亞、非洲的研究占到相當的比重。1978 年西安西北大學將伊斯蘭教研究所改建成中東研究所，1983 年重慶西南師範大學籌建了西亞研究所，1985 年寧夏社會科學院建立中東伊斯蘭國家研究所。雲南大學也成立了西南亞研究所。1982 年 7 月更成立了中國中東學會。上海外國語大學中東文化研究所主辦的、1982 年發刊的《阿拉伯世界》（季刊）專門介紹、研究阿拉伯文化、經濟。

隨著專門研究朝多學科綜合的方向發展，以文化體系為對象的研究有了新的起色，伊朗學的建立便是其中一個成果。1992 年 11 月，北京大學伊朗學研究所舉辦了「伊朗學在中國」學術討論會，並在 1993 年出版了會議論文集《伊朗學在中國論文集》（葉奕良編，北京大學出版社出版）。尤其可喜的是，伊朗學者幫助中國同行撥開了籠罩在亦思替非文字上的迷霧，展現了文化合作在學術交流中的魅力。

參考文獻

外文部分

01. Abu'l-Fidā'. *Kitāb Taqwīm al-Buldan (text Arabe)*. Par M. Reinaud et la B．
    Mac Guckin de slane, Paris, 1840.
    阿布・菲達・世界史綱・

02. Ackerman, Phyllis. *Tapestry, The Mirrior of Civilisation*. N. Y. -London-
    Toronto, 1933.
    阿克曼・花氈・

03. Aga-Oglu. *Persian Bookbindings of the Fifteenth Century*. Ann Arbor, 1935.
    阿伽—奧格羅・15 世紀波斯書籍裝幀・

04. Al-'Umarī. *Masālik al-Absār Fīmamalik al-Amsār*. Tr. Gaudefroy-Demom-
    bynes, Paris, 1927.
    烏瑪里・眼歷諸國記・

05. Al-Nadīm, Ibn. *Kitāb al-Fihrist*. Ed. G. Flugel, Leipzig, 1871-1872.
    納迪姆・百科書錄・

06. Arnold, Thomas W. *Painting in Islam*. OX, 1928.
    安諾德・伊斯蘭繪畫・

07. Asmussen, J. P. *Manichaean Literature, Representative Texts, Chiefly from
    Middle Persian and Parthian Writings*. N. Y. 1975.
    艾斯密孫・摩尼教文獻・

08. Asmussen, J. P. *Xuāstvānift, Studies in Manichaeism*. Copenhagen, 1965.
    艾斯密孫・摩尼教研究・

09. Bahrami, M. *Recherches sur les Carreaux de Revêtment Lustré Dans la Céramique Pesane du XIIIe au XVe siècle.* Paris, 1937.

巴赫蘭米‧13 至 15 世紀波斯瓷器研究‧

10. Baltrušaitis, Jurgis. *Art Sumérien, Art Roman.* Paris, 1934.

巴爾特沙蒂‧蘇美藝術，羅馬藝術‧

11. Benoit, F. *L'Architecture Antiquité.* Paris, 1911.

裴諾埃‧古代建築‧

12. Binyon, Laurence, Wilkinson, J. V. S. and Gray, Basil. *Persian Miniature Painting.* Oxford University Press, 1933.

賓揚等‧波斯細筆畫‧

13. Bonne, A. *State and Economics in the Midde East.* London, 1955.

波納‧中東國家與經濟‧

14. Boyce, Mary. *A Catalogue of the Iranian Manusctipts in Manichaean Script in the Germann Turfan Collection.* Berlin, 1960.

鮑伊斯‧德國吐魯番陳列室摩尼教稿本目錄‧

15. Boyce, Mary. *A Reader in Manichaean Middle persian and Parthian.* Leiden, 1975.

鮑伊斯‧中古波斯文、帕提亞文摩尼教讀本‧

16. Bretschneider, E. *On the Knowledge Possessed by the Ancient Chinese of the Arabs and Arabian Colonies.* London, 1871.

布萊特史耐德‧古代中國人的阿拉伯知識‧

17. Browne, E. G. *A Literary History of Persia.* London, 1902.

布朗‧波斯文學史‧

18. Bryder, P. T*he Chinese Transformation of Manichaeism.* Sweden, 1985.

布里特・中國摩尼教・

19. Budge, E. A. W. *A History of Ethiopia.* London, 1928.

本格・衣索比亞史・

20. Budge, E. W. & Gadd, C. J. *The Babylonian Story of the Deluge and the epic of Gilgamesh.* London. 1929.

本格，葛德・巴比倫洪水傳說和吉爾伽美什史詩・

21. Cerulli. *Somalia.* Roma, 1957.

西魯里・索馬里・

22. Coedès, George. *Textes D'Auteurs Grecs et Latins Relatifs a l'Extrême-Orient.* Paris, 1910.

戈岱司編・希臘、拉丁文獻中的遠東・

23. Contenau, *G. Manuel d'Archéologie Orientale.* Paris, 1927.

康蒂諾・東方考古・

24. Daremberg, C. & Saglio, E. *Dictionnaire des Antiquités Grecques et Romains.* Paris, 1875-1919.

達倫堡編・希臘羅馬古物辭典・

25. Darmesteter, J. *The Zend-Avesta.* F. M. Müller (Ed.). The Sacred Books of the East, IV. Ox, 1880.

達曼斯蒂特・阿維斯陀經・

26. Debevoise, N. C. *Parthian Pottery from Seleucia on the Tigris.* AnnArbor. Michigan, 1934.

德伯伏埃・帕提亞陶器・

27. D'Erlanger, R. *Baron, La Musique Arabe.* Paris, 1930.

    德朗格‧阿拉伯音樂‧

28. Devic, L. -M. *Les Pays des Zendis ou la Côte Orientale de L'Afrique du Moyenage.* Nabu Press, 2010.

    台維‧桑給國‧

29. Diehl, C. *Manuel d'art Byzantin.* Paris, 1925.

    台伊爾‧拜占庭藝術手冊‧

30. Dilley, A. U. *Oriental Rugs and Carpets.* N. Y. -London, 1931.

    狄萊‧東方氍毯‧

31. Dodge, B. (tr) *The Fihrist of al-Nadim. Vol. 1-2.* N. Y. 1970-1975.

    道吉譯‧百科書錄‧

32. Dwight, H. G. *Persian Miniatures.* N. Y. 1917.

    特惠脫‧波斯細筆畫‧

33. Edrisi. *Géographie d'Edrisi.* tr. Del'Arabe par P. Jaubert, 1836, 2 vols.

    伊德里西‧地理志‧

34. Fage, J. D. *The Cambridge History of Africa.* Cambridge University Press, 1979.

    菲奇‧劍橋非洲史‧

35. Filmer, H. *The Pageant of Persia.* N. Y. 1936.

    費爾默‧波斯舞臺‧

36. Firdousi. *The Shahnáma of Firdausí* (trs. AG.-E. Warner). London, 1915.

    費爾陀西‧國王紀年‧

37. Fisher. S. N. *The Middle East, A History.* N. Y. 1968.

    費希爾‧中東史‧

38. Ghirshman, Roman. *Iran.* PenguinBooks, 1954.

格希曼・伊朗・

39. Ghirshman, Roman. *Persian Art, the Partian and Sassanian Dynasties.* N. Y. 1962.

格希曼・波斯藝術・

40. Gibb, H. A. R. & Bowen, Harold. *Islamic Society and the West.* Vol. 1, pts 1&2, London, Ox 1950, 1956.

吉布等・伊斯蘭社會與西方・

41. Grottanelli, V. L. *Pescatori dell' Oceano Indiano.* Roma, 1955.

格魯登納里・印度洋漁民・

42. Hawqal, Ibn. *Kitāb Sūrat al-Ard.* 2nd. Ed. J. H. Kramers, Leiden, 1938-1839, BGA・伊本・海克爾・地球的形狀・

43. Herzfeld, E. E. *Archaeological History of Iran.* London, 1935.

哈茲菲爾德・伊朗考古史・

44. Heyd, W. *Histoire du Commerce du Levant.* Vol. 1~2. Leipzig, 1923.

海特・黎凡特商業史・

45. Holt, P. M., Lambton, K. S., Lewis, Bernard. *The Cambridge History of Islam.* Cambridge University Press, 1976.

霍爾特等・劍橋伊斯蘭史・

46. Hourani, A. H. *Syrīa and Lebanon.* London, 1954.

胡拉尼・敘利亞與黎巴嫩・

47. Hourani, G. F. *Arab Seafaring in the Indian Ocean in Ancient and Early Medieval Time.* Princeton, 1951.

胡拉尼・阿拉伯航海史・

参考文献

48. Inalcik, Halil. *The Ottoman Empire, The Classical Age, 1300-1600*. London, 1973.
   伊那爾塞克‧鄂圖曼帝國‧

49. Jackson, A. V. Williams. *Zoroastrian Studies*. N. Y. 1928.
   傑克遜‧瑣羅阿斯德教研究‧

50. Jackson, A. V. Williams. *Researches in Manichaeism, with Special Reference to the Turfan Fragments*. Columbia Univ. N. Y. 1932, reprint, 1966.
   傑克遜‧摩尼教研究.

51. Kammerer, A. *La mer Rouge, l'Abyssinie et l'Arabie Depuis l'Antiquite*. Cairo, 1929-1952.
   卡麥里爾‧紅海‧

52. Khaldūn, Ibn. *Al-Mugaddimah*. 3 vols. Tr. by F. Rosenthal. N. Y. 1958.
   伊本‧卡勒敦‧緒論‧

53. Khurdādhbih, Ibn. *Al-Masālik wa'I-Mamālik*. Leiden, 1889, BGA.
   伊本‧霍達貝‧省道志‧

54. Klimkeit, Hans-Joachim. *Manichaean Art and Calligraphy*. Leiden, 1982.
   克林凱特‧摩尼教藝術‧

55. Kuhnel, E. *Islamische Kleinkunst*. Berlin, 1925.
   科赫納.伊斯蘭文化‧

56. Langlois, V. *Collection des Historiens Anciens et Modernes de L'Arménie*. Paris, 1869.
   朗洛埃‧亞美尼亞歷史彙編‧

57. Lewis, B. *Encyclopaedia of Islam*. London, 1978.
   路易士‧伊斯蘭百科全書‧

58. Louis-Frédéric. *Encyclopaedia of Asian Civilizations.* France, 1977, 3 vols.

    露易斯－弗雷德瑞克 · 亞洲文化百科全書 ·

59. Marcais. G. *Manuel d'art Musulman*, I. Paris, 1926.

    瑪律塞 · 穆斯林藝術手冊 ·

60. Martin, F. R. *The Miniature Painting of Persia, India and Turkey.* London, 1912.

    馬丁 · 波斯、印度、土耳其細筆畫 ·

61. Mas'ūdi. *Murūj al-Dhahab.* Revised by C. Pellat, 1962.

    曼蘇地 · 黃金草原 ·

62. Meynard, B. de, & de Courteille. (trs.) *Les Prairies d'or.* 9 vols. Paris, 1861-1877.

    梅納，科蒂勒 · 黃金草原（法文）·

63. Migeon, Gaston. *Les Arts Musulmans.* Paris, 1926.

    米蓋翁 · 穆斯林藝術 ·

64. Miquel, André. *L'Islam et sa Civilisation.* VIIe-XXe Siècle. Paris, 1977.

    米蓋爾 · 7 至 20 世紀的伊斯蘭文化 ·

65. Mohl, J. (trans) Firdousi. *Le Livre des Rois.* Paris, 1877.

    摩勒，費爾陀西 · 國王紀年法譯本 ·

66. Mufaddal, ibn. *Histoire des Sultans Mamlouks.* Ed. & tr. E. Blochet. Patrologia Orientalis, 1919.

    莫法達爾 · 馬木路克蘇丹史 ·

67. Münsterberg, O. *Chinesische Kunstgeschichte.* Esslingen, 1910.

    孟斯特伯格 · 中國文化史 ·

68. Nasr, Seyyed Hossein. *Scienceand Civilization in Islam.* Harvard University Press, 1968.

納薩·伊斯蘭科學與文明·

69. Pankhurst, R. *An Introduction to the Economic History of Ethiopia, from Early Times to 1800.* London, 1961.

潘古斯特·衣索比亞經濟史導論·

70. Pope, A. U. *An Introduction to Persian Art.* London, 1931.

波普·波斯藝術導論·

71. Pope, A. U. (ed.) *A Survey of Persian Art.* London & N. Y, 1938.

波普·波斯藝術綜覽·

72. Procopius. *De Bello Persico.* Eng. tr, H. B. Dewing. London, 1954.

普洛科庇·波斯戰紀·

73. Rensch, R. *The Harp: Its History, Technique and Repertoire.* London & N. Y. 1969.

倫奇·豎琴·

74. Reusch, R. *History of East Africa.* N. Y. 1961.

羅戚·東非史·

75. Reuther, O. *Die Ausgrabungen die Deutschen Ktesiphon-Expedition im Winter 1928-1929.* Berlin.

羅什·德國泰西封考察隊報告·

76. Rice, D. Talbot. *Islamic Art.* Rev. ed. N. Y. 1975.

羅埃斯·伊斯蘭藝術·

77. Rice, T. T. *Ancient Arts of Central Asia.* London, 1965.

羅埃斯·中亞古代藝術·

78. Rimmer, J. *Ancient Musical Instruments of Western Asia in the British Museum.* London, 1969.

里默爾・大英博物館藏古代西亞樂器・

79. Rostovtzeff, Baur. *The Excavations at Dura-Europos.* Preliminary Report of First Season of Work, Spring, 1928, NewHaven, 1929. Second season, 1928-1929, NewHaven, 1931. Third season, 1929-1930, NewHaven, 1932. Fourth season, 1930-1931, NewHaven, 1933.

羅斯托夫采夫・杜拉－歐羅波發掘報告・

80. Rostovtzeff, M. *The Social and Economic History of the Roman Empire.* 2 vols. London, 1957.

羅斯托夫采夫・羅馬帝國社會經濟史・

81. Royal Academy of Arts. *An Illustrated Souvenir of the Exhibition of Persian Art.* London, 1931.

皇家藝術學會・波斯藝術展覽圖錄・

82. Said, Hakim Mohammed. *Al-Bīrūnī Comemoration Volume.* A. H. 362-A. H. 1362. Calcutta, 1951.

薩伊德・比魯尼紀念文集・

83. Salvador-Daniel, Francesco. *The Music and Musical Instruments of the Arab.* Facsimile, 1914.

薩爾瓦多－丹尼爾・阿拉伯音樂與樂器・

84. Sarre. F. *Die Kunst des Alten Persien.* Berlin, 1922.

薩萊・古波斯文化・

85. Sarre. F. *Die Keramik von Samarra.* Berlin, 1925.

薩萊・薩馬拉瓷器・

86. Sarton, George. *Introduction to the History of Science.* 3 vols. Washington, 1931.

薩爾頓・科學史導論・

87. Schoff, W. H. *The Periplus of the Erythraean Sea.* N. Y. 1912.

索夫譯注・厄立特裏海環航記・

88. Schulz, W. P. *Die Persisch-Islamische Miniaturmalerei.* Leipzig, 1914.

施爾茲・波斯伊斯蘭細畫・

89. Shaw, S. J. *History of the Ottoman Empire and Modern Turkey.* 2 vols. Cambridge University Press, 1977.

肖・鄂圖曼帝國與現代土耳其・

90. Smith, Charles & Clancy-Smith, Julia. *The Middle East and North Africa.* London, 1983.

史密斯等・中東和北非年鑑・

91. Stein, A. *Archaeological Reconnaissances in North-Western India and Southeastern Iran.* London, 1937.

斯坦因・西北印度和東南伊朗考古錄・

92. Tabarī. *Ta'rīkh al-Rusul wa'l-Mulūk.* Ed. M. J. de Goeje & others, Leiden, 1879-1901. Cairo, 1939, 5 vols.

塔巴里・各民族歷代國王史・

93. Volbach, W. F. & Kühnel, E. *Late Antique, Coptic and Islamic Textiles of Egypt.* N. Y. 1926.

荷爾巴哈，科赫納・埃及歷代織物・

94. Volker, T. *Poreelain and the Dutch East India Company.* Leiden, 1954.

沃爾克．瓷器與荷蘭東印度公司・

95. Warmington, E. H. *The Commerce between the Roman Empire and India.* Camb, 1928; Rev. ed. Delhi, 1974.

威明頓‧羅馬帝國和印度的商業‧

96. West, E. W. (trans.) *Pahlavi Textes.* Pt. 1, The Bundahis, Bahman Yast, and Shāyast lā-Shāyast. F. M. Maller (ed.), Sacred Books of the East V, Ox, 1880.

韋斯特譯‧帕拉維文典籍‧

97. Yākut. *Mu'djam al-Buldān.* Ed. F. Wüistenfeld, Leipzig, 1866-1873 (ana-static reprint1924); 5 vols. Beirut, 1955-1957.

雅庫特‧地理辭典‧

98. Yarshater, E. *The Cambridge History of Iran.* Cambridge University Press, 1983.

雅沙特‧劍橋伊朗史‧

中文部分

01. 段成式‧酉陽雜俎‧北京：商務印書館‧叢書集成本‧

02. 張一純箋注‧杜環經行記箋注‧北京：中華書局，1963‧

03. 龐元英‧文昌雜錄‧北京：商務印書館‧叢書集成本‧

04. 周去非‧嶺外代答‧北京：商務印書館‧叢書集成本‧

05. 趙汝適著，馮承鈞校注‧諸蕃志校注‧北京：中華書局，1956‧

06. 陳元靚‧事林廣記‧北京：中華書局，1963‧

07. 汪大淵著，蘇繼廎校釋‧島夷志略校釋‧北京：中華書局，1981‧

08. 馬歡著，馮承鈞校注‧瀛涯勝覽校注‧北京：中華書局，1955‧

09. 費信著，馮承鈞校注‧星槎勝覽校注‧北京：中華書局，1954‧

10. 鞏珍著，向達校注．西洋番國志校注．北京：中華書局，1961．

11. 海軍海洋測繪研究所，大連海運學院航海史研究室編．新編鄭和航海圖集．北京：人民交通出版社，1988．

12. 嚴從簡．殊域周諮錄．北京：故宮博物院，1930．

13. 黃省曾著，謝方校注．西洋朝貢典錄．北京：中華書局，1982．

14. 羅曰褧著，余思黎點校．咸賓錄．北京：中華書局，1982．

15. 陳倫炯著，李長傅校注．海國聞見錄校注．鄭州：中州古籍出版社，1985．

16. 謝清高著，馮承鈞校注．海錄注．北京：中華書局，1955．

17. 談遷．國榷．北京：中華書局，1958．

18. 張星烺．中西交通史料彙編．北京：中華書局，1976 — 1977．上海：上海書店，1994 年影印．民國叢書．第五編之 28 — 30 冊．

19. 朱傑勤．中外關係史論文集．鄭州：河南人民出版社，1984．

20. 沈福偉．中西文化交流史．上海：上海人民出版社，2017．

21. 何芳川主編．中外文化交流史．國際文化出版公司，2008．

22. 沈福偉．中國與非洲：3000 年交往史，太原：山西教育出版社，2021．

23. 三上次男著，胡德芬譯．陶瓷之路．天津：天津人民出版社，1983．

24. 蘇萊曼，阿布·宰德．中國印度見聞錄．北京：中華書局，1983．

25. 勞費爾著，林筠因譯．中國伊朗編．北京：商務印書館，1964．

26. 戴文達．中國人對非洲的發現．北京：商務印書館，1983．

27. 張鐵生．中非交通史初探．北京：三聯書店，1965．

28. 馬文寬，孟凡人．中國古瓷在非洲的發現．北京：紫禁城出版社，1987．

29. 鄭和研究資料選編．北京：人民交通出版社，1985．

30. 桑原隲藏著，陳裕菁譯．蒲壽庚考．北京：中華書局，1929．

31. 羅香林・蒲壽庚研究・香港：香港中國學社，1959・

32. 希提著，馬堅譯・阿拉伯通史・北京：商務印書館，1979・

33. 馬金鵬譯・伊本・巴圖塔遊記・銀川：寧夏人民出版社，1985・

34. 夏德著，朱傑勤譯・大秦國全錄・北京：商務印書館，1964・

35. 林悟殊・摩尼教及其東漸・北京：中華書局，1987・

36. 林悟殊・波斯拜火教與古代中國・臺灣：新文豐出版公司，1995 年・

37. 林梅村・古道西風 —— 考古新發現所見中西文化交流・北京：生活・讀書・新知三聯書店，2000・

38. 郁龍余編・東方比較文學論文集・長沙：湖南文藝出版社，1987・

39. 阿里・馬扎海里著，耿昇譯・絲綢之路 —— 中國波斯文化交流史・北京：中華書局，1993・

40. 愛德華・盧西・史密斯著，米淳譯・世界工藝史・北京：中國美術學院出版社，1993・

41. 張至善編・中國紀行・北京：三聯書店，1988・

42. 葉奕良編・伊朗學在中國論文集・北京：北京大學出版社，1993・

43. 卡爾・布羅克爾曼著，孫碩人等譯・伊斯蘭教各民族與國家史・北京：商務印書館，1985・

44. 阿爾伯特・馮・勒柯克著，趙崇民、巫新華譯・中亞藝術與文化史圖鑑・北京：中國人民大學出版社，2005・

45. 貝格曼著，王安洪譯・新疆考古記・烏魯木齊：新疆人民出版社，1997・

46. 格魯塞著，常任俠、袁音譯・東方的文明・北京：中華書局，1999・

47. 中亞文明史（五卷本）・北京：中國對外翻譯出版公司，2002・

48. 拱玉書・西亞考古史（1842 — 1939）・北京：文物出版社，2002・

49. 孫機・中國聖火・瀋陽：遼寧教育出版社，1996・

50. 羅世平，齊東方・波斯和伊斯蘭美術・北京：中國人民大學出版社，2004・

51. 王瑞珠・世界建築史・西亞古代卷・北京：中國建築工業出版社，2005・

52. 謝弗著，吳玉貴譯・唐代的外來文明・北京：中國社會科學出版社，1995・

53. 趙樂甡譯・吉爾伽美什 —— 巴比倫史詩與神話・南京：譯林出版社，1966・

54. 杜蘭著・東方的遺產・北京：東方出版社，1999・

55. 博伊斯著，張小貴、殷小平譯・伊朗瑣羅亞斯德教村落・北京：中華書局，2005・

56. 李光斌譯・異境奇觀 —— 伊本・巴圖塔遊記・塔奇校訂・北京：海洋出版社，2008・

後記

　　大約 10,000 年前，世界開始進入農藝作物的初始階段，從而揭開了世界三大文明體系的漫長歷史。世界文明的歷史進程可以劃分成前期、後期和晚期三大階段。前期，在亞洲東部，是以發端於南稻北粟、兼有溼地和旱作農業的中華文明為代表的東亞文明；在亞洲西部，是以美索不達米亞文明為代表的西亞文明；在歐洲南部和非洲北部，是以地中海地區為主的地中海文明。三大文明體系雖彼此相距遙遠，但它們各自透過向周邊地區不斷擴大的活動區域，彼此之間逐漸產生電磁效應，直接或間接地從其他文明體系那裡獲得新知識與新技能，從而產生新的動力，推進社會的發展。後期，在亞洲東部萌生了由中國主宰的佛教文明中心，在亞洲西部則是以阿拉伯文明為核心的伊斯蘭文明的興起，更新了世界文明的格局。從此，在全球範圍內形成了以歐洲為主體的基督教文明，以西亞、北非為中心的伊斯蘭文明，以東亞為中心的佛教文明，形成三大宗教文明鼎足而立的格局。晚期，隨著不同文明在地域上的拓展和相互衝突，最終演繹成東亞佛教文明、亞洲西部和非洲的伊斯蘭文明、歐洲及以後美洲的基督教文明等三大文明鼎足而立的局面。這三大文明不斷地在彼此之間交流、衝突、適應與替代的過程中更新與重塑著自己的演變軌跡。

　　從某種意義上說，西亞文明曾是世界文明最核心的地區，它對於溝通東方與西方、大陸文明與海洋文明等產生過不可替代的承前啟後、彼此互動、推陳出新的作用。研究東亞文明與西亞文明之間互相促進、互相交流的歷史，是世界文明史中具有啟蒙意義的重要環節。寫作本書，只是我為後學者更加深入研究所做的拋磚工作。

　　1994 年，我參與了百卷本《中華文化通志》的編纂工作，親自撰寫

了《中國與西亞、北非文化交流志》，1997 正式付梓。2010 年又利用出版《絲綢之路：中國與西亞文化交流研究》之機，對舊稿作了修訂，增加了十多年來我和許多研究者有關的研究成果。又十年後的 2020 年，應出版社之約，我將中國與西亞的文化交流史志單列出來，根據大量史實對舊作進行大幅修訂，增加了近十年來許多鮮活的新的考古資料，使本書具有與時俱進的時代感。不過，由於我涉獵不廣，見聞有限，書中不足之處在所難免，若能做到盡力減少錯漏，已算略有進步了。剩下的工作在於引玉，只能有待於比我更加年輕的後學者來進一步深入研究了。

沈福偉

中國與西亞文化交流史（外交篇）：

波斯軍團、阿拉伯香藥、回回欽天監……絲綢之路向西前行，異域文化在華熠熠生暉

作　　者：沈福偉

發 行 人：黃振庭

出 版 者：崧燁文化事業有限公司

發 行 者：崧燁文化事業有限公司

E - m a i l：sonbookservice@gmail.com

粉 絲 頁：https://www.facebook.com/sonbookss/

網　　址：https://sonbook.net/

地　　址：台北市中正區重慶南路一段六十一號八樓 815
　　　　　室
Rm. 815, 8F., No.61, Sec. 1, Chongqing S. Rd., Zhongzheng
Dist., Taipei City 100, Taiwan

電　　話：(02)2370-3310

傳　　真：(02)2388-1990

印　　刷：京峯數位服務有限公司

律師顧問：廣華律師事務所 張珮琦律師

定　　價：399 元

發行日期：2024 年 01 月第一版

◎本書以 POD 印製
Design Assets from Freepik.com

國家圖書館出版品預行編目資料

中國與西亞文化交流史（外交篇）：
波斯軍團、阿拉伯香藥、回回欽天
監……絲綢之路向西前行，異域文
化在華熠熠生暉 / 沈福偉 著 . -- 第
一版 . -- 臺北市：崧燁文化事業有
限公司 , 2024.01
面；　公分
POD 版
ISBN 978-626-357-872-2(平裝)
1.CST：文 化 交 流 2.CST：文 化
史 3.CST：中國外交 4.CST：中國
5.CST：西亞
630.9　　112020285

電子書購買

臉書

爽讀 APP